国 际 传 播 与 跨 文 化 传 播 译 丛

吴飞 / 主编

“国际传播”国际化

Internationalizing “International Communication”

[美] 李金铨（Chin-Chuan Lee） 主编

李红涛 陈楚洁 黄顺铭 宋韵雅 袁梦倩 译

中国传媒大学出版社

·北 京·

总 序
Foreword

“与他者共在”：理解全球传播

国际传播与跨文化传播研究近几年在中国渐热起来了，每年都会有一些著作出版，也有大量的论文发表，但没有相对权威和系统的译丛。2009 年，本人主持了一项教育部哲学社会科学研究重大课题攻关项目“国际传播的理论、现状和发展趋势研究”（项目编号：09ZJD0010），遂决定组织翻译一套较权威的译丛。课题组成员系统地梳理了近年来相关研究的权威著作，并与出版社的编辑共同选定了现有的拟翻译出版的书目。

在全球化的整个概念中，媒介和传播发挥着非常重要的作用，但是在理论探讨中，这一部分却被严重忽视了。显而易见的观点“没有媒介和传播就没有全球化”既没有被清楚地表达过，也没有被清楚地分析过。一方面，大多数探讨全球化的理论家都不是来自媒介和传播领域，本身并不研究媒介；另一方面，大多数媒介学者也没有认识到媒介与全球化的关系，他们的着力点放在国际传播领域，将主要精力用于研究媒介经济、权力和不平等问题。此外，欧洲的文化研究学派尽管也关注人和媒介的问题，但是他们将研究的外延扩大至文化，更倾向于将整个传播过程理解为一个文化传播的过程，实际上忽略了媒介和传播对人们的生活经历起到的至关重要的作用。

特希·兰塔能（Terhi Rantanen）教授的《媒介与全球化》（*Media and Globalization*）一书，旨在研究全球化、媒介和个人三者之间的关系。本书写作的思路为：个人如何通过自身的媒介活动（这些活动演变成社会实践）来推动全球化进程。这一研究既区别于传统的全球化研究，将媒介和个人纳入研究视野，探讨媒介和个人在全球化进程中扮演的重要角色，也超越国际传播的政治经济范畴，且区别于传统的文化研究。它不仅对个人感兴趣，而且还对媒介感兴趣，并将全球化视为研究的重要语境。

这项研究主要以来自不同场域的三个家庭的四代人为研究对象，探讨他们的个人生活如何受到媒介和传播的影响，而这又对全球化产生了什么样的影响。为了突出媒介和传播在全球化进程中所扮演的关键性角色，兰塔能教授发展了一套新的方法论，她称其为“全球化的媒介志”（global mediagraphies）。全球化的媒介志受到阿帕杜莱（Appadurai）的景观理论和索科（Saukko）的多场域的民族志的影响，这一研究方法以一种结构化的方式包容了个人以及他们在媒介化的全球化进程中的媒介使用，既涵盖了微观的研究（个人的媒介使用），也涵盖了宏观的研究（跨越时空的全球化进程）。尽管研究的起点是个人，但其目的是在大语境下分析个人（他或她）的故事，并由此发展比较的类别。

《媒介与全球化》一书共分七个章节，第一章概括了全书的研究背景、目的和方法；第二章从全球化的阶段划分、媒介划分以及三个家庭的生活史等三个方面分析了全球化的发展；第三章介绍了时间、空间和地点与媒介的关系，并指出对媒介的使用如何影响了三个家庭四代人的时空观；第四章讲述了媒介的使用对三个家庭四代人所带来的同质化影响，重点探讨了媒介带来的国族认同和世界流行文化；第五章主要讲述媒介使用对三个家庭四代人所带来的异质化影响，重点探讨了媒介的去领土化和本土化的功能；第六章分析了媒介和传播如何影响人们对全球化的态度和反应，重点探讨了全球化进程中，媒介化的世界主义的多个层面；而第七章则站在前六章的基点上，对全书进行了理论梳理和总结。

由荷兰学者贾泊·凡·吉尼肯（Jaap van Ginneken）所著的《理解国际新闻：

批判性导论》(*Understanding Global News: A Critical Introduction*)最早于1996年以荷兰语出版，1998年由赛奇出版社出版了英文版。该书出版之后，于1999年、2002年、2003年、2005年多次重印，并获得包括彼得·达尔格伦(Peter Dahlgren)等著名学者的好评，成为国际新闻领域具有代表性的批判导论著作。

《理解国际新闻：批判性导论》全面探讨了北美与西欧媒体如何报道国际事务，如何引领其他国家与地区的新闻界定，并进而影响了我们对外部世界的感知。借助不同的理论视角与大量鲜活的案例，作者雄辩地说明，新闻媒体对国际事务的报道，更多是由特定文化、意识形态及新闻生产逻辑塑造的“社会建构”或“社会呈现”，而不是单纯提供一扇通向大千世界的窗户。该书因而也挑战了那些不容置疑的媒介客观性观念。该书语言精当，论述生动，对新闻院校的学生、新入行的新闻工作者乃至一般阅读公众，都大有裨益。

该书的最大特色在于跳出新闻社会学与国际传播的学科疆界，从更开阔的理论视野审视国际新闻的生产，这一点鲜明地体现在各章标题中：何为新闻？新闻选择的哲学；哪些媒体最具影响力？富媒体与穷媒体的经济学；新闻记者是谁？他们如何工作？专业人士与门外汉之社会学；谁能在国际新闻中发声？喧哗与沉默的政治学；事件何时变成新闻？断裂与延续之历史学；国际新闻从哪里来？中心与边缘之地理学；新闻信息如何生成？字里行间之语言学；画面从何而来？敞开与遮蔽之符号学；媒介有什么效果？同情与误解之心理学。

如今，世界各国相互依存、相互联系以及接近性的趋势日益突出，跨国、跨文化交往也更为频繁，这构成了当今国际社会的新局面。在这样一个世界中，国际传播的发展变得越来越重要。而显而易见的是，政治活动、经济贸易、文化、安全、健康等一些公认的国际性事务与许多有影响的重要力量紧密相连，这些力量经历了从国家到地方的发展过程，能承担来自国际上的外部压力。在这些环境和压力中，国际传播就是一个复杂且关键的力量。当下，世界的历史、政治、文化发展正走向一个纷争不休的节点。因此，我们要更加深刻、敏锐地关注和理解国际传播的理论构想及学术领域的历史传统与发展轨迹。为此，我们选择翻译了一本论文集——《国际传播理论前沿》(*New Frontiers in International*

Communication Theory)。这本著作从学术和实践两大方面分析了美国国际传播研究的起源，指出“国际传播”不是一个学科或一个研究“领域”，而是从组织化探索模式的视角进一步分析，国际传播是一个议题群（比如发展理论议题群、国际纷争中的新闻议题群、地缘政治学与传播议题群等）。所谓议题群，就是将国际传播作为一个内部结构相对分散的研究领域来勾勒。这本著作的内容包括：反思国际传播的理论框架、传播的全球化动力、国际传播研究的模式和方法、政治学视野下的国际传播。各部分包括的文章超越了政治经济学思维下的国际传播研究，通过跨学科的视角（传播、历史、政治理论、国际关系和文化研究）建立了社会学的研究领域。在国际传播和媒介研究领域，这些文章中的作者重新检验并探索了调查方法中已构建和新出现的工具与模式，通过解释现象而不是先验地认为是否合适或重要来对这一研究领域提出挑战。

这本文集有两个主要目的：第一是对国际传播研究的范式构建进行反思与质疑。使用“前沿”这一概念就是为了让人想到“新”与“旧”的分界线。由此，这本文集的根本目的在于自省，我们是谁以及我们在国际传播中做了什么是分析的目标。再者，这本文集对前沿的探索会带来一个突破，在打乱了先前的观点的同时，又提供了另一种可选择的理解。在探索新前沿的过程中，我们总是会重新组织这项研究，从而彻底地勾勒这个领域的框架。第二是在概念上突破现有的研究模式、方法和路径，以期在国际传播研究领域里绘制“新大陆”。“前沿”更像是遥远的地平线，象征着领先与超越。由此，这本书的目的在于未来的导向：试图从概念和方法论上发展新思路，超越现有的规制、方法、路径。综合这些方法，这本文集旨在促使国际传播走向研究的新前沿。

自 20 世纪 90 年代以来，国际传播与跨文化传播领域也越来越多地在中观层展开，包括区域问题研究，如对东南亚、欧共体，甚至多国领域内的国际信息流通情况的实证与比较分析逐渐增多了，研究者们更多地将社会科学的研究方法和人文科学的研究方法结合起来。而由著名的新闻学家、纽约雪城大学纽豪斯公共传播学院教授帕梅拉 · J. 休梅克的《世界上的新闻》一书，就是她主持这类研究的代表性作品。休梅克教授长期从事新闻把关人、新闻价值以及新闻的生产方面的研究。而她主持这一研究的目的，是希望将她此前关于新闻本质的理论应用从美国推广到全世界。毫无疑问，这项研究将包含在一些国家新闻媒体的内容分析中——而且也许是对调查的新闻价值的有无与多少的衡量标准。这项包括对十个国家（每个国家所选取的两个城市）的报纸、电视新闻和广播新闻量化的内容分析，就成为这一著作的主要数据来源。研究者们试图回答不同国家新闻信息传播的现状、新闻价值选择和受众的选择偏好。

这本书的另一位合作者是阿基巴·A. 科恩，他是以色列特拉维夫大学传播系负责人。科恩曾邀请休梅克参加 1988 年在耶路撒冷举行的国际新闻会议。他做过许多的国际研究项目，由于是国际传播学会的前任主席，他在全世界交际广泛。其他的合作者包括俄勒冈大学的朱利安·牛顿、北卡罗来纳大学教堂山分校的罗伯特·史蒂文森，以及巴黎雪邦大学的吉登·考茨。

《全球化与文化：全球混融》（*Globalization and Culture: Global Melange*）一书的作者提出一个有趣的问题：对待全球化问题可能有一个全球化的、普遍的、放之四海而皆准的方法吗？他对此表示怀疑。

早在 1922 年，罗兰·罗伯逊（Roland Robertson）就在其著作中提出“全球化和文化”的命题，作为宗教社会学家他是最早涉及全球化问题的，文化对他而言是非常基础和重要的。之后，人类学、社会学、比较文学、传媒学和其他社会学科的学者都对此进行了广泛的研究。本书首先梳理了许多学科对于该命题的观点，比如，媒体和文化研究领域的学者的一个很普遍的看法就是全球范围内的文化均质化；在政治学、政治新闻工作中又充斥着种族政治（种族清洗和各种新型国家主义）和宗教激进主义，这些表明，全球化和地区政治之间关系紧密，而且在整合的同时也出现分裂。因此，全球范围内，文化的一致性到底是增强了（沿着商品化和消费主义的轨迹），还是文化的多样性和分歧在日益增长？对此，许多文献做出了截然不同的判断。社会学的一个研究成果就是，通过全球化来重新审视现代性；而在政治经济学领域，却是通过全球化重新思考资本主义。

虽然很多学者认为全球化的时间是和现代性的时期（1800 年至今）相一致的，或者说是和（现代的）资本主义时期（1500 年以后）相吻合的，或者说是现代世界“西方化”的延伸，但本书作者采用了更广阔的视野，从历史的深度和地理的广度来探讨全球化，比如宗教中的普世主义是不是全球化的最早蓝图？比如历史上犹太人的迁徙是不是全球化的先期？世界历史上著名的“希腊化”及其所带来的文化繁荣是否属于某种“全球化”？作者认为，全球化无论是在时间上还是在地理上，都是多场更广泛、更深入的人类会晤。

作者认为，全球化带来的争议远远大于共识，不同的学科对全球化的基本原则也有完全不同的看法。当代加速发展的全球化涉及一种新的权力分配，它伴随着在产品和劳动力方面的信息化和灵活性，同时，新自由主义的全球化又增加了诸如“解除管制”、财政化和市场化等因素。那么，全球化是否意味着人类越来越整合和走向团结？通常的研究对此都持肯定、乐观的看法，但是，本书却严肃地提出人类的团结联合虽然是全球化的梦想，但现在世界却面临着日益增长的、严峻的不平等。全球化是一个长期的、不均衡的、矛盾的过程，在这个过程中，全球化拓展了社会合作，甚至在某种程度上也增强了民主，但同时，全球化也加剧了不平等的程度。

作者还总结了对待文化差异和多样性的三个从根本上截然不同的范式：（1）差异永远存在；（2）差异将让位于逐渐增长的均质化；（3）各种差异将会出现混合，在此过程中又将产生新的差异。因此，第一种看法认为，根据“文明冲突”论，文化的差异将会持续下去，并且产生很多对抗和争斗。第二种观点认为，全球的相互联系导致文化上的聚合和一致越来越多，就像横扫全球的消费主义一样，简而言之就是所谓“麦当劳化”。第三种立场认为，一直以来所发生的就是跨地区和身份的混杂、融合的过程。作者赞成“全球化是混杂融合”的观点，反对将全球化理解为一个均质化、一致化的过程，也反对将全球化完全与现代性等同起来的“西方化”理论。作者认为政治边界上的真正问题从来都不是混合——混合在历史上是非常普遍的，真正的问题是边界和社会上对边界的崇拜倾向，只有在要把边界弄得越来越精确的时候，混合才是一个问题，比如种族纯粹论等。混杂的意义不仅随着时间而变化，而且在不同的文化圈里也有所不同，这预示着混杂也有完全不同的模式，最后，混杂的重要性就在于它使很多边界成了问题。

20 世纪 90 年代开始，冷战结束并带来相应的重要变化，例如，整个欧洲在政治上的重组。全球相互依存关系加强，而且相互依存关系远不止表现在经济层面，还表现在文化方面，这包括：在文化领域包含、吸收或同化了多少国外内容？国外的内容是通过何种方式进行传播的（如通过书籍、电影、音乐、DVD、电视、商业往来、移动设施或互联网）？国内或本地文化（包括语言）如何受到这些国外内容的影响的？等等。这一大背景改变了过去研究或分析国家间互动的全球性视角。麦克费尔（McPhail）的《全球传播：理论、利益相关者和趋势》（*Global Communication:Theories，Stakeholders and Trends*）试图从文化、经济、政治、社会和技术等方面对民族国家之间和跨民族国家的传播与媒体模式及影响进行分析。作者采用国际信息传播新秩序（NWICO）、电子殖民主义和世界系统理论作为主要的理论视角来组织和理解在国际传播迅速变化的大环境中所发生的事件、潮流和主要的利益相关者。这三个理论可以对当前的潮流、经济、技术和在国际传播中具有活力、具有全球影响、作用日益扩展的各利益相关者进行框架性的梳理或组织。

作者指出，世界系统理论很好地解释了国际传播领域正在发生的扩张现象。大众媒体（包括电视和电影）是核心区域向半外围和外围区域传播和灌输价值观的主要媒介（声音、印刷品、光碟和数据）。占统治地位的资本主义意识形态嵌入了主要核心文化工业的交易结构、市场营销和战略规划中。主要的跨国媒体集团来自核心国家，尤其是美国和欧盟。为了获得利益，它们想方设法影响、扩展和推动其文化产品——包括书籍、杂志、电影、音乐等——进入两个附属区域。核心国家的文化工业和意识形态需要向其他两个区域成功兜售核心区域的商品与服务，这样才能增长市场占有份额，同时与其他核心商品——例如手机、快餐、设备、航空、计算机等——同步配合，从而享受全球经济扩展带来的利润。很多情况下，文化用品在其他两个区域的广告活动都是量身定制的，广告也是整个资本主义运动的一部分。而广告本身也代表了世界系统理论的一个小小的“个案”，几乎全球所有新媒体机构都需倚赖广告才能获益，而所有顶级广告机构都是来自核心国家的跨国公司。无论是对哪种类型的传播公司，包括印刷出版、电台、电视、户外广告或互联网，跨国广告机构都显得举足轻重。

世界系统理论暗示着这样一个信念，当半边缘和边缘区域更接近资本主义，并将市场扩展至核心国家时，就会获得繁荣。但是有一个重要的问题：当核心国家将其文化工艺品和产品扩展到其他区域时，结果往往是这样：第一，需要外国消费者购买核心国家的产品，最终所获利润又回到跨国媒体集团，而大多数媒体集团不是在欧洲就是在美国。第二，在核心国家生产的传播产品通常用外国的取向或价值观替换当地的文化产品。因此，事实上是核心国获益还是当地获益，是个值得讨论的问题。

如今，全球传播活动的战线拉得很长。在一头，大量发展中国家或外围区域国家还在关注基本的传播设施（如广播电台或电话服务）；而另一头，核心国家中有些工业化已超过一个世纪，甚至有的核心国家也在思考在迅速发展的信息时代中如何生存自救的问题。例如，加拿大、法国、瑞士、澳大利亚及北欧一些国家正面临着成为美国的电子殖民地的威胁，当下亟待重新思考对民族国家媒体和公共事务的支持，也包括对艺术领域的补贴。因此，一系列的问题将会呈现：在关于国家主权、文化、语言和电子殖民主义问题上，国家政府干预、对文化工业给予资金支持，以及规范媒体所有制到底应该发挥什么样的作用？电子报纸、互动的有线节目、互联网、智能手机和卫星直播的出现引发了很多问题，例如规范的作用为何，如何看待国家边界的问题，等等。尽管具体的问题有所不同，外围国家也同样离不开上述议题。

总之，自冷战结束以来，国际传播研究迈入了一个新的历史阶段，而随着“9·11”事件引发的所谓文明的冲突，又使得研究者重视跨文化沟通问题。国际传播牵涉哪些主体（国家、国际性非政府组织、全球媒体、全球公民）？这些主体在哪些层面与哪些场景下互动？在国家之间区域之内全球范围流动的信息包括哪些？这些信息生产、流动与消费在什么文化与制度环境下发生？讯息的跨国流动带来哪些理论 / 实践 / 政策问题？全球化到底产生了何种影响？文化间或者说文明间的冲突是不可避免的吗？康德所构想的永久和平对人类社会来说，是否永远是一个遥远的梦？我们是否可以寄希望于新传播技术的进步，来重新建构世界信息传播新秩序……所有这些问题我们在正要出版或者将要翻译出版的著作中，都做了较深入的研究。我相信，本译丛的出版，对于繁荣中国学术研究，是一件益事。是为序。

浙江大学传媒与国际文化学院　吴　飞

2014 年 10 月 15 日

中文版序

Preface to the Chinese Edition

李金铨

传播研究是美国文化的产物，后来逐渐扩散到西方国家乃至全世界，成为支配性的观点与范式。21 世纪初，英国学者卡伦与韩国学者朴明珍首发其端，编撰一本书，名曰《媒介研究的去西方化》(Curran & Park, 2000)，我有幸参与其中。随后也有若干零星的声音呼应之。

“去西方化”以后的下一步是什么？在我看来，就是要“国际化”。

本书取名《“国际传播”国际化》，因为主流的“国际传播”并不太“国际”，实质上只是“美国”的“国际传播”，而不是“国际”的“国际传播”，也就是大抵透过美国外交政策和美国中产阶级学者的瞳孔看世界，于是世界变成了美国的放大版。我们共同的愿望是把国际传播真正地“国际化”。一旦国际传播国际化，整个传播研究也就自然而然国际化了。

“国际传播”在理论上和实践上的旨趣何在？容我从几方面简单阐述，可以说是殊途同归。

第一，《论语》说：“君子和而不同，小人同而不和。”刘殿爵把这句话译为“The gentleman agrees with others without being an echo; the small man echoes without being in agreement.”(Confucius, 1979，p.122) 君子和小人的道德判断，姑不置论，

但 echo（回声）一字译得甚妙。国际传播不能独尊某种观点，要求其他人、其他国家或其他文化跟着附和，而是各方必须在互相尊重的基础上求同存异，不断沟通对话。

第二，著名古典音乐指挥家巴伦博伊姆说："你要保存极端（的声音），但要找到联系，随时找到联系，这样会有一个有机的整体。"（Barenboin & Said, 2002, p. 69）乐团的生命力来自各种有机的联系，而不是抹杀、压制或取消刺耳的声音，交响乐本来就是各种不同的乐器和音调的矛盾统一。尤其巴洛克的赋格（fuge）形式，同一音调在不同音阶同时展现，彼此独立自主，而又相辅相成，这对国际传播学者通过合作和竞争达成深度了解很有启发意义。

第三，阐释学大师伽达默尔（Gadamer，1999）提出"视域交融"（fusion of horizons）之说，打破中西二元对立。各种文化传统的交流，小则达到管道升写给赵孟頫《我侬词》中说的"尔泥中有我，我泥中有尔"，大则从太极的"阴是阴，阳是阳"（文化自主）达到"阴中有阳，阳中有阴"（渗透交融）的境界。

第四，本书不断强调"世界主义"（cosmopolitanism）的精神，一方面反对"美国（或西方）就是世界"的文化帝国主义霸权，一方面也反对文化民族主义。华人社会要争取学术平等对话的权利，只能拿出实实在在的学术业绩，这必须靠几代学术社群的不懈努力，不能靠口号式的呐喊、社论式的宣示或拍脑袋的呓语。

我在四十年的学术生涯中，一直关注国际传播，陆续出版《传播帝国主义再商榷》（Lee,1980）、《全球媒介奇观》（Lee, Chan, Pan & So, 2002）、《中国媒介，全球脉络》（Lee, 2003）、《超越西方霸权：传媒与文化中国的现代性》（Lee, 2004），直到《"国际传播"国际化》（Lee, 2015）和《传播纵横：历史脉络与全球视野》（Lee, 2019），可谓一脉相承，也是一以贯之。

《"国际传播"国际化》英文原著由我任主编，由美国密歇根大学出版社印行。本书缘起于我在香港城市大学邀请跨世代著名学者的"南北对话"。这些名家可谓星光闪烁，来自美国、英国、印度、阿根廷、以色列、意大利、荷兰、比利时、瑞典等，他们没有老调重弹，没有虚晃一枪，而是以最严肃的态度发表真知灼见，甚至迸出智慧交锋的火花。

本书从知识论和方法论的高端视野讨论大问题，而不纠结于具体琐碎的小课题，确信是一本关于国际传播的重要著作，值得费神移译，以飨华文世界的广大读者。为此，我乃“征召”李红涛、黄顺铭、宋韵雅、陈楚洁和袁梦倩等五位深具潜力的年轻学人，让每人认领翻译两章到四章的“任务”。我有幸和他们谊兼师友，他们在百忙之中肯热心共襄盛举，令我十分感动。

译事之难，没有亲身经历无法充分体会。为了求“信”，我们首先要求尽量贴近原文，不加不减；为了求“达”，我们要求适度砍掉“洋腔”。一方面不能“太不像”中国人讲话，长句绕来绕去，文字生硬，令人望而生畏；但另一方面又不能“太像”中国人讲话，以致抹杀了原作者的个性、神态和风格。如此拿捏分寸，斟酌得失，实在颇费踌躇。我们决定分四个步骤进行，第一步是译者自校，第二步是译者互校，第三步是发回译者再度自校，最后我几乎逐句根据原文校读。经过这样繁复的工作，但求我们的翻译能满足“信”与“达”的要求，“雅”则未敢相期。经此“一役”，我对卓越的翻译家又增添了几分敬意。

期盼本书能为华人学术社群提供一个契机，共同提高文化自觉，并增进对国际传播的贡献。

参考书目

李金铨 . 超越西方霸权：传媒与文化中国的现代性［M］. 香港：牛津大学出版社，2004.

李金铨 . 传播纵横：历史脉络与全球视野［M］. 北京：社会科学文献出版社，2019.

Barenboin, Daniel, & Edward W. Said (2002), *Parallels and Paradoxes: Explorations in Music and Society*. New York: Pantheon.

Confucius (1979), *The Analects*. Translated with an introduction by D.C. Lau. London:

Penguin.

Curran, James, & Myun-jin Park, eds. (2000), *De-westernizing Media Studies*. London: Routledge.

Gadamer, Hans-Georg (1999), *Hermeneutics, Religion, and Ethics*. New Haven, CT: Yale University Press.

Lee, Chin-Chuan (1980), *Media Imperialism Reconsidered: The Homogenizing of Television Culture*. Beverly Hills, CA: Sage.

Lee, Chin-Chuan, ed. (2003), *Chinese Media, Global Contexts*. London: Routledge.

Lee, Chin-Chuan Lee, ed. (2015), *Internationalizing International Communication*. Ann Arbor, MI: University of Michigan Press.

Lee, Chin-Chuan, Joseph Man Chan, Zhongdang Pan, & Clement So (2002), *Global Media Spectacle: News War over Hong Kong*. Albany, NY: State University of New York Press.

目 录

第 1 章 / 国际传播的国际化：反思以后的新起点

International Communication Research: Critical Reflections and a New Point of Departure

李金铨

过去十五年来，好几位学者呼吁媒介研究“去西方化”。“去西方化”以后的下一步是什么呢？我认为应该“国际化”才对。照理说，“国际传播”是媒介传播研究里最“国际化”的领域，为什么还提出“国际化”的命题呢？答案很简单：国际传播其实并不太“国际化”，而是美国传播在海外的延伸。国际交流的确愈来愈全球化了，为什么我们不称之为“跨文化传播”，甚至更时髦的“全球传播”，而仍然叫“国际传播”？有两个原因。第一，就国际政治秩序的理论和实践来说，国家仍然占据着中心的位置，不可遽废，何况“国际传播”与“跨文化”的边界颇有（但不完全）重叠之处。第二，法国学者托雷恩（A. Touraine）说得对，国家如同一把双刃剑：在苏联阵营崩溃以后，民主要存活的话，必须在限制国家权力的同时，也保护国家的权力，因为只有国家才有力量制衡霸凌全球的大公司（Touraine，1997）。

如果以三本传播学手册为路标，我们立刻会发现国际传播一直处在边缘位置。涵盖面最广的《传播手册》（Pool & Schramm，1973），编者是两位卓著的先驱学者普尔（I. Pool）和施拉姆（W. Schramm），该书篇幅长达一千多页，共三十一章，其中有六章（约占 1/5）都是由政治学家撰写而成，聚焦于冷战时期美国所关注的问题，包括国际宣传、第三世界现代化、原始社会的传播制度等。十四年后，伯格（Charles Berger）和查菲（Steven Chaffee）编辑的《传播科学手册》（Berger & Chaffee，1987）问世，书名挂上了“传播科学”的招牌，似乎假定这个学科自给自足而不假外求了，因此眼光完全向内看，未向社会科学其他领域伸出欢迎之手，全书勉强留下一章讨论跨文化的比较研究，而对国际传播的实质问题了无着墨。2010 年，《传播科学手册》（Berger et al.，2010）推出第二版，全书二十九章，最后一章谈论跨文化传播，算是聊备一格。

〉》一、学术霸权与主体性

学界领袖既然认定传播是“科学”，而科学应该放诸全球而皆准，不分国界或文化的畛域，难怪他们编的传播学手册俨然假定文化或国家所造成的系统性差异是无关宏旨的。照这个逻辑推演，在宇宙论或知识论上，世界岂不就变成了美国的放大版而已？[①] 这是荒谬绝伦却又很普遍的假设，贯穿了美国社会科学曾经甚嚣尘上的“现代化理论”，例如勒纳（Lerner，1958）就公开宣称发展中国家无不渴望跟随美国模式亦步亦趋，走直线进程达到现代化。到了 20 世纪 80 年代，传播学者企图以“科学”为名提高学科地位，想不到视野却越来越窄，越

① 译者注：“BBC 未来”专栏作者若布森（Robson，2017）引述权威期刊《行为与脑科学》中的话，大多数心理实验的测试者来自“西方的、受教育的、工业化的、富裕的、民主的”国家，将近百分之七十是美国人，尤其是大学本科生。其基本假设是人类心理机制和活动大致相同。但作者列举许多研究证明，东方人和西方人思维方式在有些方面是不同的。例如东亚人（中、日）看重事物的关系与脉络，而美国人着重个别组件；前者看重和谐与统一，后者着重独立、个人选择与自由。东亚内部当然有例外，这里乃就“大势”而言。国际传播也应该注意这种差异，不能假定“世界就是美国的放大版”。

来越偏。只要匆匆翻阅这三本传播手册的目录，就不难理解学科发展如同格尔兹（Geertz，1963）所形容的“内卷化”的过程，传播学者们一路关起门来自我陶醉，不太理会宏大的问题，只鼓励向内部细节发展，而形成“以美国看天下”的局面。尽管政治和经济“国际化”的锣鼓敲得漫天价响，对国际传播的“国际化”却似乎影响甚微，第二代学者用科学主义武装起来，全球视野不如师辈远甚。

倘若我们服膺米尔斯（Mills，1959）所说的“社会学想象力”，那么就应该坚拒把国内传播和国外传播分割为两块不同的版图。他说，原则上所有重要的问题都必须放在时空坐标上分析，也就是既有世界的广角镜头，又有深厚的历史透视。但知识体系的分工和学术科层结构的运作向来十分保守，国际传播一直是美国传播概念的延长和经验的印证，甚至沦为美国传播的学术殖民地。早在六十多年前，拉扎斯菲尔德（Lazarsfeld，1952—1953）便预见国内传播没有新机会，“国际研究是一块沃土，能够开拓许多新的和令人振奋的研究领域”。他当然不是要追求具有普遍意义又有比较视野的在地知识，而是要把国际传播作为美欧理论的试验场。

说来讽刺，极端的实证论者往往把文化特殊性粗暴地吸纳到“抽象的”普遍性中，而这个“普遍性”根植于美国“特殊的”土壤或欧洲的文化架构，但他们对其中的矛盾无动于衷，甚至视而不见。他们把西方经验普遍化，扩大成为全球的标准，凡与“西方”不同的都是“例外”，而例外又是无足轻重的，于是抹杀“非西方”经验和跨文化意义便成了顺理成章之事。这样既违反比较研究的逻辑，更不利于国际传播领域的健康发展。跨文化的差异正是比较研究的髓，不同的文化和制度不但影响到理论概念的意义对等，也影响到经验指标的对等，甚至影响到理论概念与经验指标之间的关系。假如以西方为唯一准绳，尤其无法探讨文化跨界的问题。

许多非西方学者经过长期耳濡目染，完全接受“大美国主义”格局下的国际传播定义。他们热心提倡、拥抱、复制西方模式，不认为这样做有什么问题，更想不出有别的选择。以“创新扩散”模式为例，其最初存在于爱荷华、俄亥俄和纽约的文化中，一旦经过成群的海外学者在全球各地复制，就俨然成为跨文化研究的杰作。现在情形是不是已有改善？最近我应邀点评亚洲博士生的论文，我问在座的听众是不是看到了一幅带美国研究轨迹的亚洲地图？我说：“在设定学术议题的时候，韩国或新加坡的学者躲到哪里去了？一味以美国马首是瞻，还能有自主性，有文化互动和交流的空间吗？”他们听了我的评论，颇生诧异：从美国的研究目录中撕下一页，依样画葫芦，提出相同的技术性问题，援用相同的理论框架，模仿西方权威教的研究方法，到底错在哪里？

我们不能无限上纲，以至于把文化根源当原罪，碰到美欧的概念或理论就一律排斥。这样不分青红皂白，不特学术资源必将枯竭殆尽，更不啻是“学术义和团”的借尸还魂。事实上，如果没有美欧的文献作参考，正常的基本研究根本做不下去，所以，我不相信现在还有这么封闭愚蠢的人。但的确有不少人过分迷信西方理论，对其背后所蕴藏的假设或限制毫无反思，照单全收，背驰了学术文化自主的精神而不自知。要是学者经过慎思明辨，有意识地以批判的态度选择某些西方模式为分析架构，那是必要而正常的，只怕全盘接受一种特殊的世界观、问题意识，乃至于核心的理论议题，这样做出来的“国际传播”研究，毫无文化自觉，甚至是文化真空，会好到哪里？说到底，最需要考虑的是：学术人与文化人如何发挥他们的主体性？我们究竟站在什么地位，问什么问题？引申言之，我们应该珍惜机会，解答孕育于本文化中的最重要的原创性问题，然后将其赋予更普遍的跨文化意义，而不是成天挖空心思，拱手上交在地的材料或证据，为“西方就是全球”的理论添加材料。学术霸权最鲜活的例证，莫过于承袭西方的意识形态，刻意模仿它们的某种实践，完全被“自然化”，以为世界“本来就是这样”，甚至“本来就应该这样”，而不以为异。葛兰西（A. Gramsci）所说的“称霸”（hegemony）过程向来就不是平等的，不是单方强加的，而是取决于学术师徒所达成的共识和合作意愿，这种共识蒙蔽了意识形态，使之习焉不察，以致封闭了另类甚至逆向思考。倘若我们不揭露并批判这些“习惯成自然”的预设，学术霸权必将永续不止。

我们必须提倡明智、开明而富有世界（cosmopolitan）精神的学术。学术自主的基础在于各种文化思潮和各种传统之间能够主动、开放而互相尊重地交流。本书《"国际传播"国际化》以多元文化世界主义为起点，建立复杂、多元的框架。作者都是具有深厚跨文化研究经验的著名学者，俨然是"熟悉的陌生人"，既熟知两种文化，自身又不属于哪一种文化。他们拥有不同的文化背景，他们分别来自阿根廷、意大利、荷兰、美国、英国、瑞典、比利时、以色列、印度和中国。他们曾负笈西方著名学府，在学术生涯中与西方大学建立了密切联系。他们所拥有的知识财富使他们能悠游于不同的文化疆域，辩证地综合局内人与局外人的视野，进而从深刻的反省中，对这个学术领域的去来产生崭新的见解。

》 二、国际传播的缘起

国际传播研究发源于美国，从头开始就和权力与国家（特别是美国外交政策）的利益和目标紧密联系在一起。拉斯韦尔（Lasswell，1927）最早定调，他的专著研究第一次世界大战中的宣传技术。十五年后，各行当的社会科学家纷纷应召进入美国政府"战争资讯局"，研究二战期间反纳粹的宣传。二战为美国的世界霸业铺路，接着冷战登场，长达半个世纪。在这个意识形态白热化的世界，萨义德（Said，1993，p.5）形容美国自以为"在全世界各地纠正错误，追击暴政，守卫自由，不惜代价"。宣传的重要性不言而喻。

在美国新兴帝国的背景下，国内传播和国际传播源自不同的学术重镇，为不同的目的服务，形成了两条平行而不交叉的道路。1930 年到 1940 年间，以帕克（R. Park）和布鲁默（H. Blumer）为代表的芝加哥大学都市社会学家，受到杜威（J. Dewey）实践主义哲学以及米德（G. H. Mead）"象征互动学派"的影响，开启了美国传播研究的先河。美国社会历经工业化、都市化和移民潮洗礼，触发了大规模动荡，社会学家以芝加哥为社会实验室，其视角所及，包括社区重建过程中媒介扮演什么角色。但20世纪50年代以后，芝加哥大学不再具有引领风骚的地位，哥伦比亚大学取而代之。拉扎斯菲尔德和默顿（R. K. Merton）领导一群社会心理学家，从结构功能论出发，研究媒介如何改变选民意向和消费者行为。他们一再发现媒介的效力有限，难以改变公众的态度与行为，只能强化其固有的立场。传播研究中心从芝加哥转到哥伦比亚后，其个性、旨趣和方向截然不同，更与国际传播的发展形成一种张力。

二战以后的国际传播研究，其政治关怀和学术兴趣都与冷战息息相关，主要代表者为麻省理工学院的政治社会学家普尔、勒纳和白鲁恂（L. W. Pye）等人，他们都是冷战的鼓吹手。20世纪60年代，正当哥伦比亚大学学者在国内宣称媒介只能发挥有限影响力的时候，麻省理工学院的政治学者却在海外宣称媒介能够促进国际宣传，并带动第三世界的现代化。两派截然相反的解释，为知识社会学增添了耐人寻味的一章。这种差异是因为宣传生态国内国外有别，还是因为彼此对媒介力量有不同的界定？哥伦比亚大学学者在微观层面寻找媒介的短期效果，也就是媒介能否改变个人或团体的态度与行为。而麻省理工学院学者却以无比的信心揣测媒介宏观的长期效果，认为经过日积月累的灌输，媒介足以改变人们的心理结构乃至世界观，最后在第三世界触动全面的社会变迁。哥伦比亚大学学者在美国国内做精确而狭义的经验研究，麻省理工学院学者却在海外做预言式的鼓吹，如何调和或理解这两种取向？国际传播研究以麻省理工学院为基地，奉现代化理论为圭臬，而现代化理论又是美国社会科学家在政府的积极鼓励下研究出来的。战后，美国在全球扩张政治、军事、商业的霸业，现代化理论因而随之流行。

勒纳的《传统社会的消逝：中东的现代化》（Lerner，1958），肇始于哥伦比亚大学，完成于麻省理工学院，被公认是“国际展传播”理论的奠基之作。他坚持世界的发展轨迹是直线而单一的，西方国家不过走在前面，高举一面镜子，照亮发展中国家的现代化道路，今天的西方，就是第三世界国家想争取的明天，因此，西方经验不只适用于西方，其放诸全球而皆准。白鲁恂也编辑了一本重要的《传播与政治发展》（Pye，1963）。普尔带领学生投入大量精力研究中国与苏联的传播制度。由于国际传播缺乏优质的经验研究，施拉姆只能从勒纳的论点出发，再抽绎若干狭隘的经验结论，写出《大众媒介与国家发展》(Schramm，1964)，这本书由当时亲美的联合国教科文组织资助出版，被第三世界精英奉为一部国家发展的“圣经”。

20 世纪 60 年代到 70 年代，施拉姆以斯坦福大学和夏威夷的东西方中心为堡垒，与麻省理工的勒纳、普尔和白鲁恂结盟，不遗余力地推动“发展传播”，形成一道东西两岸学府的风景线。下一辈学者中，以罗杰斯（Rogers，1962）的《创新扩散》最受瞩目。《创新扩散》汇聚了两个原来互不相属的学术传统，一是纽约哥伦比亚大学的新闻扩散，二是爱荷华州立大学的农业传播扩散，两条支流汇合以后，在社会科学各领域激出五花八门的经验研究的浪花。罗杰斯综合整理文献，纵横条贯，提出若干简单易懂而貌似客观的理论通则，三十出头即暴得大名。若论在海外最活跃的国际传播课题，非创新扩散莫属，但多半复制美国的主流观点，很少有当地特色或跨文化研究方面的创新。在冷战高潮期间，勒纳—施拉姆—罗杰斯一脉相承的理论大为风行，可能是因为他们给第三世界贫穷国家的精英一种错觉，以为简单的方案可以解决困难的问题。舍瓦思（J. Serveas）批评这一套理论以西方本位为中心，概念粗略，经验证据薄弱，背离历史经验，充满行为主义和实证主义的偏见，又漠视社会语境。这些后见之明固然清楚了然，但在当时顶多只有零星的异议。

》三、范式转移

20 世纪 70 年代东西冷战方兴未艾，美国继续向第三世界推销现代化的福音。与此同时，世界范围内掀起了另一场南北冲突，和东西冷战交错并存。在东西冷战中，美国无疑是“自由世界”的领袖；而在南北冲突中，美国却转身变成了众多穷国共同控诉的对象，它们群起围攻美国垄断世界经济，控制资讯的分配。第三世界借着国多势众，在联合国教科文组织搭起反美的舞台，联合高喊“世界传播与资讯新秩序”的口号。美国总统里根无心听取这些抱怨，愤而于 1984 年退出该组织，连带中止美国的财务资助（等于削减该组织四分之一的经费），英国（撒切尔首相）和新加坡（李光耀总理）也跟随美国退出，第三世界处境尴尬，“世界传播与资讯新秩序”的辩论无疾而终。直到 2003 年美国重回教科文组织时，苏联解体，美国独大，第三世界抗议的“喧嚣声”渺不复闻。（因为该组织接纳巴勒斯坦为会员国，2017 年 10 月特朗普借故宣布美国将退出联合国教科文组织，并保留观察员身份，2019 年起更与以色列一起宣布完全退出。）

20 世纪 50—60 年代是美式“现代化理论”流行的鼎盛期，20 世纪 70 年代拉丁美洲冒出“依赖理论”，与之尖锐抗衡，构成一正一反的意识光谱。依赖理论主要有两个版本：第一个版本是激进的“不发达的发展”（development of underdevelopment）理论，由政治经济学家法兰克（Frank，1969）提出。他又一语双关，俏皮地称呼这个理论为“underdevelopment of development”，意思是说拉丁美洲国家（乃至第三世界）的发展之所以停滞，是因为被吸纳到国际资本主义的体系内，长期受到帝国主义无止境的强取豪夺，而世界中心又自外部制约边陲经济内部发展的条件，使它无法摆脱依赖牢笼。第二个版本是历史社会学家（后来当选巴西总统）卡多索（Cardoso & Faletto，1979）提出的“依赖发展”。他认为有些国家（例如巴西）一方面发展经济，一方面继续依赖国际资本主义结构。法兰克把拉美低度发展都归咎于外部的剥削与控制，但卡多索主张深入分析内部的动态变化，诸如内部的政治联盟、意识形态以及各种结构的变化，这样才能了解这些力量如何把外在的因素内在化。他反对把“依赖”形式化成一种抽象理论，而宁愿采取韦伯方法论的路径，在历史结构中探讨巴西未能发展到底牵涉哪些具体和变动的形势。卡多索（Cardoso，1977）批评美国学者目光短浅，只会透过法兰克的实证眼光，以形式化的方式片面“消费”依赖理论。

由于国际传播研究跟着美国主流思想走，出自拉丁美洲的依赖观点对这个领域影响不大。但在这个号称全球化的世纪里，我觉得有必要重新探讨依赖理论的意涵。席勒（Schiller，1976）是文化帝国主义最有力的批判者，他引述了法兰克的理论以及沃勒斯坦的世界体系论，但只是蜻蜓点水而不深入。照理说，欧美与第三世界的激进学者（尤其是拉丁美洲的政治经济学家）志同道合，应该有紧密的理论联盟和知识交流才对，其实不然，以“依赖性发展”的视角分析文化和媒介的英文著作就更少了。在批判学派中马克思主义阵营里面，第一世界和第三世界学者的旨趣、关怀和取向截然不同，显然有物质基础的差异：当英国激进学者集中火力攻击“撒切尔主义”扭曲公共空间（包括BBC公共电视）的时候，拉丁美洲学者更担心的是他们的国家如何在国际资本主义体系下生存和摆脱依赖结构。两群人好像互不存在，很少引用对方的观点。英国学者威廉斯（Williams，1977）是马克思文化理论的巨擘，但他关注的是英国文化形成（cultural formation）的历史和地理脉络，并没有明白地联系从英国到整个帝国主义的历史和国际架构，必须等待萨义德（Said，1993）填补这个空缺，并为“后殖民理论”铺路。后殖民理论应该成为许多第三世界的学者分析的起点。英国文化研究另一位领袖霍尔（S. Hall），是从牙买加移民的黑人，到了学术生涯晚期才开始处理肤色和族群认同的问题。

张赞国针对以往四十年来学术期刊上相关文章的题目，统计其关键字眼的组合与变化，恰好为国际传播的范式和范式转移提供了一个粗略指标。他指出，20世纪70年代，学者们纷纷着重使用“现代化”“帝国主义”和“依赖”这三个字眼。20世纪80年代出现两群词组，“帝国主义”和“依赖”连为一组，“现代化”和“依赖”连成另一组。明眼人应该从这个线索看出端倪：激进派视“帝国主义”和“依赖”为一体的两面，互为表里，然多元派则认为“现代化”和“依赖”是对立而不相容的。直到20世纪90年代，随着冷战结束，新自由主义抬头，美国鼓吹以它主导的“世界新秩序”，使得“全球化”的字眼迅速普及，而依赖理论则退居无足轻重的位置。“现代化”和“全球化”这两个字眼紧密裹挟在一起，象征冷战结束后新自由主义的势不可当。我要指出：在社会科学其他领域里，持全球化观点的学者和反全球化的学者一直争论不休（Held &

McGrew，2007），唯独传播领域可能震慑于炫目的科技，反对全球化的声音几乎销声匿迹。[①] 事实上，从社会科学发展出来的“全球化理论”，从人文学科发展出来的“后殖民主义”，本来应该血脉相连的，却互相不打照面，以致在国际传播领域里全球化理论变成了新自由主义的马前卒。上面这些关键字眼的排列组合，说明了学术潮流跟着政治气候和环境以不同面貌呈现出来。

冷战结束以后，美国企图重建新自由主义的世界秩序，正如萨义德（Said，1993，p. xvii）说的，充满了“浓烈的自得，毫不掩饰的胜利意识，以及庄严宣告的使命感”。世界被描绘成一片升平的景象，约瑟夫·奈（Nye，1990，2004）把文化、政治价值和外交政策巧饰为“软实力”，仿佛以后不再依赖经济和军事的硬实力。福山（Fukuyama，1992）宣称自由主义已经战胜其他制度和意识形态，进入了“历史的终结”，美国必须运用软实力，赢得公共外交的战争，并在“文明冲突”中制胜（Nye，2008）。亨廷顿（Huntington，1993）提出的冷战后的文明冲突，与他曾经大力鼓吹的现代化理论破产，口径似乎有别，立场一贯并无二致——先不说他的“文明冲突”是不是站得住脚，他呼吁赢取文明冲突，着眼点不在于如何消弭这些冲突，而是忧虑文明冲突会冲击美国利益。冷战刚刚结束，美国兴冲冲准备收割和平红利，冷不防在伊拉克和阿富汗发动了两场战争，消耗大量国力，使原已呈病态的经济雪上加霜。美国更想不到冷战才结束二十多年，福山已开始宣说“政治衰退”或“民主退潮”（Fukuyama，2014），比起当年“历史的终结”的论调，这是一个鲜明的转弯。

---

① 面对美国和欧洲右翼民粹主义的抬头，传播学者的关注和回应均尚不足。特朗普滥用推特和电视制造争端，煽动狭隘的美国民族主义，反对全球合作，攻击真假政敌，矢口否认对他不利的“真相”。这些问题应该引发细致的学术研究。

〉〉 四、寻找新起点

我一直在思索如何联系“地方经验”到“全球理论”。我主张，从反省在地经验的内在理路开始，逐渐提高抽象层次，在某一个适当点必须和更大的文献接触、交涉、辩难，最后联系到全球脉络，使在地经验获得普遍意义。我心目中的“全球理论”，不是僵死固化或一成不变的，更不必然是西方的特权，而是必须不断接受各种文化视野和证据的挑战，经过反复修正、综合、创造，在切磋论辩的过程中提升理论的包容力和解释力。只要不以西方理论为无上真理的最后裁判，我们当然可以（而且必须）一方面借用，一方面思考西方理论。凡能帮助烛照地方经验，凡能联系地方经验到宽广的世界脉络，凡能开阔视野和参照系，这样的西方理论毋宁是多多益善的。万一最后发现没有适当的理论足以充分解释经验现象，那么我们有责任创造那个适当的理论。国际传播学者必须具备这种文化自信和知识自主，为世界性理论留下印记。

沿着相同的思路，朱迪（J. Polumbaum）综合检视近年来中国传媒研究的文献。她以吉登斯的“结构化”理论为起点，了解人类行动者和社会结构的互动；又提出布尔迪厄的“制作场域”，以探讨外力如何扩大或限制各种可能性，行动者如何强固既有利益，或促进新兴社会力量形成，以致产生各种新的创造。对她来说，研究的目的在于获得洞见以了解对世界的运作，而不像实证主义者，研究目的在于求取因果关系。

卫斯波得（S. Waisbord）猛烈攻击区域研究的偏狭，认为它既无法回应国际传播和全球性的共同问题，无助于建立统一的理论，也不是争取媒介研究“去西方化”的正确途径。他提倡开明的世界性学术，着眼于各种比较性和全球性的问题和方法，并参与全球化的辩论。为此，他提出三个策略：第一，分析一直被忽视的领域，以便重新思考一些论据，提高分析水平；第二，多做各种比较研究，提供坚实而细致的理论；第三，分析文化跨界交流。每一个策略他都提出值得了思索研究的议题。

达尔格林（P. Dahlgren）提出规范性理论，旨在扩大“民间世界主义”，以促进全球民主政治，并希望这种精神贯穿于国际传播分析中。他指出，世界主义（cosmopolitanism）是当代全球社会民间行动的要件，而媒介传播是重要的前提，否则民主的理想不可能扩散得如此深广。他呼吁，世界主义必须走出道德范畴，化为具体的政治实践。凡是世界公民都有责任和其他人来往，全球化民主政治应该有普世性的核心，但因各地情况殊异，民主实践允许有不同的方式。他说：“有民主思想的公民主体必须包含世界性视野，重视其道德性，以便理解政治行动者如何表达主体性。世界主义研究者必须重视媒介分析，超越道德范畴来定位实践。”如何化规范性理论为经验研究，当然是莫大的挑战。

本森（R. Benson）讨论欧洲三个理论家对非西方脉络的启示：第一，哈贝马斯的公共空间；第二，布尔迪厄的场域论；第三，卡斯特尔的网络理论。我只能简要阐述三点。第一，如同本森所说的，假如从哈贝马斯、彼得斯的理论看到布尔迪厄、卡斯特尔和拉图的观点，会发现本体论的解释变得更加流畅，知识论愈趋相对化，但政治比较没有确定的目标。第二，每个理论各有利弊：公共空间对分析网络民主最有用，然尚待批判性的探讨，而且碰到专制政治时毫无用武之地；场域理论有助于研究认同形成的过程、资源分配失衡、象征权力及经济权力；卡斯特尔关怀权力和民主政治，但理论弹性太大，且缺乏历史观；而拉图的微观经验方法又见树不见林。第三，我们必须回应这些理论，取精用宏，以促进国际传播的经验研究。

文学批评学者张隆溪强调，相同语言文化的内部或不同语言文化之间的意义的“翻译”，是一种跨界的沟通行为。他呼吁，不管多么困难，开明的学者都负有道德责任，贡献世界性理论，坚信“即使住在遥远地方、文化历史不同的人也可以互相了解，凝聚在一起形成共同的人文性”。他分析十七八世纪欧洲对中国的再现，耶稣会把中国浪漫化为欧洲人心目中的乐土，孔子则是启蒙的圣者，而天主教则因为中国人崇拜祖宗而妖魔化中国。他举这个案例说明，纵然东西方在了解上有障碍，但不能因此就把理论本质化，一口咬定东西方是二元对立而无法沟通，这是不符合史实的。

数十年来，媒介制度比较研究以《报刊四种理论》（Siebert，et al.，1958）为基准，尽管此书带有冷战偏见，却历久不衰。五十年后，哈林和曼西尼（Hallin & Mancini，2004）推出更细致的研究，比较西欧、北美十八个国家的媒介制度，涉及媒介市场结构、媒介与政治的勾连，以及国家角色等层面。他们归纳出三个媒介模式：第一个是以英美为主的北大西洋自由模式；第二个是包括德国和北欧的"民主统合模式"；第三个是地中海的两极化多元模式，包括意大利、法国、西班牙、葡萄牙等国的媒介模式均属该种。之后，他们邀请若干中国、巴西、俄罗斯、波兰和南非等国家学者提出个案研究，检验他们的分析架构是不是经得起考验（Hallin & Mancini，2012）。这是"最相似"的西方制度与"最相异"的非西方制度之间的对话，也是一种非常有意义的实践。

柯廷（M. Curtin）指出，影视研究以伊尼斯为起点，从头就是国际化了。我相信这是个例外，因为我熟知大众传播学系以西方（尤其是美国）观点马首是瞻，书单上很少指定伊尼斯或其他全球主义者。柯廷提出"媒介首都"的概念，"媒介首都"多半集中在闹哄哄的港口，嘈杂无序，但面向国际，文化多元，往来混杂，吸引了有创造力的移民，而资源又充分，有利于制作和分配影视节目。他指出，政治首都往往受到检查制度和侍从关系的掣肘，反而很少变成"媒介首都"。这么说来，政治的中心可能是媒介和文化的边缘。当然，帝国主义在去殖民后留下一些印记，也是媒介首都形成的要素之一。这些媒介首都（例如香港和孟买）自是无法挑战好莱坞的优势，顶多影响临近的国家而已。

拉贾戈帕（A. Rajagopal）浓笔诠释印度的后殖民影视文化，以它作为"沟通现代性"场域的象征。他的结论是："公众的知名度愈高，理性未必愈高；信息流通愈密，暴力未必减少，民主未必提高。"新媒介只能重新启动旧媒介的若干形式，但不能取而代之；媒介的扩张并未促进社会和谐，反而使社会分裂更显豁。他说，非西方形式的视觉表达方式印证现有的"社会空间"，而不是否定它；后殖民的视觉文化在宗教与政治之间扩展了一种"分裂的公众"，而没有增加彼此的透明度。西方用商品逻辑制造影视文化的媒介奇观，在后殖民时代的南亚扩展市场，未必能保证民主理性。

〉》五、重新探讨“文化帝国主义”

最后，我想探讨“文化帝国主义”这个永恒的主题，因为它在理论、意识形态和方法上引发了一连串有趣的辩论。斯巴克（C. Sparks）不喜欢“文化帝国主义”“媒介帝国主义”这些名词，宁愿将国际传播理解为帝国主义所产生的“文化后果”。他直截了当地批评资本主义是帝国主义力量的来源，当代世界制度的特征，就是先进国家直接或间接地利用媒介把国际传播“殖民化”。斯巴克的观点直指一个核心问题：如何保证我们的分析全面（holistic），又不陷入全称命题（totalistic）的泥淖？观照全局，不是把有机整体碎片化成无机的组成部分，整体大于部分的总和；但这不意味着无须细致分析它的组成部分。换言之，不能只见林不见树，反之亦然，从美学或道德的角度，宏观之林结合微观之树，才会构成一幅完整的图像。

当年，席勒（Schiller，1976）攻击美国各种文化形式，举凡旅游、广告、公共关系、娱乐、新闻媒介和教育，不一样的范畴都被一一放进“文化帝国主义”的篮子内。他反对分拆“文化帝国主义”为零碎的部分，但他提出的却是抽象化、本质化的全称命题。他不关注个别媒介间的微妙差异以及各文化种类的互动，认为这是无关紧要甚至离题的。他不啻在寻找一种乌托邦式的解决方案，因此看不上局部的文化抗争运动或文化游击战。法兰克（Frank，1969）警告拉丁美洲只有两条路可走：“低度发展”或“革命”。换言之，如果不革命，就不得翻身，只能永远处在“低度开发”的可怜境遇。席勒异曲同工，呼吁第三世界国家赶紧撤离国际资本主义制度，这是摆脱文化帝国主义控制的先决条件。席勒的全称命题显出极不耐烦的态度，仿佛一刻都不能等，第三世界再不撤退就没有后路了。但平心而论，集体撤退的可能性微乎其微，其结果可以预卜：尽管口头说说，却难有后继的组织性行动。再说，第三世界到底往哪里撤退？撤退并不等于文化独立，而文化独立不等于文化解放。我提起这些往例，为的是放眼当前。在我看来，更重要的问题应该是如何理解、梳理帝国主义的文化后果。“文化后果”

涉及面很广，涵盖了各种媒介内容、制度与科技的转移、意识形态的效果，以及最广义的“生活方式”，不能简单地“一言以蔽之”。文化后果具有多重结构，涵盖各种关系及其互动，充满了复杂性和矛盾性，必须不断接受斗争和挑战，如何有机安排和分析这些要素，是必须要详细探讨的。当今的文化是开放的、混合的、互动的，没有一个文化能够自给自足，不跟别的文化打交道。

斯巴克宣称，随着经济力量的转移，军事力量以及文化力量也必然发生转移。他暗示，资本主义力量走在前面，必能创造帝国主义的某些文化后果。我且提出三点做初步商榷。第一，柯廷说“媒介首都”通常集中在一些粗俗的港口，远离政治中心，被全国精英所鄙视；果真如此，那么经济和政治力量有分有合，因果关系未必像斯巴克说的那么紧密。第二，经济是推动文化前进的火车头吗？回顾 20 世纪 80 年代，日本是仅次于美国的世界第二大经济体，但它的文化影响力却和经济力量迥然不侔。目前，印度、俄罗斯经济迅速发展，能否转换成文化力量，似乎也不是必然的。我认为经济是文化力量的必要而非充分条件。第三，无论是否赞成斯巴克的论断，都必须问：分析资本主义如何形塑帝国主义的文化后果，我们应该从何着手？

就第三点而言，马克思主义的政治经济学家和文化研究学者内部的辩论是颇具启发意义的。马克思说，上层建筑“说到最后”是由经济基础决定的。如果不相信这种“决定论”，当然就不可能是马克思主义者，但如何解释“决定”却是政治经济学家和文化研究学者的分歧所在。大致而言，政治经济学家取其“强”意，而文化研究学者取其“弱”意。默多克和戈尔丁（Murdock & Golding，1977；Golding & Murdock，1991）从传统的马克思政治经济学出发，多次批评几位文化研究大家（包括法兰克福学派的阿多诺，以及英国文化研究学者威廉斯和霍尔）过分强调文化形式的自主性，说他们没有牢牢联系形成文化形式的经济基础，以致显得头重脚轻。政治经济学家从资本主义的经济基础出发，分析媒介的所有权和控制权，逐渐上升推论到媒介组织的运作逻辑以及媒介内容的意识形态。对他们来说，文化上层建筑的方向、轨道和内容都是紧贴经济基础的。

然而，威廉斯（Williams，1977）是怎么理解“决定”的呢？他对马克思文化理论最大的贡献，在于把“决定”解释为“中介”，而不是一对一地“反映”。威廉斯认为，经济基础一方面对意识形态领域被动“设限制”，一方面对它主动“加压力”。这个新解，不管是“设限制”或“加压力”，其关系和过程都极其复杂，迂回转折，需要做细致的经验与历史分析，不能想当然，或一径假设文化上层建筑就是“反映”下层的经济基础。文化研究学者和政治经济学家在这方面的理解不但截然异趣，简直充满紧张与矛盾。传统马克思主义学者坚持上层建筑“说到最后”是被经济基础所决定的，英国另一文化研究巨擘霍尔（Hall，1996）把“说到最后”改为“说到最前”，仅仅改动一字，意义迥然不同。霍尔认为物质基础“一开始”就影响文化上层建筑，所以文化研究“一开始”就得联系物质基础，但以后文化领域的发展有其自主的生命，未必跟着经济基础亦步亦趋，有时候甚至偏离经济基础的轨道。他回应政治经济学界的对手，讽刺他们做一场幻梦，自以为抓到了理论的确切性。

霍尔自喻他的立场是“没有最后保证的马克思主义”。换言之，物质基础只是一个起点，以建立马克思主义理论的水平线；物质基础界定文化发展的方向，规范它的边界，如此而已。至于文化形成（cultural formation）的过程，和各种势力的角逐，以及最终获得的结果，都是相对开放自主的，也得不断接受各种挑战，不像政治经济学家说的那么确定。斯巴克从政治经济学角度批评霍尔，说霍尔的文化研究没有建立在“撒切尔主义”的物质基础上面（Sparks，1996）。若套用以上的表述，斯巴克显然相信建立在资本主义逻辑下的“决定”，会产生“有最后保证的帝国主义”，因此，文化帝国主义为势所必然的发展结果。然而，全球资本主义和帝国主义的关系，它们所产生的文化后果，中间有许多复杂的因果链，如何具体分析才好？

“文化帝国主义”还涉及另外一个问题，即政治经济与读者解码之间的张力。媒介“全球化”几乎就是媒介“美国化”，尽管出现区域性制作中心，美国是唯一在媒介各领域向全球行销的国家，又是媒介集团的大本营。美国大公司（包括迪士尼、时代华纳、维亚康姆）所向无敌，而名义上的外国公司（索尼、新闻集团）也是以盯住美国市场为主。它们捆绑各类媒介，汇聚成为横向和纵向整合的巨无霸，垄断全球的文化生产资源和分配的管道。它们彼此既竞争又合作，共同设立跨媒介的所有权，分享收入，共同投资制片，交换地方电台。论者批评它们带动的娱乐化倾向，使新闻逐渐“麦当劳化”，无聊琐碎，追逐闲言闲语和丑闻，以迎合消费大众及时行乐的心理。

如前所述，政治经济学家通常从媒介资本的所有权入手，先推断内容生产的资本逻辑，接着推断这些内容的意识形态效果，最后归结到“文化帝国主义”。例如，亚普·范欣内肯（J. van Ginneken）分析全球传媒集团拍摄的第一部 3D 电影《阿凡达》，认为其中呈现了屡试不爽的好莱坞公式，科技形式尽管不同，内容还是围绕五大主题：一是未开发的处女地；二是原始部落；三是本土的自然世界观；四是帝国的干预；五是漂亮的当地女郎。由是，我们不难宣称《阿凡达》现象是世界资本主义的中心所制造的特殊文化产品，影响全球观众的世界观。这样的推论不是不对，而是有时未免太过，亚普·范欣内肯提醒读者，观众并不是无条件接受媒介的信息。利贝斯和卡茨（Liebes & Katz，1993）发现，以色列的多元移民族群根据自己的文化假设解读从美国进口的电视剧《朱门恩怨》，所得到的文化意义大相径庭。由此可见，资本家控制文化生产，观众解读文化产品，两者关系密切，却未必全然契合。总之，倘若我们只从政治经济学角度聚焦媒介所有权，而无视观众如何解读文化内容，就很容易夸大资本逻辑下文化产品的同质性，并高估资本对于文化效果的支配性；相反，如果注意力全放在观众如何解读文化内容上，而无视当代政治经济对媒介内容的结构性制约，则会低估资本对文化支配的作用。因此，必须抓住两头，做更多经验研究，才能厘清其间的复杂关系。

〉》六、结语

我一开始就批评美国学术狭隘偏颇，扭曲了国际传播研究的发展。国家仍是当代国际政治秩序的中心，但媒介传播已经彻底全球化了。国际传播研究要国际化，必须具备世界主义的精神，一方面拒绝“美国放大就是世界”的霸道观点，一方面要反对回到封闭自守的文化民族主义老路，拒斥任何美国或是其他西方国家的东西。学者有义务培养全球视野，设身处地地耐心倾听国际上的声音，相互理解。和谐的交响乐是由一群嘈杂的声音组成的。我们首先要把国际传播国际化，其次要为国际传播提供动力、平台和契机，带动整个媒介传播学呈现新活力，传播研究不啻也跟着全面国际化了。

从现象学家的观点来看，科学的逻辑就是社会科学的逻辑，逻辑结构并无二致，但认知旨趣不同。现象学家认为，社会科学必须解释日常生活的结构以及人类活动的各种意义，这些都必须要靠高度反思和互为主观的方式才能达成。社会科学一味模仿自然科学，“现代化理论”就是失败的著例。现代化理论虽已褪色，却未被丢弃，例如，因格哈特（Inglehart & Welzel，2005；Norris & Inglehart，2009）试图在全球化的语境中延长现代化理论的生命。极端实证主义者为了建立人类社会整齐划一的“硬”规律，而无视文化的价值和差异，这种做法正在面临各方面的挑战；微观史学的发展、人类学家追求在地知识，以及欧陆思潮（如现象学与诠释学）都带来了知识论的深切反思。现象学强调主客观交融，互相渗透，而且经由不同的诠释社群建构多重现实，透过多元对话获得同情的了解，这为国际传播的文化性提供了最有力的知识论基础。当然，没有哪一个文化或理论是适合所有情况的，我们必须响应多元文化和多元种族的复杂性。过去三十年，少数美国具有远见的学府，例如斯坦福和常春藤大学，率先引领多元文化的风潮，它们在学生通识课程的必读书单里，加进除西方的其他作者，便是这个趋势的先声。

未来，我认为应该提倡“以区域为基础（基地）”的国际传播研究，以结合区域的在地经验与理论知识。这个取向一方面对不重视区域研究理论，另一方面对以理论压抑在地知识，都有深刻意义。因为篇幅的限制，这里不得不从略。最后，我们批评美国的国际传播研究容或过厉，这是难以避免的。除非狠狠批判、反思这些根深蒂固的假设，不可能有新的起点。但我在反抗西方霸权的同时，也一再反对文化民族主义。我最心仪萨义德（Said，1993），他批判帝国主义的文化支配，分析第三世界对帝国的抗拒，他的宏大叙述总是以启蒙和解放为依归，从不煽动文化排外主义。我想到有位哲学家对我解释说："哲学是没有一锤定音的话语的，所以对话可以继续下去。"以世界主义的精神不断对话，既追求在地的文化经验，又跨越文化的藩篱，求同存异，互相沟通了解，这正是国际传播研究国际化的不二法门。

参考文献

Berelson, Bernard (1959), "The State of Communication Research," *Public Opinion Quarterly*, 23, 1: 1–5.

Berger, Charles R., and Steven H. Chaffee, eds. (1987), *Handbook of Communication Science*. Beverly Hills, CA: Sage.

Berger, Charles R., et al., eds. (2010), *The Handbook of Communication Science*. Los Angeles, CA: Sage.

Cardoso, F. H. (1977), "The Consumption of Dependency Theory in the United States," *Latin American Research Review*, 12, 3: 7–24.

Cardoso, F. H., and E. Faletto (1979), *Dependency and Development in Latin America*. Berkeley, CA: University of California Press.

Frank, Andre G. (1969), *Latin America: Underdevelopment or Revolution*. New York: Monthly Review.

Fukuyama, Francis (1992), *The End of History and the Last Man*. New York: Free Press.

Fukyuama, Francis (2014), *Political Order and Political Decay: From the Industrial Revolution to the Globalization of Democracy*. York: Farrar, Straus and Giroux.

Geertz, C. (1963), *Agricultural Involution: The process of Ecological Change in Indonesia.* Berkeley, CA: University of California Press.

Golding, Peter, and Graham. Murdock (1991), “Culture, Communications, and Political Economy,” in James Curran and Michael Gurevitch, eds., *Mass Media and Society*. London: Arnold, pp. 15–32.

Hall, Stuart (1996), “The Problem of Ideology: Marxism without Guarantees,” in David Morley and K.–H. Chen, eds.. *Stuart Hall: Critical Dialogues in Cultural Studies.* London: Routledge, pp. 25–46.

Hallin, Daniel C., and Paolo Mancini (2004), *Comparing Media Systems: Three Models of Media and Politics.* New York: Cambridge University Press.

Hallin, D. C. and P. Mancini, eds. (2012), *Comparing Media Systems Beyond the Western World.* New York: Cambridge University Press.

Held, David, and A. G. McGrew (2007), *Globalization/Antiglobalization: Beyond the Great Divide*. London: Polity.

Huntington, Samuel (1993), “The Clash of Civilizations,” *Foreign Affairs*, 71, 3: 22–49.

Inglehart, Ronald, and C. Welzel (2005), *Modernization, Cultural Change and Democracy: The Human Development Sequence.* New York: Cambridge University Press.

Lasswell, Haorld D. (1927), *Propaganda Technique in the World War*. New York: Knopf.

Lazarsfeld, Paul (1952–1953), “The Prognosis for International Communications Research” *Public Opinion Quarterly*, 16, 4: 481–490.

Lee, Chin–Chuan, ed. (2015), *Internationalizing “International Communication.”* Ann Arbor, MI: University of Michigan Press.

Lerner, Daniel (1958), *The Passing of Traditional Society: Modernizing the Middle East.* New York: Free Press.

Liebes, Tamas, and Elihu Katz (1993), *The Export of Meaning: Cross–cultural Readings of*

Dallas. London: Polity.

Mills, C. Wright (1959), *The Sociological Imagination*. New York: Oxford University Press.

Murdock, Grahm, and Peter Golding (1977), "Capitalism, Communication, and Class Relations," in James Curran, Michael Gurevitch, and Janet Wollacott, eds., *Mass Communication and Society*. London: Arnold, pp. 12–43.

Norris, P., and Ronald Inglehart (2009), *Cosmopolitan Communications: Cultural Diversity in a Globalized World*. New York: Cambridge University Press.

Nye, Joseph S. (1990), *Bound to Lead: The Changing Nature of American Power*. New York: Basic Books.

Nye, Joseph S. (2004), *Soft Power: The Means to Success in World Politics*. New York: Public Affairs.

Nye, Joseph S. (2008), "Public Diplomacy and Soft Power," *The Annals of the American Academy of Political and Social Science*, 616, 1: 94–109.

Pool, Ithiel de sola, and Wilbur Schramm, eds. (1973), *Handbook of Communic*ation. Chicago: Rand McNally.

Pye, Lucian W., ed. (1963), *Communications and Political Development*. Princeton, N. J.: Princeton University Press.

Robson, Robert (2017, January 18), "How East and West Think in Profoundly Different Way," www.bbc.com/future/story/20170118

Rogers, Everett M. (1962/2003), *Diffusion of Innovations*. 5 th ed.. New York: Free Press.

Said, Edward W. (1993), *Culture and Imperialism*. New York: Knopf.

Schiller, Herbert I. (1976), *Communication and Cultural Domination*. White Plains, N.Y.: International Arts and Sciences Press.

Schramm, Wilbur (1964), *Mass Media and National Development*. Stanford, CA: Stanford University Press.

Siebert, Fred S., Theodore Peterson, and Wilbur Schramm (1956), *Four Theories of the*

Press: The Authoritarian, Libertarian, Social Responsibility and Soviet Communist Concepts of What the Press Should be and Do. Urbana, IL: University of Illinois Press.

Sparks, Colin (1996), “Stuart Hall, Cultural Studies and Marxism,” in David Morley and K.-H. Chen, eds., *Stuart Hall; Critical Dialogues in Cultural Studies*. London: Routledge, pp. 71-101.

Touraine, Alain (1997), *What is Democracy*? Boulder, CO: Westview Press.

Williams, Raymond (1977), *Marxism and Literature*. New York: Oxford University Press.

第 2 章 / 逛橱窗：论“国际传播”的国际化

Window Shopping: On Internationalizing “International Communication”

伊莱休·卡茨

当初李金铨教授邀我在这次会议上做开幕演讲，我立马就答应了，却没承想会议的主题是国际传播。我当即向他表达了顾虑，坦承自己几乎不懂国际传播，更对如何将之国际化一无所知。但他很坚持，他请我回顾自己的研究和写作，看看我们俩孰对孰错。可以说，我们当时打了个赌，对我而言，赌注就是花了大半年的时间来判断自己到底是否曾在国际传播领域驻足。金铨教授跟我讲，作为一个“老兵”，无论我发现了什么，即便是自传性的东西，都可以拿出来跟大家分享。后来我才意识到，他或许是在担心，三十五年前他要我为他的专著《媒介帝国主义再商榷》（Lee，1980）写序可能所托非人！

恭敬不如从命。在本章的第一部分，我将不揣浅陋，回顾学术生涯中能够被纳入国际传播领域的作品，即便在当时，我并未明确地将它们看作国际传播作品。我将大致按照时间顺序来回顾这些研究，就好像是从学术简历中寻找关键词那样。接下来，在第二部分，我将简要讨论在此番自恋的回顾中我收获了些什么，我会试着在即将提到的一系列研究特别是它们的先后次序中探寻意义。至于金铨和我孰输孰赢，自当留待诸君来判定。

》一、回顾我的国际传播研究

回顾之旅的源头，要追溯到我念研究所的时候。当时，我被拉扎斯菲尔德招募，加入一项要依据大规模的数据分析，探讨四个阿拉伯国家及希腊和土耳其等国的公共舆论与媒介使用的研究中。这项研究后来经麻省理工学院教授丹尼尔·勒纳（Daniel Lerner，1958）之手而名声大噪，他基于此撰写了《传统社会的消逝：中东的现代化》，本次会议中有多篇论文都提及此书。这项研究受到美国之音的委托，彼时，冷战的大幕刚刚揭开。我在该项目中的角色微不足道（Katz，1952），但我记得勒纳引入的“移情”（empathy）概念令人印象深刻。他认为，特定的媒介接触会让人们对某些问卷调查的问题做出实质性的回复，这些问题包括，“如果你是总理你会怎么做？”“如果你是地方报纸的主编你会报道什么？”他相信，所谓移情能力意味着，具有媒介素养的受访者能够想象自己扮演这些角色，而不是像绝大多数人那样反问一句——“你说谁？我当报纸主编？”勒纳认为，这些具备移情能力的受访者是刚刚接受现代化洗礼的个体，在心理层面能够接触到村子以外的世界；他们是剧烈社会转型的先锋。在为勒纳著作撰写导言时，大卫·理斯曼（David Riesman）[①]将“移情”翻译为“逛橱窗”，其中或许带有几分怀疑色彩。在后来发表的两篇文章中，拉扎斯菲尔德（Paul Lazarsfeld，1952）和查尔斯·格洛克（Charles Glock，1952）[②]分别探讨了在理论和方法层面将传播研究进行国际化拓展的可能性。

与此同时，我开始博士论文的研究和写作，该博士论文就是后来我与拉扎斯菲

---

① 译者注：大卫·理斯曼（1909—2002），美国著名社会学家，曾任芝加哥大学、哈佛大学教授，代表作为1950年出版的《孤独的人群》（*The Lonely Crowd: A Study of the Changing American Character*）。

② 译者注：查尔斯·格洛克（1919— ），美国社会学家，研究领域为宗教社会学和调查方法，于哥伦比亚大学获得社会学博士（1952），曾积极参与拉扎斯菲尔德主导的应用社会研究所的研究项目，后任加州大学伯克利分校社会学教授。

尔德合著的《人际影响》（*Personal Influence*，1955）[①]一书。这本书意在将注意力从研究媒介对观点和态度的短期影响转向研究大众传媒和人际网络之间更为复杂、更具社会学意义的互动。最终，拉扎斯菲尔德于 20 世纪 40 年代提出“传播的两级流动论”（Two-step flow of communication），学界于是对创新扩散过程重燃兴趣。创新扩散研究所关注的，并不是个体层面的变化，而是追踪某些变化在特定时段内在社区内扩散的过程（Rogers，1962；Katz，Levin & Hamilton，1963）。因为研究焦点的改变，主流传播研究原来寻找媒介说服力，现在却与时尚、社会运动、技术变化和流行病等现象的扩散研究再度接通。其中最突出的莫过于乡村社会学家所做的开拓性研究，他们一向关注新的耕作实践的扩散和采纳创新技术的过程（Katz，1960）。社会学家随后将注意力转向海外，评估在海外开展乡村发展项目的成效。他们强调技术的重要性，弥补了麻省理工、斯坦福和其他大学中政治学者的发展研究和现代化研究之不足。但无论是哪种取向，这些发展项目多半都以失败告终，在批评者眼中，它们更多地服务于支持这些项目的西方势力（参见本书中的相关讨论）。不过，这类研究也让我们意识到，扩散是源远流长的社会过程，举例而言，可以用它来解释基督教（Stark，1997）如何使其在大众传播媒介出现之前就扩散到全世界。

后来，我开始定期往返于芝加哥和耶路撒冷的大学，[②]当时，我注意到另外一种非常不同的国际传播现象。我和当时的学生、后来的同事布伦达·达内（Brenda Danet）关注西化的以色列官员如何和大批来自传统社会的新移民做跨文化传播（Katz & Danet，1973）。我们的研究材料并非来自媒体报道或问卷调查，而是根据与海关官员、交警、医护人员等面对面的谈话记录。有趣的是，起初，我们发现乘客跟公交车司机就车费讨价还价，或者在排队时因不得体行为与他人发生争吵。在健康儿童门诊，我们见到医护人员向女性鼓吹计划生育，全然不顾丈夫们的反对。我们也发现，新移民向权威人士求助时所使用的语言含蓄地援引互惠、利他和其他原则；我们也了解到这些文化背景迥异的人如何看待彼此。

---

① 译者注：中译本为《人际影响：个人在大众传播中的作用》，由张宁译，刘海龙校，中国人民大学出版社 2016 年出版。

② 译者注：后者指的是耶路撒冷希伯来大学。

在以色列工作数年之后，当局刚好成立了一个特别小组，讨论是否在以色列引入电视广播，有人认为我是领导该小组的不二人选。在此之前，以色列人一直反对引入电视，直到所谓的“六日战争”①让他们相信，一旦阿拉伯国家全都建立了自己的电视频道，再继续辩论电视的优劣也就无关紧要了；同样重要的原因是，以色列开始意识到自己才是占领国。尽管在行政和技术层面我都不够资历，但谁又能拒绝这个机会？于是我应邀履职（Katz，1971）。在这里，我不打算复述这个故事，尽管它牵涉我和受托协助我们的哥伦比亚广播公司（CBS）的资本家们之间的文化冲突。同时，这段经历也开启了我与公共广播机构英国广播公司（BBC）之间的“浪漫情事”。我提起这段经历，不仅是因为它们很有趣，也是因为在这段序曲之后，我完成了一系列研究工作，它们总算可以称得上是国际传播研究。

做过电视台短暂的“总管”之后，我通过国际传播学会（IIC）②获得了一笔福特基金会的资助，得以追踪电视广播从西方都会到第三世界的移植过程，也就是电视如何从西方“扩散”到当时所谓的发展中国家的。这给了我一个机会，观察自己在以色列所做的事情在其他国家是什么情形。我的合作者乔治·韦德尔（George Wedell）教授，经历与我相仿，刚从所在大学（曼彻斯特大学）辞职，就任英国刚刚创设的商业电视频道——“独立广播局”（IBA）③的首任秘书长。在多弗·希纳尔（Dov Shinar）和迈克尔·佩尔斯沃思（Michael Pilsworth）的协助之下，我们研究了三大洲十二个国家电视台的“理念”和“表现”的落差（Katz & Wedell，1977）。尽管这些电视台高喊“国家整合”“文化复兴”和“经济发展”之类的口号，我们发现，20世纪70年代的电视广播绝大多数集中在大城市，且流行节目往往都是重播的美国节目。当时研究电视节目流通的学者也

① 译者注：第三次中东战争，以色列称六日战争，阿拉伯国家称六月战争。战事在1967年6月初打响，历经6天，埃及、叙利亚及约旦等国联军被以色列彻底打败。

② 译者注：国际传播学会（International Institute of Communication，IIC）是研究广播电视和其他传播事业的国际性学术团体，创办于1967年，总部设于伦敦。IIC致力于推动管理者、业界人士和分析家之间的公开对话，以塑造和影响政策议程。更多信息参见该机构网站：http://www.iicom.org。

③ 译者注：1972年，英国独立电视局改为独立广播局（IBA），标志着英国商业电视和广播市场的进一步开放，1973年，第一家私营商业广播电台开播，英国的广播市场此后形成BBC和IBA“双头垄断”的格局。

发现了这一模式（Nordenstreng & Varis，1974；Tunstall，1976；Schiller，1969），只不过，情况很快发生了变化，本地节目变得比进口节目更流行——当然，这些本地节目的设计仍有可能源自异域（参见索罗金1941年对“刺激扩散”[①]的分析）。我们本打算把书名定为《等待神探酷杰克》[②]，但终究还是没有胆量这么做。

我做了这些有关第三世界的经济和政治研究，同样难逃利己主义者和持家长制观点的人的指责。“文化帝国主义”论者的强烈抗议不绝于耳，本次会议中的几篇论文回顾了这些现代化研究。文化帝国主义论者宣称，好莱坞电影和美国情景喜剧创造出新的依赖形式，取代了西方对非西方的殖民统治和经济剥削（Schiller，1969）。受这些论争的启发，泰玛·利贝斯（Tamar Liebes）和我（Liebes & Katz，1990）着手研究美国夜间肥皂剧《朱门恩怨》（*Dallas*）[③]在跨文化情境下如何被观众“接收”。除了日本等少数国家例外，《朱门恩怨》堪称风靡全球。我们在以色列六个不同的亚文化群体中开展焦点小组访谈（每组三对夫妻），请参与者在自己的家中观看电视剧的部分内容。我们想要探讨的问题是，来自不同亚文化群体的观众在态度和理解上是否存在差异，以及在更广泛的层面上，是否能够发现支持或反对“文化帝国主义”论断的证据。我们将这本书定名为《意义的输出》。

《朱门恩怨》这样卖座的电视剧让整个世界相聚，只不过人们的观看时间不一。相比之下，特定的“媒介事件”（media events）——对历史性事件的现场直播——则更有可能导致“四海一家”的结果，而且是“天涯共此时”！电报的发明使人们传送的信息有可能在同一时间出现在不同地方。参与这项研究的我的合作伙伴是巴黎的丹尼尔·戴扬（Daniel Dayan），我们的合作始于1977年埃及总统安瓦尔·萨达特（Anwar Sadat）出访以色列展开和谈，一直持续到1992年《媒介事件》（Dayan & Katz，1992）出版。这项研究所关注的，是一种独特的电视形态，它足以发挥涂尔干揭橥的功能，将国家或世界整合起来。电视台邀请各地人跟最

---

① 译者注：刺激扩散是指人们从其他文化中获取某种文化要素，赋予它新的、独特的形式；或通过对它进行一定程度的改变，使它适应在地环境。

② 译者注：《神探酷杰克》（*Kojak*），20世纪70年代热门美剧，由CBS播出，于1973年10月开播，1977年3月剧终。《等待神探酷杰克》最后被定名为《第三世界的广播电视》，由哈佛大学出版社出版。

③ 译者注：直译《达拉斯》，由CBS播出，1978年开播，1991年剧终。

亲近的人一起坐下来，亲身参与并庆祝特定典礼或仪式，就像是过圣诞节、感恩节或犹太人的逾越节时大家聚在一起晚餐，而且这些观众知道，整个国家乃至全世界都与他们"同在"。因此，以色列人和埃及人一起为萨达特欢呼，他历时三天的破冰之旅通过电视被直播出来，两国有史以来第一次通过电视连在一起。大部分西方国家的观众也观看了这次出访，但其他阿拉伯国家则视若无睹。没有人可以否认，这次出访是媒体外交的罕见例证，它直接促成了随后的和平协议的签署，但也成了萨达特总统遇刺身亡[①]的导火索。国际传播的另一个经典案例是教宗若望·保禄二世与波兰共产党领导人会面的现场直播。史上首位波兰裔教皇的仪式性的出访活动，被波兰国家电视台直播，后又被制作成纪录片发行。与萨达特的出访类似，人们普遍相信，这次出访是推动东欧政权解体的第一步。当然，并不是所有的"媒介事件"都带有"征服"性质，奥运会和世界杯则是"竞赛"。肯尼迪葬礼或戴安娜王妃葬礼的现场直播，则吸引了全世界的目光：观者不是在旁观他人之痛苦，而是仿佛在感受自己遭受的创伤。这便是媒介事件的三种不同"脚本"，但无论是哪一种，都打破了常规——就像是个广播的盛大节日——邀请我们参与其间，并确认节日的价值。

请允许我简略提一下我对第一次海湾战争媒体报道的研究（Katz，1992）。这项研究中的分析方法同样适合分析某些大规模的镇压事件。在这些事件中，出现了一种新的媒体报道形式，它瞄准的不是全国受众，而是全世界的受众。此外，这些报道都是工作者从新闻现场直接传回的直播画面——不知你是否还记得，当时报道者就站在巴格达的屋顶之上。我想说的是，它们绕开了编辑，也跳脱了编辑赋予新闻的语境。换言之，媒体为我们提供了一个嵌入性的视角，不断向我们、向全世界描述正在发生的新闻事件，但不会跟我们解释这一切到底是在谁的主导之下发生的。这似乎是"广播无疆界"的开始，但"广播无疆界"带来了一系列新的问题。自此，电视便热衷于现场直播各类大众抗议活动。

我要概述的最后一项研究，使我仿佛又回到了这趟回顾之旅的起点，那就是

① 译者注：萨达特于1981年10月遇刺身亡。

研究传播和离散各地的犹太人（Katz & Blondheim，2010）。我们试图理解犹太族群流散世界各地，与记忆中的故土并无有形的联系，却如何凝聚“想象的共同体”（这一概念当然要归功于本尼迪克特·安德森，1983）。我们的焦点是犹太人，同样也可以研究中国人，但毕竟我们对犹太人更为了解。当然，除了“想象”以外，“想象的共同体”还要借助经济和文化联系，以及种种被发明或被激活的前现代传播渠道实现凝聚。电报出现以后，犹太人在建立新旧媒体机构方面贡献至巨（Blondheim，1994），或非历史的巧合。

〉》 二、我从中学到了什么？

即便这些研究与会议主题有关，但真正要紧的是：“我从中学到了什么？”接下来，我将试着回答这个问题，答案部分建立在上述研究发现和个人经验之上，部分则来自我在回顾它们时激发出来的想法。

1. 我首先想强调的是，国际传播先于国内传播，而非相反。正如早期基督教的案例所揭示的，创新扩散研究的历史清晰地表明，早在民族国家形成之前，早在大众传播时代之前，讯息便跨越文化鸿沟和自然边界自由地流动了。当然，当时已存在修辞、接收和抵抗的问题。

2. 实际上，我们甚至可以说，媒介、讯息和语言为民族国家的建立和巩固添砖加瓦，加布里埃尔·塔尔德（Gabriel Tarde，1898）、本尼迪克特·安德森（Benedict Anderson，1983）及其追随者（例如 Jaap van Ginneken，1992）的研究很好地说明了这一点。例如，用欧洲不同地区的口语翻译《圣经》，这个过程强化了国家认同。

3. 民族国家一旦建立，便苦心孤诣地干预跨境传播流动。换言之，国家开始巡逻跨国传播的流通。对内，它们试图教育并娱乐大众，告知公众应该知道的信息，屏蔽那些敏感信息；对外，它们试图运用传播手段扩大帝国的疆域，远到古埃及（Innis，1951），近到好莱坞，皆是如此；或者它们希望借此误导或丑化敌对的国家。国际电信联盟（ITU）仍然在分配广播频率，希望控制广电信号触及的范围，但在今天的卫星时代几无可能。

4. 如果媒介技术理论能帮助我们解释民族国家的兴起、新教各教派巨型结构的出现（Eisenstein，1980），那么，这一理论也应该能够预测信息自由流动——国际传播的国际化——将会促进全球架构的建立和民族国家的消亡。眼下，民族国家的某些特权不正被人权和经济全球化所否定？门罗·普赖斯（Price，2002）的研究和本书中的若干篇章（例如斯帕克斯的论文）显示，做出这样的概括还为时尚早，国家仍然行使主权，只有在正式条约的庇护之下，才会让渡部分主权。不过，尽管目前学者们还没有很好地研究，东德人民向往并倒向柏林墙另一侧的繁荣西德，其实是国际传播的绝佳案例。这一案例与发展主义者批评的“受挫感上升导致革命”[①] 的理论未必一致，却相去不远。

5. 即便讯息抵达目标受众，也无法确保它们会被正确解码。大众传播研究史的大多篇章致力于探究传播效果，即大众说服活动在短期内所取得的成功。然而，讽刺的是，我们不得不承认，媒介在这方面何其低效。即使我们自己不相信，但事实是宣传和广告的说服效果非常差，国内是这样，国际上更糟（Schudson，1984）。如果创新扩散研究的传播效果较成功，那是因为扩散的更多的是“物”，而不是“观念”；相关研究总聚焦于已然流行的事物，而不是那些夭折的事物。值得指出的是，说服效果，无论研究得多么深入都不是最有趣的效果类型。以我在前文回顾过的国际传播项目为例，至少有以下几方面值得关注：（1）英国广播公司（BBC）赢得了很多信任，来自阿拉伯国家的研究中清晰可见；（2）广播电视的制度化，包括管理体制、技术和内容，在全世界都

---

① 译者注：“受挫感上升导致革命”（revolution of rising frustration）是勒纳在《传统社会的消逝》中所提出的理论命题。他认为，人们通过不断接触大众传播媒介，会对经济发展和生活水准产生越来越高的预期，但如果实际的经济发展过于缓慢无法满足人们的预期，则会导致人们的受挫感升高，引发社会不满和动荡。

高度同质化，新媒体也可能如此。民族国家日益失去对媒体的控制，由国际利益集团取而代之；（3）传播与文化迅速取代地缘因素，创造出新的国际同盟关系（Kraidy & Khalil，2009），但国内受众却被切分成不同的群体（Turow，2006；Katz，1996）；（4）各地电视观众的批判能力超乎一般的预想，但跨文化交流与传播所需的日常相互理解仍长路漫漫；（5）若干异常的“媒介事件”却可以聚合整个世界，例如在观看戴安娜王妃的葬礼和最爱的足球队比赛时，大家的心跳在一起；（6）萨达特和教宗出访的直播证明，大众传媒有时候能够推进和平与和解进程，但同样也会被国家和团体利用来恐吓全世界，“9・11”恐怖袭击这种新的“媒介事件”（Katz & Liebes，2007；Dayan，2009）就是著例。

6. 让我回到本文的开篇，以勒纳的“移情”概念和理斯曼的“逛橱窗”比喻作结。如前所述，勒纳认为媒介——那是广播一统天下的时代——通过扩展个人视野，引导他们认同以前陌生的角色，并鼓励他们参与新开放的公共空间，从而影响现代化的进程。尽管勒纳未曾明言，但他的论述却暗示，媒介接触的重要效果是令受众认同“远方他者”（remote others）和体验新的角色。在使用或误用“移情”概念时，勒纳指向“认同”的概念，但让人吃惊的是，这个概念在媒介效果研究的目录中近乎完全缺席。“认同”是电影研究的核心概念——谁会不认同明星呢？——但在媒介研究中却难觅其踪影。尽管这一概念过于个人化，无法完全解释社会发展过程，但它间接地暗示，媒介有助于政体和公共空间的建立。

六十年之后，“移情”概念忽然重现，并被用来探讨卢克・波尔坦斯基（Luc Boltanski，1999）所说的“远方的苦难”（distant suffering）。学术界对中介化见证大灾难涉及的情感、认知尤其是道德问题，突然产生了浓厚兴趣。在什么情况下，人们看了电视夜间新闻，或从互联网看到信息，会起而纠正错误，或拯救一条生命？什么时候人们会从电视机前站起来，要求政府出手干预？面对千里之外的灾难，什么时候人们会起来慷慨捐输？过去，很少有人探究这类问题（Ball-Rokeach，Rokeach，& Grube，1984 是个例外），直至最近一系列的研究（Ellis，2000；Peters，2001；Chouliaraki，2006；Frosh & Pinchesvki，2009）使其重新浮现。正如梅洛维茨（Meyrowitz，1985）所说，现在的时代已经“没有秘密可言”，或者，更糟糕的是，“我们不再有任何借口”。我们再也不能大吼一声“我一无所知！”正因为此，“移情”和“同情心”概念被重新发掘出来，解释日常情境下的情感唤醒和行动，也让人们再度相信媒介有能力赋能或赋权。

在这里，我想到的并不是能全盘发挥电视潜力的媒介事件。恰恰相反，我想到的是日常效果，包括夜间新闻在内，就是那些被贬为“有限效果论”的效果。有限效果论让拉扎斯菲尔德感到安心，因为他觉得，幸亏广播公司及其寡头统治无法轻易蛊惑听众，民主才更安全。当然，有时候我们也会为之感到遗憾，比如我们看到劝人戒烟有多困难的时候。因此，我们或许应该赞赏有些学者坚持不懈，探讨在什么条件下媒介能发挥短期效果，特别是关涉他人之痛苦的研究。那么，所谓的“同情心疲劳”是否“有限效果”的别例，或观众已经被激发，准备回应却找不到方法（参见 Wiebe，1951）？我们需要再问，这当中是否存在文化差异，而这正是哈林和曼西尼（Hallin & Mancini，1984）三十年前所探讨的。过去，美国人看完夜间新闻之后，再喝一罐啤酒，起身去睡觉；而意大利的观众看到某些报道，生气了，披上外套，到比萨店里跟朋友讨论一番，再到政党或工会的地方办公室宣泄情绪、表达意见。今天的情形是否依旧？我们需要更多问题导向的比较研究，超越哥伦比亚学派对结构的强调，甚至跳出哈林与曼西尼（Hallin & Mancini，2004）最近的比较研究的视野。比如说，人们普遍认为，海地地震[①]在美国引发了超乎寻常的关注，美国民众踊跃捐款捐物支援灾区。这是否属实？其他国家是否如此？人们对海地地震的反应与对数年前的东亚海啸[②]或者发生在达尔富尔、科索沃、卢旺达的悲剧的反应有何不同？如果这当中真的存在巨大差异，我们理当追问，媒介体制和媒体报道发挥了什么作用？而文化接近性和资源的差异，又造成了什么影响？

说到媒体塑造的形象，艾英戈与金德（Iyengar & Kinder，1987）研究电视报

---

① 译者注：加勒比岛国海地当地时间 2010 年 1 月 12 日下午发生里氏 7.0 级地震，首都太子港及全国大部分地区受灾严重，地震造成十数万人死亡。

② 译者注：即印度洋大地震和海啸，发生于 2004 年 12 月 23 日，震中位于印尼苏门答腊，瞬时震级达到里氏 9.1 级。地震引发海啸，造成 14 个国家 20 余万人遇难。

道对无家可归者的描绘时，发现电视一贯把社会问题个人化，以致电视观众认为无家可归者是自作自受、咎由自取；相反，表面上冰冷的统计数字却更能让观众关注系统性的社会问题。但保罗·斯洛维克（Slovic，1997）则持相反观点，他通过实验发现，受害者或需要帮助的个人较易唤起人们的同情，受害的群体或展示其无助情状的统计数字则未必。那么，社会抗议和革命又如何？我们有没有比较性的证据说明媒介激发人们起而行动，反抗压迫？在1989年的东欧，我们看到一些证据，当时，在捷克有大量省城的民众走上街头，声援在布拉格瓦茨拉夫广场上游行的同胞。韩国最近的抗议也是一例——只不过新的小众媒介已经登台。至于这些新媒体是否有助于集体行动，论辩方兴未艾（Gladwell，2010）。

大卫·理斯曼将“移情”转译为“逛橱窗”，其中带有某种怀疑色彩，但或许更接近事实。毕竟，借助日益减少的驻外记者浮光掠影地观看世界各地的苦难，要比自己展开行动容易得多。这与拉扎斯菲尔德和默顿（Lazasfeld & Merton，1948）所说的“麻醉负功能”（narcotizing dysfunction）接近。如此说来，有限效果论仍然是较好的选择。然而，即便是理斯曼更为持重的观点，也能在一定程度上解释柏林墙的倒掉。

（李红涛/译，陈楚洁/校）

参考文献

Anderson, B. (1983). *The imagined community*. New York: Verso.

Ball-Rokeach, S. J., Rokeach, M., & Grube, J. (1984). *The great American values test: Influencing behavior and belief through television*. New York: Free Press.

Blondheim, M. (1994). *News over the wires*. Cambridge, MA: Harvard University Press.

Boltanski, L. (1999). *Distant suffering: Morality, media and politics*. Cambridge: Cambridge University Press.

Chouliaraki, L. (2006). *The spectatorship of suffering*. London: Sage Publications.

Dayan, D. (2009). Sharing and showing: Television as monstration. *Annals of the American Academy of Political and Social Science* 625 (1): 19– 31.

Dayan, D., & Katz, E. (1992). *Media events: The live broadcasting of history.* Cambridge, MA: Harvard University Press.

Eisenstein, E.L. (1980). The emergence of print culture in the West. *Journal of Communication* 30 (1): 99–106.

Ellis, J. (2000). *Seeing things.* London: Cambridge University Press.

Frosh, P., & Pinchevski, A. (2009). *Media witnessing: Testimony in the age of mass communication.* New York: Palgrave Macmillan.

Gladwell, M. (2010). Small change. *New Yorker*, 4 October. Retrieved from http://www.newyorker.com/reporting/2010/10/04/101004fa_fact_gladwell.

Glock, C. Y. (1952). The comparative study of communications and opinion formation. *Public Opinion Quarterly* 16 (4): 512–23.

Hallin D. C., & Mancini, P. (1984). Political structure and organizational form in U.S. and Italian television news. *Theory and Society* 13 (40): 829–50.

Hallin, D. C., & Mancini, P. (2004). *Comparing media systems.* Cambridge: Cambridge University Press.

Innis, H. (1951). *The bias of communication.* Toronto: University of Toronto Press.

Iyengar, S., & Kinder, D. (1987). *News that matters: Television and American opinion.* Chicago: University of Chicago Press.

Katz, E. (1952). *Communication and political attitudes in four Arabic countries.* New York: Bureau of Applied Social Research, Columbia University.

Katz, E. (1960). Communications research and the image of society: Convergence of two traditions. *American Journal of Sociology* 65 (5): 435–40.

Katz, E. (1971). Television comes to the people of the book. In I. L. Horowitz, ed., *The use and abuse of social science* (pp. 249–71). New Brunswick, NJ: Transaction Books.

Katz, E. (1992). The end of journalism? Notes on watching the war. *Journal of*

Communication 42 (3): 5–13

Katz, E. (1996). And deliver us from segmentation. *Annals of the Academy of Political and Social Science* 546 (1): 22–33.

Katz, E., & Blondheim, M. (2010). Four diaspora dreams. In M. Blondheim & E. Katz, eds., *Communication and diaspora.* Unpublished manuscript, Department of Communication, Hebrew University.

Katz, E., & Danet, B., eds. (1973). *Bureaucracy and the public: A reader in official–client relations.* New York: Basic Books.

Katz, E. and Lazarsfeld, P.F. (1955). *Personal influence: The part played by people in the flow of mass communication.* Glencoe, IL: Free Press.

Katz, E., Levin, M. L., & Hamilton, H. (1963). Traditions of research on the diffusion of innovation. *American Sociological Review* 28:237–52.

Katz, E., & Liebes, T. (2007). No more peace: How disaster, terror and war have upstaged media events. *International Journal of Communication* 1:157–66.

Katz, E., & Wedell, E. G. (1977). *Broadcasting in the Third World.* Cambridge, MA: Harvard University Press.

Kraidy, M. M., & Khalil, J. F. (2009). *Arab television industries.* London: Palgrave Macmillan.

Lazarsfeld, P. F. (1952). The prognosis for international communication research. *Public Opinion Quarterly* 16 (4): 481–90.

Lazarsfeld, P. F., & Merton, R. K. (1948). Mass communication, popular taste and organized social action. In W. Schramm, ed., *Mass communication.* Urbana: University of Illinois Press.

Lee, C. C. (1980). *Media imperialism reconsidered: The homogenizing of television culture.* Beverly Hills, CA: Sage Publications.

Lerner, D. (1958). *The passing of traditional society: Modernizing the Middle East.* New York: Free Press.

Liebes, T., & Katz, E. (1990). *The export of meaning: Cross-cultural readings of "Dallas."* New York: Oxford University Press.

Meyrowitz, J. (1985). *No sense of place.* New York: Oxford University Press.

Nordenstreng, K., & Varis, T. (1974). *Television traffic—a one-way street? A survey of and analysis of the international flow of television programme material.* Research Report No. 70. Paris: UNESCO.

Peters, J. D. (2001). Witnessing. *Media, Culture & Society* 23 (6): 707–23.

Price, M. E. (2002). *Media and sovereignty: The global information revolution and its challenge to state power.* Cambridge, MA: MIT Press.

Riesman, D. (1958). Preface to D. Lerner, *The passing of traditional society: Modernizing the Middle East.* New York: Free Press.

Rogers, E. M. (1962). *Diffusion of innovations.* New York: Free Press. Schiller, H. I. (1969). *Mass communication and American empire.* Boston: Beacon Press.

Schudson, M. (1984). *Advertising: The uneasy persuasion.* New York: Basic Books.

Slovic, P. (1997). "If I look at the mass I will never act" : Psychic numbing and genocide. *Judgment and Decision Making* 2 (2): 79–95.

Sorokin, P. (1941). *Social and cultural mobility.* New York: Free Press.

Stark, R. (1997). *How the obscure, marginal Jesus movement became the dominant religious force in the Western world in a few centuries.* New York: HarperCollins.

Tarde, G. ([1898] 1969). Opinion and conversation. In T. Clark, ed., *Gabriel Tarde: On communication and social influence.* Chicago: University of Chicago Press.

Tunstall, J. (1976). *The media are American.* London: Constable. Turow, J. (2006). *Breaking up America.* Chicago: University of Chicago Press.

Van Ginneken, J. (1992). *Crowds, psychology and politics: 1871—1899.* New York: Cambridge University Press.

Wiebe, G. D. (1951). Merchandising commodities and citizenship on television. *Public Opinion Quarterly* 15 (4): 679–91.

第 3 章 / 超越拉扎斯菲尔德：国际传播研究及其知识生产

Beyond Lazarsfeld: International Communication Research and Its Production of Knowledge

张赞国

好理论应被视为众多视角中的一个，而不是包罗万象的解释。

——约翰·加尔通（Johan Galtung，1990）

保罗·拉扎斯菲尔德（Lazarsfeld，1952—1953，p.483）在《舆论季刊》发表一篇文章，主张："由于国内领域未来已无太多机会，传播研究若不想全然被忽视……就不得不到国际领域去拾取和发展新的观点。"他接着说："国际传播研究领域中提供比较研究的可能性，可以开启振奋人心的新课题。"拉扎斯菲尔德提议，在美国之外的研究场景中，无论在语境、社会学、历史还是方法诸方面，新观念都会得到更好发展。他虽未详细阐述，振奋人心的新观念当然应该包括新概念、新理论、新视角、新的研究方法、新知识以及新见解。然而，实情并非如此，国际传播研究的数量在过去几十年里增幅明显，知识的生产与积累却差强人意，一直在反刍旧观念和陈腐的视角，并未跟上时代变化的步伐。

自从拉扎斯菲尔德预言以来，几乎无人承接其观点，反思国际传播研究领域的状况。截至20世纪80年代早期，国际传播文献的增长已如“塌方”般快速（Hur，1982，p.531），而拉扎斯菲尔德的文章却已遭遗忘，后来几乎在国际传播结构与过程的研究中销声匿迹。拉扎斯菲尔德40年前已对国际传播研究未来方向提出预见，然而，斯蒂文森（Stevenson）1992年为国际传播定位时，却闭口不提拉扎斯菲尔德。本文无意辩护拉扎斯菲尔德的文章是国际传播研究的里程碑或经典文本，但他这篇文章却是探讨国际传播研究中知识生产的出发点。

本章以知识社会学为背景，从下列三种视角来评价国际传播研究，这三种视角分别是：约翰·加尔通的“理论的生命周期”（life cycle of theories）（Galtung，1971）、欧文·戈夫曼的框架分析中的“调音”（keying）（Goffman，1974），以及托马斯·库恩的“范式检定”（paradigm testing）（Kuhn，1970）。本文无意对现有国际传播研究做量化的元分析（meta-analysis）（Wolf，1986），也不做批判性的参考文献分析或引证分析。文中的数据是研究心态的指标，用以表述上述三个视角的论断，为概念问题提供经验性的答案，但并非为任何视角所隐含的假设提供统计检验。

本研究有三重目的：第一，检视国际传播研究中的概念或理论如何出现，如何随时间推移而变化；第二，确定国际传播研究文献所表现出的思维方式，以及它们与历史和社会背景的关系；第三，通过期刊论文与书籍等学术成果，考察国际传播研究者们作为知识生产者的群体心态；他们这个职业群体，对跨国传播的世界有认识论上的兴趣，关注“何谓跨国传播世界”“如何观察它”以及“它何以成为现在这样”的知识生产。

》一、知识社会学与国际传播研究

确定拉扎斯菲尔德为其后继者们所绘制的国际传播研究在过去60年间的轨迹，不啻是检视那些在他之后“阐发某些理论、学说以及知识运动”的学者们有何思维方式或群体心态（Wirth，转引自 Mannheim，1936，p.xxviii）。拉氏是少数创建传播研究的先驱之一，其遗产仍在学术社群中起启迪作用，激发着讨论，[①]不过他的思想不是孤立的。按照曼海姆（Mannheim，1936，p.3）的讲法，一位学者并不是在单独思考和做研究，而是参与了学术社群的思考和研究。知识社会学可以帮助我们理解国际传播学者在社会历史场景中的思维风格。

正如维尔特所言，因为知识社会学“关注社会秩序的维系与变革中知识和观念的角色”，它就“必定将注意力大量地放在观念扩散的机制、研究之自由程度，以及普遍盛行的表达方式”（Wirth，1936，p.xxix）上。在社会科学研究中，观念扩散主要借助常年出版的书籍和期刊论文，尤其是那些常被引用的文献。在《美国政治与社会科学院年鉴》2006 年 11 月号的引言中，西蒙森援引默顿的话写道：“任何值得阅读的经典文本，每隔一段时间就该重温一遍，因为‘书页表达的内容’会随着读者及其所处世界的变化而变化。”（Merton，1967，pp.36–37；Simonson，2006，p.6）戈夫曼所谓的“打破框架”（breaking frame）会改变阅读框架和内容阐释方式。从某种程度上说，拉扎斯菲尔德的预言正是这样的文本。他论及比较研究的机会时，已预见到卡茨及其同事在《意义的输出》（*The Export of Meaning*）中所讲的那些东西（Liebes & Katz，1990），这说明，“毋庸置疑，新闻在一种文化中的含义将迥异于它在另一种文化中的含义，并且我们无法预知其差异是什么”（Lazarsfeld，1952—1953，p.486）。若将“新闻”一词替换为电视剧《朱门恩怨》（*Dallas*），当可简括为跨国研究中的“接受理论”（reception theory）。面对当时的新兴媒介——广播——改变了媒介版图，拉扎斯菲尔德欣喜地说，“我们感激对国际传播的兴趣陡增”。在当代场景下重温这篇文章，我们对他的兴奋也多了一层理解。

自 20 世纪 90 年代中期以来，许多民族国家大量涌现 24/7 电视新闻频道，全球媒介版图被重构得面目全非，超乎想象。除了 BBC 和 CNN 等声誉卓著的传统媒体之外，半岛电视台崛起，代表中东发出了让人无法忽视的声音。随后，许

---

① 参考《美国政治与社会科学院年鉴》（2006 年版）中《大众传播研究的政治、社会网络与历史》一文。

多国家也争相通过卫星建立全球频道，从本国视角出发报道新闻，譬如：中国中央电视台9频道（2000）、今日俄罗斯（2005）、法国24电视台（2006）、伊朗的英语新闻电视台（2007）、日本的NHK世界台（2009）、委内瑞拉的南方电视台（TeleSur，2010），以及中国新华通讯社的“中国新华新闻电视网”英语电视台（CNC World，2010）。各国频道在全球层面上展开竞争，为本国发声，从各自的角度报道世界。可以说，这些林林总总的卫星电视台涌现，代表了某种形式的媒介民族主义（media nationalism），它们力求在全球意见市场上取得合法空间，而非某种形式的媒介帝国主义（media imperialism）。由此，国际传播的赛场开始平衡，这不仅改变了观众接触跨国新闻流以及其他文化产品的方式，也改变了全球媒介的游戏规则。这种转变促使滕斯托尔在《曾经的美国式媒介：美国大众媒介之衰落》（*The Media Were American: U.S. Mass Media in Decline*）一书中宣称，全国媒介与区域媒介比国际媒介更为强大（Tunstall，2008，p.10）。

如果“表达的内容……会随着读者及其所处世界的变化而变化”（Simonson，2006，p.6），如果“传播的变化会改变文化，即扩张、更改以及破坏文化”（Greig，2002，p.225），那么，理论上的当务之急就是，仔细审视国际传播研究领域当中现有的核心概念与理论的生命周期，看它们如何反映全球媒介环境的变化。由于互联网已渗透至世界各个角落，我们很难想象还有哪个地方的文化会免受其影响。一方面，思考与研究的知识情境已经改变。当概念发生转变时，问题的提出、对事实的观察，或研究方法还能一如既往吗？倘若经验领域已从一种状态转换至另一种状态，根据以往的观察所建立的理论还有原来的价值吗？加尔通在20世纪70年代初声称，跟汽车和时尚一样，理论也“有其生命周期，不管理论的过时是否有计划，在中心与边缘的结构中总有显著的时差。因此，百年之后，中心国家之中心（阶层）都已经忘了奥古斯特·孔德（Auguste Comte）是谁，里约热内卢的电车工人们却在举旗支持他”（Galtung，1971，p.93）。问题是，为什么在离孔德家乡数千英里外的地方孔德会为人所知呢？

〉》 二、国际传播研究中理论的生命周期

理论的生命周期是观念在时空中的历程。加尔通对于里约热内卢的评论，直指发达国家与发展中国家、欠发达国家之间的理论扩散。国际社会科学研究的宰制结构（hegemonic structure），创造出了不平等的环境，而边缘国家输入中心国家的理论与方法以后，深受其苦。部分原因是西方国家的理论与方法有缺陷，没有考量在地知识与经验，学者群体也不理解研究对象的知识需求（Curran & Park，2000）。柯伦与朴明珍认为，国际传播研究通常视“世界上其他地方为被遗忘的候补”，这足以令“以英美为基础的媒介学术界感到难堪”（Curran & Park，2000，p.3）。他们的难堪是群体思维在作祟，缺乏另类视角，排除各种竞争性解释，才有这种情况。群体思维在理论上与认识论上涉及概念内聚力，由多维概念转为单元概念，从而影响他人的看法（Street，1997）。群体思维形成不仅是成员的个人特征所致，更是商议情境所致（Neck & Moorhead，1995）。在社会科学研究中，应将整个文献看作研究者们商议情境的一部分。就国际传播研究而言，群体思维的显例是：在文化帝国主义出现约 40 年后，即使全球媒介版图已发生巨变，世界各地学者仍继续扛着文化帝国主义的旗帜；拉丁美洲率先提出依附理论（dependency theory），以挑战现代化视角（如 Vilas，2002）。

20 世纪 80 年代，支持或批评“文化帝国主义”命题的人都认为它是国际传播的“主导范式”（dominant paradigm）。文化帝国主义是否已取得库恩所说的“范式”地位尚有争议。[①] 因为没有更好的术语，本文将采用“范式检定”（paradigm testing）来具体讨论国际传播研究中理论并置的问题。“范式检定”作为一种分析方法的命题，并不意味着国际传播研究有竞争性的范式，后文将对此进行

---

① 库恩在两种意义上使用“范式”这个术语，“一方面，它指由特定社群成员共享的信念、价值与技术等组成的集合；另一方面，它也指该集合中的一种要素，即解决问题的具体方案，它们被当作模型或范例，可代替明文规则而作为解决常规科学中其他难题之基础（第 175 页）”。显然，文化帝国主义并非一个为国际传播研究社群所共享的理论，它也没为国际传播问题提供任何具体的解决方案。

论述；其也并不检判不同理论在历史与经验情境中的效度。不少学者与研究者已在各种语境当中，对文化帝国主义概念的不足和认识论上的缺陷提出有见地的批判（Chadha & Kavoori，2000；Curran & Park，2000；Curtin，2007；Fejes，1981；Fortner，1993；Golding & Harris，1997；Hamm & Smandych，2005；Lee，180；Lee，1988；McPhail，2002，2010；Roach，1997；Salwen，1991；Thussu，2006；Tomlinson，1991；Wang，Servaes，& Goonasekera，2000）。

本研究只采用“文化帝国主义”这个概念，而不涉及它可能指涉的内容。我以文化帝国主义命题为案例，是为了说明国际传播研究中理论的生命周期。文化帝国主义是国际传播中的一个关键概念和理论，考察其起源与应用只是为了说明——而非穷尽——它在文献中大致的足迹。虽然难以确考“文化帝国主义”[①]观念的起源，但一般认为，最早是20世纪60年代后期被提出的，用以考察美国媒体在国际竞争中以牺牲他国媒体产业为代价的统治结构与过程。从非洲到拉丁美洲，有不少理论研究和经验研究，力图揭示形成帝国主义的结构因素以及它对国际关系可能产生的影响。

自20世纪60年代以来，媒介场景在国内和国际都经历了剧烈嬗变。互联网及数字传播技术的出现，为传统媒介的内容生产、分配与消费提供了新的机会与挑战。过去几十年，世界目睹了两个超级大国“冷战”终结、苏联解体、“世界信息与传播新秩序”消亡，以及互联网普及，这些为市民社会和全球传播提供了强大的民主平台。从这些政治社会变革和技术变革来看，文化帝国主义[②]的命题似乎表现出了非凡的生命力，毫无衰退的迹象（见表3.1）。世事变化很快，但在知识研究领域中存在40年以上的理论，都不是在哲学真空中生存的，而是有人认为它对于当代世界仍然具有核心性意义。

① 本研究将“文化帝国主义”这个术语作为一个包容性的概念来理解，其包括与文献中一切与传播有关的帝国主义形式。在帝国主义前面添加一个形容词（例如媒介的、文化的、传播的，抑或信息的），不过是在以一种特别的方式，对研究主题加以调音。后文会对此加以讨论。

② 当然，国际传播中还有其他值得讨论的重要概念，但是它们在学术界和新闻界的影响力似乎都不及文化帝国主义。

表 3.1　　文化帝国主义在国际传播研究中的生命周期

引用文本	被引文本
麦克费尔（2010）	席勒（1969）、滕斯托尔（1977）
查克拉瓦蒂与赵月枝（2008）	滕斯托尔（1977）
卡马利普尔（2007）	多夫曼与马特拉（1975）、席勒（1969）、滕斯托尔（1977）、威尔斯（1972）
屠苏（2006）	博伊德－巴雷特（1977）、多夫曼与马特拉（1975）、加尔通（1971）、席勒（1969）、滕斯托尔（1977）、威尔斯（1972）
哈姆与斯曼戴奇（2005）	加尔通（1971）、席勒（1969）
麦克费尔（2002）	滕斯托尔（1977）
屠苏（2000）	博伊德－巴雷特（1977）、多夫曼与马特拉（1975）、加尔通（1971）、席勒（1969）、滕斯托尔（1977）、威尔斯（1972）
福特纳（1993）	李金铨（1980）、席勒（1971）、滕斯托尔（1977）[①]
弗雷德里克（1993）	博伊德－巴雷特（1977）、李金铨（1980）、席勒（1971）
汤林森（1991）	费耶什（1981）、李金铨（1980）、多夫曼与马特拉（1975）、滕斯托尔（1977）
费耶什（1986）	李金铨（1980）、席勒（1971）、滕斯托尔（1977）
李金铨（1980）	博伊德－巴雷特（1977）、席勒（1969）、滕斯托尔（1977）、威尔斯（1972）
滕斯托尔（1977）	席勒（1969）、威尔斯（1972）

理论自有其力量。20 世纪 50—60 年代，现代化被引入国际传播研究当中。按照阿尔弗雷德和弗里兰德（Alford & Friedland，1985）的看法，现代化理论的力量具有下列特征：影响政策（即国家发展的驱动力）、解释行动（即作为解决欠发达的内部性方案，有别于外部性方案）、激发社会群体意识（即在农民身上产生移情作用）、宰制语言的范畴（即现代框架与传统框架对比）以及划分公私边界（即媒介体系的所有制与管理）。文化帝国主义的命题取代现代化，形塑了记者们认知国际现实的方式，后文将显示这一点。

表 3.1 为文化帝国主义命题的持久力提供了一个概貌。在国际传播中，1969 年，

① 译者注：原书中本表第 2 列的内容被误排到了第 1 列，致使第 2 列为空白。

在概念方面和技术方面都是一个具有里程碑意义的一年。在概念方面，赫伯特·席勒出版了《大众传播与美利坚帝国》，影响深远。其中心论点是，“美国经济正在浮现出来的帝国网络利用传播媒介，防御并巩固已经存在的帝国，扩张到它希望变得活跃的地方”（Schiller，1969，p.3）。在国际层面上，美国的金融体系与媒介体系发生联系，催生出文化帝国主义的概念，并开始在文献中迅速流传开来。

如果席勒是这个领域的开拓者，威尔斯则是耕耘者（Wells，1972）。而最终，滕斯托尔为文化帝国主义命题在国际传播研究领域扩张铺平了道路。尽管滕斯托尔批评了席勒和威尔斯最初的观点，却也帮助他们突显了这个命题。他质疑文化帝国主义所说的，“在世界上很多地方，真正的、传统的、在地的文化正因大量美国精致的商品与媒介产品被恣意倾销，被搞得无立锥之地”，但他承认“英美媒介是跟帝国主义——英帝国主义——连为一体的”（Tunstall，1977，p.63）。滕斯托尔在《美国式媒介》的第二章的标题“文化帝国主义”后面加了个问号，然后以他自己的概念来挑战文化帝国主义的空泛，这是对概念进行抽象或者重新调音，置有关概念于不同层次，意味着不同的分析单位，后文我们将再次讨论。

滕斯托尔的书自 1977 年出版以来，就绽放出生命力。如表 3.1 所示，从 20 世纪 70 年代后期到 2010 年，它被频繁引用，经常与席勒（Schiller，1969）、威尔斯（Wells，1972），以及多夫曼（Dorfman）与马特拉（Mattelart）的著作一道出现。我无意评价哪一部著作在国际传播研究领域中更具影响力。一个重要的问题是：文化帝国主义的概念如何持续存在于学术研究和新闻实践之中？倘若我们同意文化帝国主义的命题是席勒于 1969 年明确提出的，那么在过去 40 年间，其生命在众多的期刊论文和书籍中延续，时至今日依然十分鲜活。最有趣的是，及至 2008 年，滕斯托尔显然已摒弃了文化帝国主义的命题。他在《曾经的美国式媒介：美国大众媒介之衰落》一书中，转而支持他所谓的“新民族主义”（new nationalism）（Tunstall，2008，p.344）。然而，当麦克费尔（McPhail）于 2010 年援引滕斯托尔的观点时，却选择了引用 1977 年那本书的内容，而非 2008 年那一本，仿佛其间什么变化都不曾发生，而在 2008 年那本书中，滕斯托尔已经从自己早期的概念框架中发展出了另一个概念框架。

1969年在国际传播界之所以是非常重要的一年，不仅仅因为席勒出了那本书，还因为一个重要的里程碑性事件，只是这件事因人类首次登陆月球事件而被忽略。就在那一年10月，阿帕网（APPANET）——由博尔特·贝拉尼克-纽曼公司（BBN，Bolt，Beranek & Newman）制造的世界上第一个分组交换网络——上线，将美国加利福尼亚大学洛杉矶分校、圣塔芭芭拉分校、斯坦福大学以及犹他大学的四台电脑连接在一起。阿帕网是当今互联网的前身，尽管规模小很多，使用范围也仅限于美国。自此以后，接入互联网的电脑从四台增加到全球的成千上万台，其发展速度令人难以想象，由美国Lumeta公司2004年绘制的网络图可见，网络错综复杂得令人匪夷所思。截至2008年4月，互联网已扩张至45万多个节点，更多顶级域名和节点也在稳步增加中。这就意味着，世界各国如今已经高度互联互依。鉴于这种结构转型，我认为国际传播研究需要新视角，以“超越大约40年前提出的现有理论”（Chang，2010，p.12）。我挑出文化帝国主义的理论，批评它“似乎扎根于旧媒介版图的地理与实体意义”（Chang，2010，p.12）。

当1969年席勒的书出版时，美国的跨国公司的确主宰着国际媒介版图。在滕斯托尔看来，“很难找到一条非美式媒介匣子的出路，因为媒介匣子正是由美国——或者说英美——制造的。唯一的出路就是造一个新匣子，不过，可能除了中国之外（引者按：因为人口众多，幅员辽阔），没有哪个国家会热衷于此”（Tunstall，1977，p.63）。滕斯托尔的话既对，又不对。说他的话对，是因为新的非美式媒介匣子实际上已经被制造出来，譬如半岛电视台或中国新华新闻电视网英语电视台；说他的话不对，是因为如今许多国家都有能力制造出各自的媒介匣子，例如俄罗斯、伊朗、日本以及委内瑞拉。这可能正是滕斯托尔在《曾经的美国式媒介：美国大众媒介之衰落》一书中，用大篇幅写新兴媒介中心挑战美国媒介统治地位，以致他得出结论说，美国大众媒介从20世纪50年代以来一直在衰落。然而，纵观全书，他没有说出来的话比说出来的更加重要。在知识生产的谱系中，滕斯托尔在《美国式媒介》中不遗余力地界定媒介帝国主义，并考察其后果；而30年后，《曾经的美国式媒介：美国大众媒介之衰落》一书甚至没有详细阐述“帝国主义”，而只是到了最后一部分，才在“民族主义与帝国主义”的情境中顺带一提

（Tunstall，2008，p.344）。

与早期在《美国式媒介》中所宣称的一样，滕斯托尔在《曾经的美国式媒介：美国大众媒介之衰落》中明确宣告，旧秩序已经衰落，取而代之的新秩序具有一套新的国家媒介体系，以及对市场关系的国际安排。由于以民族国家为基础的卫星电视频道的成长壮大，美国媒介的确已不再是全球媒介市场的最高统帅，更别提在内容生产与传播方面具有最高权威了。滕斯托尔主要从文化和媒介民族主义的背景，讨论这种新的啄食顺序。他并未解释原因，这就留下了一个迫切需要回答的问题：如果“媒介民族主义”已经崛起，那么“媒介帝国主义”发生了什么？“媒介民族主义”似已大致取代了“媒介帝国主义”，因为滕斯托尔过去支撑媒介帝国主义理论的大部分历史证据和关键问题都发生于20世纪70年代以前。从1977年的《美国式媒介》到2008年的《曾经的美国式媒介：美国大众媒介之衰落》，滕斯托尔历经有趣的概念转向，却错失了阐述其理论意义的大好时机。滕斯托尔帮助传开这个核心概念与命题，却在大约30年后将之抛弃，因此，观察文化帝国主义是否还会见诸文献，当具启发性。如果表3.1的生命周期揭示了什么，那便是1977年那本书在未来若干年可能不会过期，除非学者与研究者们像滕斯托尔一样，走出原有的框架（Goffman，1974），另觅国际传播现实的不同版本。

文化帝国主义的概念不仅见诸学术著作，也见诸新闻报道。它已成为主流媒体的用语。1992年，欧洲迪士尼乐园在巴黎市郊开设主题公园，《纽约时报》报道：“法国知识分子一直大肆抨击4 800英亩的欧洲迪士尼乐园……称之为‘文化切尔诺贝利’，并谴责‘米奇帝国主义’。”大约20年后，《经济学人》刊登了一则类似的报道：“与自鸣得意比起来，法国电影工业更惯常内省，担忧美式文化帝国主义或者市场暴政。”文化帝国主义普受新闻界接受，由这两则报道可见一斑。

令人惊讶的是，从2008年《经济学人》的报道到2010年麦克费尔的著作，文化帝国主义的概念自20世纪60年代被首次提出以来，已在学术界和新闻界存在40余年。这一有趣的现象值得我们仔细审察，尤其是当互联网从根本上改变了全球的媒介环境的情况下。在数量方面，受众每天数以百万计地增加，这种速度与步伐是过去所无法想象的；在质量方面，单一平台内的全媒体融合已经成为现实；在经济方面，传统媒介——尤其是报纸与商业电视——受众规模与广告收入都在衰减，市场被重构，进而各种媒介内容的流动受到影响。

互联网是如何影响全球媒介版图和国际传播形式的呢？首先，互联网令实现全球网络成为可能，它将世界各国紧密地连在一起。然而，这一全球网络中各个访问点仍是在地的，它们都被从属政府的政治与社会利益所束缚。因此，在国际传播中，由谁控制互联网，这对于“决定传播什么和如何传播”就至关重要了（Chang，2010，p.3）。其次，尽管全球化意味着民族国家的削弱，当今信息时代的新型国家却都是网络国家（Carnoy & Castells，2001，p.14），其中每一个节点——民族国家——都与其他节点相连接，而这些节点“对于国家功能的表现同等必要”。在全球层次的网络结构中，流动是朝向四面八方的，那么文化帝国主义又当如何发展呢？

本研究认为，理论已远远落后于新的现实。在国际传播研究中，要么是理论从一开始就欠发达，要么是理论被传统思考和构想世界的方式所误导，要么二者兼而有之，简言之，就是缺乏另类视角。群体思维仍然弥漫于国际传播领域。一方面，文化帝国主义的理论家们未留意到技术创新，未留意到内容生产与分配已由关注公司利益转向关注用户生产（例如 Web 2.0），而这些创新和转向已大体重塑了全球媒介的内容与形式。

在技术方面，新的全球媒介环境挑战传统观念，要求从理论上反思要看什么，如何去看。倘若提出一个理论时，国家之间尚未像今天这样彼此连接在一起，为什么它还继续适用于由无处不在的互联网所创造的网络社会呢？当观察对象已改变，概念的镜头还会捕捉到跟以前一样的景象吗？这些问题体现了概念焦点的层次及其不同的理论表述，这对于国际传播是有影响的。正如阿尔弗雷德和弗里兰德所称，“务必将理论本身放在不同层次上去分析，不同层次之间不能相互简化”（Alford & Friedland，1985，p.392）。在认识论方面，托马斯·库恩的推断令人折服：不可以对任何现有理论进行孤立检验（Kuhn，1970）。戈夫曼（Goffman，1974）在框架分析中提出“调音”的观念不无价值，一种理论提供了一个框架，为看待世界的方式定调。

》三、国际传播研究的概念“调音”

戈夫曼（Goffman，1974，p.11）在开创性的《框架分析》中称：“术语一旦被引入……它就会开始产生太多的影响，不仅被应用于随后各章节，而且也被再次用于以前的每一章中。”其论断的本质在于，嵌入“某种逻辑序列”（Goffman，1974，p.11）的概念是一种线性陈述，这也是本章论证的重点。术语的引入非常近似于调音。概念的“调音”关注不同研究者如何随着时间的推移而称呼同一种观念。概念是理论的构成要素，但它并非理论本身。阿尔弗雷德与弗里兰德（Alford & Friedland，1985，p.394）指出：“概念总是包含着解释某一现象基本特征的前因后果的理论，现象借由概念来定位与界定。”并且，从历史上看，“概念具有知识生产的社会关系属性”（Aford & Friedland，1985，p. 27）。

在国际传播中，帝国主义当然是一个概念，但帝国主义作为一种理论，却要复杂得多，包含了一整套彼此关联的陈述，力图系统地描述和解释国际关系如何、为何如此运作。本章将文化帝国主义当作一个统摄概念（encompassing concept），涵盖了文献中与传播有关的各类帝国主义形式。从技术上讲，在“帝国主义”前面冠上形容词（媒介的、文化的、传播的或信息的），形同文字游戏，或如戈夫曼（Goffman，1974）所谓的“调音”，为接下来或期待的东西提供个框架。以世界的认知取向来说，戈夫曼（Goffman，1974，p.443）提出：“文字游戏似乎在颂扬语境的力量，只保留一种解读，而让其他的解读失效，而没有否定这种力量的运作。”这四个概念在抽象阶梯的层次不同，最抽象的是“文化”，其他三个概念上下滑动，音色略有不同。

理论其实是一个框架，为关键概念设置特定的边界，以观察社会现实，换言之，是一种理论悬搁的方式。坚持某个特定语词及其优先顺序，会错失最根本的问题：文化帝国主义与“依附”“（受众）接受”（Liebes & Katz，1990）或者“全球化”等其他理论比较，孰优孰劣？事实上，这些术语（媒介帝国主义、文化帝国主义、传播帝国主义、信息帝国主义）[①] 由两种概念构成：主要概念是“帝国主义”，次要概念才是“媒介的”“文化的”“传播的”“信息的”。次级概念所悬搁的是方法论范畴——需要哪一种数据和分析单位，而不是基本过程。按照阿尔弗雷德与弗里兰德（Alford & Friedland，1985）的讲法，在接受帝国主义的概念以前，国际关系中必先存在某种形式的帝国主义。国际传播研究中，文化帝国主义学者们往往坚持界定、更换次级概念，其实他们应该检查的是主要概念。如果他们看到了国际传播的“帝国主义”，他们对于“帝国主义”框架以外的东西往往置之不理。因此，缺乏了其他概念，就无法讨论各种另类视角，因为这些另类视角会被认为不相干或者不重要。增添一个次级概念，并未打破主要框架。

本章将讨论的，是国际传播在拉扎斯菲尔德预言前后出现的四个不同的主要概念——“帝国主义”“现代化”“依附”“全球化”——及其相互关系，以便在历史语境中确定概念谱系。数据源于 JSTOR 数据库，这是“世界上学术内容方面最值得信赖的来源之一”，它拥有“人文学科、社会科学等上千种主要学术期刊”（http://about.jstor.org/content-collections，于 2010 年 10 月 20 日检索）。本数据库包含了 53 个学科的 2 832 种期刊，从非裔美国人研究到动物学都囊括在内。[②]

以“国际传播”为关键词，笔者全文搜索全部八种语言（英文、荷兰文、法文、德文、意大利文、拉丁文、葡萄牙文与西班牙文）的论文和书评，截至 2010 年 10 月 8 日，共获得 2 415 条结果（如表 3.2 所示）。几乎所有出版物都是英文的（99.2%），剩下的条目使用另外三种语言：西班牙文（9 篇）、法文（8 篇）和德文（3 篇）。由于英文出版物最集中，因此可能有北美与欧洲的英美学者“互相引用”的“历史偏见”。倘若只用英文呼吁媒介研究的“去西方化”，必将徒劳无功。

---

① 笔者以“文化帝国主义”为词条在 JSTOR 数据库全文搜索，得到 65 个条目，最早的一篇发表于 1946 年的《耶鲁法学杂志》，大多数篇目（81.5%）出现在过去三十年间（1980—2009）。含有“媒介帝国主义”词条的有 15 篇，发表于 20 世纪 80 年代到 90 年代。只有两条提到“传播帝国主义”和“信息帝国主义”：一条在脚注中，另一条在正文中。

② 除《舆论季刊》之外，JSTOR 数据库并未收录传播研究方面的期刊。这意味着，那些最有可能发表国际传播研究的期刊被排除在外了，这会导致分析的不完整。

表 3.2　国际传播研究的文章与书评（1929—2009 年）[a]

年份	全文中含有“国际传播”一词[b]		
	文章	书评[c]	合计[d]
1929 年以前	4.6%	2.5%	4.1%
1930—1939 年	1.7%	2.1%	1.8%
1940—1949 年	3.7%	4.5%	3.6%
1950—1959 年	7.0%	9.7%	7.6%
1960—1969 年	9.2%	14.1%	10.2%
1970—1979 年	14.8%	13.0%	14.4%
1980—1989 年	21.3%	20.5%	21.1%
1990—1999 年	22.7%	23.8%	22.6%
2000—2009 年	15.1%	11.6%	14.3%
合计	1 899 篇	516 篇	2 415 篇

a 截至获取数据库的 2010 年 10 月 7 日，数据库共计有 53 个学科的 2 832 本期刊。虽然 JSTOR 为综合性数据库，但未必囊括八种语言的全部期刊。

b 在 JSTOR 中使用“国际传播”进行全文精确检索。

c 单元格中的数字为书评，以其作为十年中图书出版数量的一种替代。

d 在 JSTOR 检索结果的基础上，单元格中的数字代表的是以八种语言出版的论文与书评的数量：英文、荷兰文、法文、德文、意大利文、拉丁文、葡萄牙文与西班牙文。事实上，几乎所有出版物都是英文的（99.2%）。对八种语言出版的“文章”与“书评”加以合并，结果是：英文，2 395 篇；荷兰文，0 篇；法文，8 篇；德文，3 篇；意大利文，0 篇；拉丁文，0 篇；葡萄牙文，0 篇；西班牙文，9 篇。

通过全文关键词搜索得到的数据库中的每一条结果不论篇幅长短，均被视为同等的分析单位。全文搜索比只检索条目标题完备，可以获取所有研究的核心概念条目。笔者随机核查了各个时期 10% 的文章，发现全文搜索抓取出的大部分条目都与国际传播理论相关。这些关键词的确索引出了这些文本中所论及的理论。

表 3.3 显示 20 世纪 20 年代到 2010 年间，帝国主义、现代化、依附和全球化等四个核心概念在文献中的谱系。我们假定每个概念蕴含了一种知识理论。表中的顺序（从帝国主义到全球化）大致反映这些概念在文献中出现的先后顺序，但未必是它们起源的确切顺序。总体来说，某一个概念似乎并未关涉其他概念在

不同思路中如何使用。这些概念各有其韧性，后来的概念并未取代或削弱先前的概念。

表 3.3　国际传播研究中的理论谱系（1929—2009 年）[a]

年份	帝国主义	现代化	依附	全球化
1929 年以前	0.5%	—	1.3%	—
1930—1939 年	1.2%	0.5%	—	—
1940—1949 年	3.5%	0.5%	0.6%	—
1950—1959 年	6.3%	3.3%	—	—
1960—1969 年	6.3%	11.9%	2.5%	—
1970—1979 年	15.3%	17.6%	15.9%	—
1980—1989 年	23.5%	26.7%	33.1%	3.6%
1990—1999 年	21.6%	21.0%	29.3%	34.9%
2000—2009 年	21.6%	18.6%	17.2%	61.4%
合计	255 篇	210 篇	157 篇	166 篇

a 四个关键词（帝国主义、现代化、依附与全球化）中的每一个分别与词语“国际传播”同时出现于 JSTOR 的全文检索当中。因为这段时间里的书评数量很少（帝国主义，38 篇；现代化，27 篇；依附，14 篇；全球化，17 篇），因此将两个类别（论文与书评）合并在一起。

“帝国主义”的概念在国际传播研究中显然历史悠久，但直到 20 世纪 70 年代才经常见诸文献。过去 40 年间，社会科学各领域都流行“帝国主义”，可见跨国传播的潜在影响是普遍的知识关怀。“现代化”概念在 20 世纪 60 年代刚出现时备受瞩目，但过去 30 年间却已鲜为人知。这一现象证实，从那时起，直到 21 世纪最初 10 年，现代化是世界上很多国家的发展目标。“依附”概念崛起，声称以一个新理论去挑战其实是解释相同现象的现有理论。20 世纪六七十年代，人们发现非洲及其他地区的现代化项目失败了，现代化理论在社会科学中普受质疑；而“依附”概念作为另类视角，在接下来几十年的文献中频繁出现。与人们使用“帝国主义”一样，如今使用“依附”概念，可能反映了人们对世界化扩张的真实意图的当代关怀。这种学术关怀在维拉斯（Vilas，2002）的一篇文章中得到了最好体现，他干脆称之为“作为帝国主义的全球化”。尽管“全球化”观念的出现可追溯至19世纪马克思的思想，这个概念在JSTOR数据库中却迟至20世纪80年代才出现，说明学者们对这个特定现象的知识关怀与日俱增。

以上讨论国际传播研究的“调音”，并未直接考察各理论之间的关系。研究证明，全球网络是开放的，但网络内部的新闻流动却相当封闭（Chang，et al，2009；Himelbim，Chang，& McCreery，2010）。例如，不管国有制媒体还是私有制媒体，国际新闻几乎都没有外向链接，国家主宰的媒介体系更是如此。网站之间自动创造链接的尖端软件已经问世，超链接的缺乏显然不是技术所致。要解释超链接为何缺失，必须到超链接之外去寻求。显然，文化帝国主义的命题不能为这种结构缺陷提供令人信服的解释。有什么另类视角吗？范式检定可以给出最佳回答。

〉》四、国际传播研究中的范式检定

“范式”这一概念借自托马斯·库恩的经典之作《科学革命的结构》（Kuhn，1970）。“范式”指“特定社群成员共享的一整套信念、价值、技术等”，以及“模式或范例的具体解题方案，用来当作足以取代明显的规则，成为解决常规科学难题的基础”（Kuhn，1970，p.175）。库恩将范式限定于常规科学中，国际传播研究显然不在他的认知范围内。因此，用范式概念来解释国际传播现象，并不必然意味着该领域中就存在着竞争性的范式。事实上，国际传播研究能否被看作库恩的前范式，尚有争议。因此，如果把文化帝国主义看作一个范式，就意味着把它提升为国际传播研究的主导性理论视角。尽管如此，库恩通过比较各个竞争性理论，确定哪一个理论最能解释事实，这对评估国际传播研究的知识生产仍有启发。

库恩并未使用“范式检定”一词，但因为没有更好的用词，本文姑且用它来捕捉两种竞争性理论之间的张力，以阐释事实。如果库恩的“范式转移”（paradigm shift）或“科学革命”提供了什么启示，那就是竞争性理论的挑战显然来自外部，而并不必然出自主导范式内部，挑战成功的最终可能令现有范式瓦解。当足够多的“内群”成员摈弃旧范式，“外群”的新范式便可能取而代之，观察世界的方式也随之焕然一新。回到国际传播研究，“范式检定”是指竞争性的理论，而非对立性的范式。这里不妨完整引述库恩的思想：

> 历史上的所有重要理论都合乎事实，只不过程度有别而已。个别理论是否或如何合乎事实，没法给出一个更加准确的答案。但若针对全部理论或成对的理论，就可以问这种问题了。问两个竞争性理论的哪一个更符合事实，则是完全讲得通的。（Kuhn，1970，强调为原文所加）

在国际传播中，若根据文化帝国主义的命题来检视事实，历史证据显示，信息在世界各国的流通是不平等的，这足以证实美国主宰全球文化市场。然而，按照库恩的看法，这个证据还不能令人信服。在本章中，范式检定要求把一个理论拿来跟另一个理论——竞争性的理论——做比较。有好几个理论都可以用来解释国际传播中文化产品的流动形式：文化折扣（culture discount）、文化接近性（cultural proximity）、文化帝国主义、文化扩散（cultural diffusion）以及全球化。必须仔细分析经验数据，比较文化帝国主义理论与其他另类视角，才能确定它们的解释力。换言之，如果孤立地检视某个理论，把它当成某一特定现象的有效解释，这是不够的，因为其他理论可能也具有解释力。

JSTOR 数据库的设计虽不够理想，权且用来比较国际传播研究中的一组竞争性理论。假定两个不同的概念同时在文本中出现，可能因为它们相互关联。反之，倘若描述国际传播现象的不同概念没有被放在同一个空间，它们就不在同一个概念域中（Goffman，1970）。所以，很难将竞争性理论放在一块比较，或者拿一个理论和另一个竞争性理论对比。表 3.4 显示的是收录于 JSTOR 的文献中成对概念的统计结果。

表 3.4 国际传播研究中的“范式检定”（1929—2009 年）[a]

年份	帝国主义 / 依附	现代化 / 依附	现代化 / 全球化	帝国主义 / 全球化
1929 年以前	2.2%	—	—	—
1930—1939 年	—	—	—	—
1940—1949 年	2.2%	—	—	—
1950—1959 年	—	—	—	—
1960—1969 年	2.2%	2.8%	—	—
1970—1979 年	13.0%	13.9%	—	—
1980—1989 年	32.6%	33.3%	2.6%	2.3%
1990—1999 年	34.8%	41.7%	41.0%	25.6%
2000—2009 年	13.0%	8.3%	56.4%	72.1%
合计	46 篇	36 篇	39 篇	43 篇
占成对关键词总和的百分比	11.2%	9.8%	10.4%	10.2%

a 在 JSTOR 中用成对的关键词与“国际传播”一词一起进行全文精确检索。

从上表可清楚地看到，四个概念很少同时出现在一个文本中，可见国际传播研究中大量研究（将近 90%）都集中于单一视角。四个概念互斥程度高，说明学者们很少对潜在竞争性的解释加以比较，这凸显了某种形式的群体思维，因为文献中的研究常排除另类视角，而在少数涵盖成对概念的研究中，更显出这些概念互相抵触。这在“全球化”配对“现代化”“帝国主义”时，尤其明显，这组配对呼应了最近的辩论：全球化到底是现代化的延伸，还是帝国主义的伪装？在 20 世纪 70 年代到 90 年代，“依附”与“帝国主义”和“现代化”的配对也是如此。

〉》五、结论与讨论

由于媒介版图快速变化、媒介职位缩减以及个人传播手段的发展，一些学者（如Sparks，2000）认为，国际传播存在危机。我对这种观点不敢苟同。我更坚信，大多数国际传播研究（尤其是新闻和广告的比较研究）做得并不扎实，其跨国的论旨也并不可靠（Chang，et al.，2001；Chang，et al.，2009）。

本章力图回答的关键问题是：国际传播研究作为一个知识领域，为何（以及如何）大致只遵循同一种思想学派的经验研究，就生产出了一整套知识？本文以两个框架为指引：一是知识社会学，一是理论的力量。前者关注国际传播研究在本体论与认识论上的问题，后者则考察理论、意识形态和实践等方面的问题。若说本文的发现有何启示，那就是国际传播研究在概念取向上受制于一种群体思维的心态。学者必须站在“国际传播研究”之外来思考，更具体而言，要站在本领域的文献之外来思考。

群体思维常招致停滞或失败。在抽象层次上，“群体思维”对国际传播学者来说，意味着排除了有价值的另类视角，尤其是普遍认可的知识，或囿于某些地理范围，或为某一特殊视角所界定，就更是如此。经验研究总受制于特定的时空背景，在这样的背景下，观念和行动方式得以形成。知识产生于特定的历史条件下，人们却未必能辨识得出产生于哪个国家。国际传播形式复杂，其决定因素也因国而异。因此，许多相互竞争的解释可以应用于同一事实，这取决于如何进行理论构想和方法分析。

理论要有效解释社会现实，就必须进行比较性的验证。单独检视国际传播理论是否符合历史事实，既不充分，也无法令人信服。世界形形色色，各国情况不同，从不同地点观照现实，视角必然不同，因此，理论与事实的关系具有可变性。正如加尔通所称，“一个好理论不应该让我们以为世界已彻底创造出来”，“总有一些空匣子留给尚未发生的现实，即潜在的——而非经验的——现实”（Galtung，1990，p.102）。好理论“应该被视为一种视角，而不是一个万能的解释”（Galtung，1990，p.100）。这对国际传播尤其如此，因为国际传播与国内传播相比更有多维性，需要尝试不同的排列组合，而拉扎斯菲尔德早就认识到了这一点。

在当代场景下，特别是在“华盛顿共识”与“北京共识”两相对照之下，拉扎斯菲尔德的预言值得重温。他在20世纪50年代早期论述的比较研究的重要性，可以启发我们研究当今世界因自由市场与民主的紧张关系而产生的状况。他说，美国的社会科学家们“往往假定经济放任与政治自由齐头并进。我们应该去研究经济放任和政治自由独立发展的国家，以及国家控制经济明显没有妨碍政治自由的国家，看它们的意见与态度是如何形成的吧”（Lazarsfeld，1952—1953，p.487）。这种探讨市场化与民主化之间的联系（或者缺乏联系）的建议，在社会科学研究中尚未获得足够重视。

在国际传播研究中，比较研究发热多于发光，部分原因在于，过去40年间，整个领域的研究沉湎于重复过往经验的过时模式，未能认真地尝试在知识生产中超越现有框架的概念界限。在全球网络社会中，世界由互相联系和互相依赖的国家组成，文化帝国主义的“主导”模式已与之格格不入。国际传播理论若想与之匹配，务必理清学者的“群体思维”框架。

（黄顺铭／译，宋韵雅／校）

参考文献：

Alford, R. R., & Friedland, R. (1985). *Powers of theory: Capitalism, the state, and democracy*.Cambridge: Cambridge University Press.

Boyd-Barrett, O. (1977). Media imperialism: Towards an international framework for the analysis of media systems. In J. Curran, M. Gurevitch, & J. Woollacott, eds., *Mass communication and society* (pp. 116–35).London: Edward Arnold.

Carnoy, M., & Castells, M. (2001). Globalization, the knowledge society, and the Network

State: Poulantzas at the millennium. *Global Networks* 1:1–18.

Chadha, K., & Kavoori, A. (2000). Media imperialism revisited: Some findings from the Asian case. *Media, Culture & Society* 22:415–32.

Chakravartty, P., & Zhao, Y., eds. (2008). *Global communications: Toward a transcultural political economy*. Lanham: Rowman & Littlefield.

Chang, T.–K. (2010). Changing global media landscape, unchanging theories? International communication research and paradigm testing. In G. J. Golan, T. J. Johnson, & W. Wanta, eds., *International communication in a global age* (pp. 8–35). New York: Routledge.

Chang, T.–K., Berg, P., Fung, A. Y.–H., Kedl, K. D., Luther, C. A., & Szuba, J. (2001). Comparing nations in mass communication research, 1970–1997: A critical assessment of how we know what we know. *Gazette* 63: 415–34.

Chang, T.–K., Huh, J., McKinney, K., Sar, S., Wei, W., & Schneeweis, A. (2009). Culture and its influence on advertising: Misguided framework, inadequate comparative design and dubious knowledge claim. *International Communication Gazette* 71 (8): 1–22.

Curran, J., & Park, M.–J., eds. (2000). *De–Westernizing media studies*. London: Routledge.

Curtin, M. (2007). *Playing to the world's biggest audience: The globalization of Chinese film and TV*. Berkeley: University of California Press.

Dorfman, A., & Mattelart, A. (1975). *How to read Donald Duck: Imperialist ideology in the Disney comic*. New York: International General.

Fejes, F. (1981). Media imperialism: An assessment. *Media, Culture and Society* 3:281–89.

Fejes, F. (1986). *Imperialism, media, and the good neighbor: New Deal foreign policy and United States shortwave broadcasting to Latin America*. Norwood, NJ: Ablex.

Fortner, R. S. (1993). *International communication: History, conflict, and control of global metropolis*. Belmont, CA: Wadsworth.

Frederick, H. H. (1993). *Global communication and international relations*. Belmont, CA:

Wadsworth.

Galtung, J. (1971). A structural theory of imperialism. *Journal of Peace Research* 8:81–117.

Galtung, J. (1990). Theory formation in social research: A plea for pluralism. In E. Oyen, ed., *Comparative methodology: Theory and practice in international social research* (pp. 96–112). London: Sage.

Goffman, E. (1974). *Frame analysis: An essay on the organization of experience*. New York: Harper Colophon.

Golding, P., and Harris, P., eds. (1997). *Beyond cultural imperialism: Globalization, communication and the new international order*. London: Sage.

Greig, J. M. (2002). The end of geography? Globalization, communications, and culture in the international system. *Journal of Conflict Resolution* 46:225–43.

Hamm, B., & Smandych, R., eds. (2005). *Cultural imperialism: Essays on the political economy of cultural domination*. Peterborough, ONT: Broadview Press.

Himelboim, I., Chang, T.-K., & McCreery, S. (2010). International network of foreign news coverage: Old global hierarchies in a new online world. *Journalism & Mass Communication Quarterly* 87 (2): 297–314.

Hur, K. K. (1982). International mass communication research: A critical review of theory and methods. In M. Burgoon & A. E. Doran, eds., *Communication Yearbook 6* (pp. 531–54). Beverly Hills, CA: Sage.

Kamalipour, Y. R., ed. (2007). *Global communication*. 2nd ed. Belmont, CA: Thomson Wadsworth.

Katz, E. (1987). Communication research since Larzarsfeld. *Public Opinion Quarterly* 51: S25–S45.

Kuhn, T. S. (1970). *The structure of scientific revolutions*. 2nd ed., enlarged. Chicago: University of Chicago Press.

Lazarsfeld, P. F. (1952–53). The prognosis for international communications research. *Public Opinion Quarterly* 16:481–90.

Lee, C.-C. (1980). *Media imperialism reconsidered: The homogenizing of television culture*. Beverly Hills, CA: Sage.

Lee, S.-N. P. (1988). Communication imperialism and dependency: A conceptual clarification. *Gazette* 41:69–83.

Liebes, T., & Katz, E. (1990). *The export of meaning: Cross-cultural readings of Dallas*. New York: Oxford University Press.

Mannheim, K. (1936). *Ideology and utopia: An introduction to the sociology of knowledge.* San Diego: Harcourt Brace & Company.

McPhail, T. L. (2002). *Global communication: Theories, stakeholders, and trends.* Boston: Allyn and Bacon.

McPhail, T. L. (2010). *Global communication: Theories, stakeholders, and trends.* Malden, MA: Blackwell.

Merton, R. K. (1967). *On theoretical sociology: Five essays, old and new.* New York: Free Press.

Neck, C. P., & Moorhead, G. (1995). Groupthink remodeled: The importance of leadership, time pressure, and methodological decision-making procedures. *Human Relations* 48:537–57.

Roach, C. (1997). Cultural imperialism and resistance in media theory and literary theory. *Media, Culture & Society* 19:47–66.

Salwen, M. B. (1991). Cultural imperialism: A media effects approach. *Critical Studies in Mass Communication* 8:29–38.

Schiller, H. I. (1969). *Mass communications and American empire.* New York: A. M. Kelly.

Simonson, P. (2006). Introduction. *Annals of the American Academy of Political and Social Science* 608: 6–24.

Sparks, C. (2000). Media theory after the fall of European communism: Why the old models from East and West won't do any more. In J. Curran and M.-J. Park, eds., *De-Westernizing media studies* (pp. 35–49). London: Routledge.

Stevenson, R. L. (1992). Defining international communication as a field. *Journalism Quarterly* 63:543–53.

Street, M. D. (1997). Groupthink: An examination of theoretical issues, implications and future research suggestions. *Small Group Research* 28:72–93.

Tomlinson, J. (1991). *Cultural imperialism.* Baltimore: Johns Hopkins University Press.

Thussu, D. K. (2000). *International communication: Continuity and change.* London: Arnold.

Thussu, D. K. (2006). *International communication: Continuity and change*. 2nd ed. London: Hodder Arnold.

Tunstall, J. (1977). *The media are American: Anglo-American media in the world.* New York: Columbia University Press.

Tunstall, J. (2008). *The media were American: U.S. mass media in decline.* New York: Oxford University Press.

Vilas, C. M. (2002). Globalization as imperialism. *Latin American Perspectives* 29:70–79.

Wang, G., Servaes, J., & Goonasekera, A., eds. (2000). *The new communication landscape: Demystifying media globalization.* London: Routledge.

Wells, A. (1972). *Picture-tube imperialism? The impact of U.S. television on Latin America.* Maryknoll, NY: Orbis Books.

Wolf, F. M. (1986). *Meta-analysis: Quantitative methods for research synthesis.* Beverly Hills, CA: Sage.

第 4 章 / 超越现代化和报刊的四种理论

Beyond Modernization and the Four Theories of the Press

扬·瑟韦斯

勒纳的模式充其量是西方经验的挪用，切不可看作国家发展的必然历程。勒纳试图用相当有限的历史经验概括普世性的过程，这一点我们需要格外谨慎。勒纳的模式展示的是，以种族中心主义认同西方——特别是美国——中产阶级的价值和图景。

——李金铨（Lee，1980，p. 21）

或许，美国例外主义哲学的核心特征便是，一方面认为美国是独一无二的，另一方面却主张其价值和利益具有普适性。

——赫曼特·沙阿（Hemant Shah，2011，p. 148）

差异或多元性既不能也不会阻止理解与传播，但漠视它们则会。

——汪琪（Wang，2011c，p. 271）

对国际传播和发展传播中的西方偏见，各式批评可谓屡见不鲜（参见本章的参考文献），这里引述的三段话，只不过是其中的少数例证。这些批判性的观点

可以简括如下:

质疑并拓宽我们这个领域的知识论和本体论假设。西方实证主义视角仍有支配地位，我们需要再加入阐释性的社会建构主义方法，以求对社会现实提出更具普适性的阐释。

在所谓的库恩式“范式”层面上，最初的现代化模式已经被依赖理论、多元性、全球化等模式所补充或取代。然而，这些替代模式仍受西方传教士般的热情所驱动而“向外”扩张。我们需要更关注那些“向内看”而较不受制于“帝国主义”目的的视角。

鉴于这些考虑，我们需要重新思考研究方法和技术。量化方法和发现的局限性已变得很明显。不过，质化研究同样需要批判性评估。从参与式的视角出发，结合量化和质化方法，或许我们能够为各类问题提供更为充分、切题的答案。

跨国或跨文化的比较研究也常常暗含着西方式的偏见。在西方语境中发展出来的模式和框架，被当作评估和比较的模板。我们需要真正的本土视角作为比较研究的出发点。

倘若上述观点是“共同知识”(common knowledge)，为什么国际传播和发展传播研究的主流仍未拥抱这些显而易见的常识？对此，三位学者曾评估国际传播领域的“丰富性”，我们可以根据他们的研究，从历史角度加以探讨。乔·艾伦·费尔(Jo Ellen Fair)、赫曼特·沙阿(Hemant Shah)和克里斯汀·奥根(Christine Ogan)，分析期刊文章、图书的章节，试图把握国际传播研究在不同阶段——1958—1986、1987—1996、1997—2005及1998—2007——的基本方向。

在1958—1986年间，主导性的理论是强大效果论或有限效果论:“在西方推动第三世界发展的过程中，传播是一个关键要素。勒纳有关中东地区传播和发展的重要研究成果出版于1958年，之后十余年间，研究者们纷纷假定，在社会系统中引入媒介和特定类型的教育、政治和经济信息，将会帮助个体和社会完成从传统到现代的转型。媒介被看作‘魔术扩散者’(magic multipliers)，对第三世界的受众产生相当直接和强大的影响，由此放大发展的益处。”(Fair，1989，p. 145)

在1987—1996年间，“勒纳的现代化模式销声匿迹，取而代之的理论框架是参与式发展（participatory development）。参与式发展的观点与勒纳认为大众传播在社会变迁中发挥着自上而下的作用的观点几乎截然相反，染上了乐观的后现代主义色彩。在这一阶段，曾被现代化学者奉为圭臬的两级流通模式也消失了”（Fair & Shah，1997，p.10）。

1997—2005 和 1998—2007 这两个晚近的阶段局部重叠，有一些让人意外的趋势，在此，容我先引述沙阿的分析：

> 首先，勒纳的媒介与发展模式在上一阶段彻底消失，却在 1997—2005 年间重新出现。其次，1997—2005 年间只出现了另外两种理论，都来自传统的美国行为科学研究路径，分别是社会学习理论和知识沟理论。再次，1997—2005 年间最常提起的两个理论——参与式传播和社会学习——反映了流行的导向，其实它们在 1987—1996 年间已被视为发展传播的创新，只是当时的名称是参与式发展以及“寓教于乐”（edu-tainment）。（Shah，2007，p. 13）

沙阿从技术决定论的视角，解释这些“老”观点——特别是勒纳模式（Lerner，1958，1977）——的持久生命力：“1958 年以来，后殖民世界每出现一种新的技术，不管是电视、卫星、微波，还是计算机、呼叫中心、无线科技，都会燃起人们坚定的信心，令他们相信勒纳的现代化模式会提高生产力，并培育出现代意义上的世界公民。”（Shah，2007，p. 24；亦可参见 Shah，2011）

奥根及其学生（Ogan，2009）也发现，发展传播研究的焦点从大众传播转向信息与传播技术（ICTs），但这些研究很少将发展置于全球化的语境，而是继续沿用饱受非议的现代化范式。她们指出，“近年来学者们对信息与传播技术的关注，还是在寻找某种妙方，以便将信息带到人们身边，改变他们的生活，提高他们的生活水准，教育他们的子女，提高识字率和教育程度，并在这些国家中推广民主。多年来的研究告诉我们，信息只是导致这些变化的必要而非充分条件，但研究者们仍将信息与传播技术当作发展‘圣杯’的最新版本。传播学者自然对此心知肚明，因为过去 30 年他们浸淫在批判文献之中，但从信息学科踏入这一领域的新人却未必熟悉这套文献。此外，现代化范式的吸引力，让人们忘了它其实并不奏效”（Ogan et al.，2009，pp. 667–668）。

换言之，可能不仅仅是无知。国际传播中的西方偏见也许是掌权者维持现状的便宜之举，他们得到学术社群的协助，因为正如布尔迪厄所说，学者们自成一群保守主义者（Servaes，2012）。接下来，我将延续上述讨论，具体审视国际传播领域发展的历史情境，质疑“报刊的四种理论”的某些假设，并简略讨论可能打破当前僵局的研究路径。

〉》一、“西方偏见”的历史情境

1941 年 1 月 6 日，美国总统罗斯福在演讲中提出四大自由（言论自由，信仰自由，[①]免于贫困的自由和免于恐惧的自由），二战结束之后，美国发起马歇尔计划，建立布雷顿森林体系和世界银行、国际货币基金组织、联合国及其区域分支和专门附属机构，这一切都导向艾米·斯台普斯（Amy Staples，2006）所说的“发展的诞生”，或者埃瑞克·洛（Eric Louw，2010）所描绘的“大美国主义”（Pax Americana）的诞生。

发展中国家多以北大西洋“福利国家”为发展的终极目标。它们被新技术转让所吸引，认为小心的经济规划，由中央掌控的农业、教育和健康发展机构，能保障国家追赶上工业化国家。很多学者——包括我本人在内——称之为现代化范式（Servaes，1999，2008）。

现代化加速了西化精英结构的成长以及都市化的进程。在莱瑟姆（Latham，2000）看来，社会科学理论在肯尼迪总统在任内形塑了美国的外交政策，其结

① 译者注：罗斯福提出的第二项自由是 Freedomof Worship，即信仰自由。此处原文为 Freedom of Expression，即表达自由，疑为本章作者笔误。

果是设立了拉美进步联盟（Alliance for Progress with Latin America）、和平工作队（Peace Corps）等。一般假设，在外国的援助下，落后的乡村地区的农业、基础教育、健康、乡村交通、社区建设等方面得以发展起来，政府官僚机构也因此延伸到主要的城镇。其实，美国将发展定义为世界复制美国的政治经济体系的过程。克里斯托弗·辛普森（Simpson，1994，1998）、罗汉·萨玛吉瓦（Samarajiva，1987）和赫曼特·沙阿（Shah，2011）在研究发展传播概念的渊源时发现，勒纳（Lerner，1958）和施拉姆（Schramn，1954）的经典作品原是哥伦比亚大学应用社会研究所受美国之音委托做的大规模秘密受众研究的副产品，他们撰写的某些研究报告至今仍被中情局列为机密。萨玛吉瓦等人指出，在冷战背景下，心理战的需求对美国早期传播研究产生了巨大影响，"早期的探索研究显示，影响流向的形态是：从市场研究到传播研究；从市场和传播研究到心理战；从心理战再到传播与发展"（Samarajiva，1987，p. 17）。其他学者也持类似看法（参见 Ambrose，1983；Krige & Barth，2006；McMichael，2008；Roberts，2006；Schiller，1969，1976；Smythe，1981；Smythe & Van Dinh，1983；Tunstall，1977）。

广播体系主要用于传播娱乐节目和新闻。广播成为全国性宣导活动的渠道，用于说服人们了解若干具体的健康和农业实践。但正如罗伯特·怀特（White，1988，p. 9）所说的，"在发展中国家，现代化设计对传播来说，最重要的维度是交通迅猛发展，连接乡村社区、市镇和区域性的城市。随着交通发展和电力普及，商业消费的供应网络延伸到乡镇和村庄，带去西方的消费文化和电影、广播、音乐等流行文化。尽管玻利维亚或斯里兰卡的农民达不到美国中产阶级的消费水平，但他们的生活的确发生了深刻变化，这才是现代化的真面目"。

（一）发展传播

20 世纪 50 年代以降，传播模式在实际的发展项目中越来越重要。人们相信，传播刺激并扩散一套特定的价值和制度，有利于催生个人成就、流动能力、创新和消费，也就是人们“变得更现代”。根据勒纳（Lerner，1958）的观点，地理流动和都市化刺激“移情”（empathy）的心理倾向，进而提高识字率，增进人们的经济及政治参与，这些都是现代化的必要条件。媒介直接或间接激发“心理流动”的条件，以至于推动经济发展。换言之，勒纳于1958年出版的著作，核心观点是，比起传统社会的人，具备“移情能力”的人有较高的流动能力，更有应变能力，以未来为导向，更富理性。传播与发展的关系是可量化的、线性的。传播能够在多大程度、以何种方式贡献现代化进程？这样的传播模式，主要是从信息工程、政治宣导和意见扩散的研究中概括出来的。基于勒纳的移情概念，英格尔斯和史密斯（Inkeles & Smith，1974）比较分析六个发展中国家，发现“现代”人获取国际新闻时更相信大众媒介而不是个人媒介。因此，在他们看来，现代人更喜欢国内和国际新闻，而不是体育新闻、宗教新闻或地方新闻。

在勒纳观点的基础上，施拉姆（Schramm，1964）更深入地探讨了大众传播与现代化实践和制度之间的关系。他认为，大众传媒在现代社会中至少有三个作用，它们是社会变化的“看门狗”、“政策制定者”和变革的“教师”。施拉姆指出，每个国家应以大众媒体设施的最低水平为目标：每100人有10份报纸、5部收音机、2个影院座位、2台电视机。施拉姆以现代传播媒介补充传统社会口传渠道的不足，呼应了“两级流通论”以及态度变迁的研究。施拉姆认为，大众传播媒介承担着“（心理）流动的扩散者”（mobility multipliers）的功能。这些理论在当时的文献和实践中之所以相对流行，是与研究者构想这类传播的方式息息相关的。首先，他们认为传播就是信息传递，侧重于效率或效果。无论是罗杰斯（Rogers，1962）的创新扩散理论，[①]还是技术决定论皆是如此。麦克卢汉（McLuhan，1964）认为技术是价值无关和政治中立的资产，会为欠发达国家带来现代化；技术逐渐创造出一个“全新的人类环境”，这便是现代社会。换言之，技术是发展进程中的重要力量，既无法抗拒，又势不可当。罗杰斯（Rogers，1962，1986，2003）强调，在文化创新的采纳和扩散过程中，大众传媒提高了人

① 霍夫曼（Hoffmann，2007）指出，在前后五版中，该理论发生了一定变化。

们对新事物和实践方式的知晓度；但人际传播在决策阶段更具影响力。因此，人际影响比大众传媒更可能对社会行为产生直接的影响。

此外，这些传播模式切合当时新兴大众传媒的本质和机制。换言之，传播旨在操纵讯息和人群，以便实现指定的发展目标。这意味着媒介讯息就像“子弹”，会迅速有效地嵌入接收者的意识当中。正如本章引言中的分析，其他研究者（Hornik，1988；Leeuwis & Van Den Ban，2004）也指出，这个情形在过去几十年并未发生根本变化。

（二）对现代化范式的批判性评估

20 世纪 60 年代以来，传播与现代化在世界各地不同阵营都遭到批评。对现代化传播理论最为典型的批评，概述如下（更详细的讨论参见 Servaes，1999，2008）：

1. 在经验层面，研究者主要关注具体的、可量化的、短期的个人效果，并以可疑的方式将之概括化。例如，在检验勒纳的理论命题时，连施拉姆（Schramm & Ruggels，1967）在内，研究者们都未能证明大众媒介普及与识字率、都市化和人均收入之间的模式是单一的形态。实际上，经验证据显示，这些模式因地域、环境或文化的不同而差别很大。

2. 现代化范式从实证主义和行为主义的立场出发，预设一连串线性的、理性的事件，预先规划，以外设的理性标准为依归。就像行为主义的“刺激—反应”模式一样，其背后假设人类行为可以通过孤立的、直接的因果关系加以解释。大众媒介经常被拿来与面对面传播比较。信息传递被看作孤立的、线性的活动，有起点和终点。在我看来，“传递”概念衍生自机械信息论，很难挪用到人类互动上，因为人类沟通的语境构成了完整的互动过程。

3. 实证主义假定研究者可以“客观地”、经验性地捕捉“现实”，却几乎从不质疑这些假设的正误，甚至对质疑者嗤之以鼻，要求他们提出经验证据以证明经验主义的错误。然而，在很多文化中，恰恰是那些无法被测量（无法被任何形式的理性命名、描述或理解）的事物，被看作最重要的现实。人类并不是刺激—反应的开关盒，而是积极主动的、富有创造性的、目的明确的造物。两位研究者（Jayaweera & Amunuguma，1987，p. 41）研究婆罗门对“同一性和主体性”的看法，他们说上述假设“不可能被标榜活在经验科学的真实世界里的社会科学家严肃对待……但他们所谓的‘真实世界’…… 在最科学的科学家——高能物理学家——看来，也不过是虚构之物”。

4. 发送者—接收者的模式多半忽略社会情境。因此，托马斯（Thomas，1982，p. 84）说，“发送者—接收者关系的整套观念遮蔽了社会层面的信息传递”。“意图”仍被看作任何传播定义的基本要素，间接假定——在“使用与满足”理论中则明说——解释人类行为可以以行动者的主观界定为基础。换言之，人类行为不受制于个人在社会情境（系统或子系统、社会群体或阶级）中的位置，只受制于个人自我界定的位置和所处的环境。这导致了人与人的支配与被支配关系，与西方占主导地位的历史世界观中反历史主导的人与环境的关系相契合。更具体地说，“两级流通论”忽略了一点，即大量信息可以直接从媒介流动到使用者，无须经过意见领袖这一中介，例如，有需要改变自己的人，可以自下而上进行改变。可见意见领袖的概念太粗糙。

5. 研究者关注商业和意识形态的因素，不太关注社会和情境因素。媒介以社论和广告鼓励个人进行社会流动，争取更好的生活，由此创造出消费需求，维系第三世界对西方的经济依赖。部分因为大量节目依赖进口，部分因为模仿，媒体的主要信息是因循保守、物质主义和墨守成规的。学校和教育性的电视节目也在强化类似的观念。研究者忽略广告，集中于媒体言论，不啻把注意力引开，看不到大众传媒首要的目的是为广告商生产和销售产品和服务。因此，达拉斯·斯迈思（Dallas Smythe，1981，p. 250）说，“这样，他们（这些研究者）自然可以不必探究研究中的盲点：受众及其运作机制”。

6. 受到潜在的种族中心主义和内生主义影响，研究者理所当然地认为，从美国的宣导活动中做出的推论，可以输出到第三世界，或者第三世界媒体的硬件和软件都需要从“外部”进口。这个相当富有决定论色彩的视角造成了非常负面的后果，尤其在技术转让领域。因此，我们应当建立一个整合性的、多维度的视角，以传播科技为发展过程的补充。然而，在现实中我们经常看到，位高权重者掌控着技术，并且以符合他们的利益的方式使用，技术根本无法惠及多数民众。

7. 对传播过程的探究趋向于静态、去历史化，主流的预设是拥有稳定的社会系统、社会和谐、不存在阶级斗争或社会矛盾。这种路径“等于一长串经验分析性的、残缺的、零碎的研究，以事实和价值二分为指引，从利益相关方的意图出发，运用社会技术，维护现状，在认识论层面受到康德式传统的掣肘，将现实局限在预先界定的范畴之内”（Rao，1986，p. 202）。

〉》 二、报刊的四种理论

传统上，传播学者倾向于将西伯特、彼得森和施拉姆所著的《报刊的四种理论》放在媒介与社会关系的视野中加以审视，视之为规范理论。他们假设，“传媒带有所属社会和政治结构的色彩，尤其反映了社会控制系统之特征，在那里，个人和机构的关系被调整”（Siebert，Peterson，& Schramm，1956，pp. 1–2）。他们在书中提出的四种模式备受批评，因为以西方为中心提出的普适性论断不切实际。后来有学者又添加了“发展模式”和“民主参与模式”（对相关讨论的概述，参见 Hachten，1996；Hachten & Scotton，2007；Merrill，1974，1979，1989；McQuail，2005；Nerone，1995；Servaes，1989）。但在这些批评和后续讨论中，西伯特开篇的理论命题却从未被质疑过。约翰 · 梅里尔（John Merrill）概括如下：“媒介系统当然与相对应的政府类型紧密关联；本质上，它们既反映也支持特定的政府哲学。以此观之，可以说，所有的媒介系统都受到束缚，与各自的政府哲学捆绑，被迫在特定的意识形态界限内运转。”（Merrill，1979，p. 153）

在比较媒介理论和体制的研究中，有三项新近研究值得关注：克里斯琴斯等著的《媒介规范理论》(Christians et al.，2009)，丹尼尔·哈林和保罗·曼西尼(Hallin & Mancini，2004)合著的《比较传媒体制》，以及卡罗尔·雅库博维奇(Karol Jakubowicz，2007)对中欧和东欧社会与媒介变迁的研究。其中，哈林和曼西尼的观点最常被进行比较分析的学者所援引(例如，Terzis，2009)。

哈林和曼西尼(Hallin & Mancini，2004)将媒介与政治分为三种模式：北大西洋自由模式(包括英国、美国、加拿大和爱尔兰)、北欧民主统合模式(奥地利、比利时、丹麦、芬兰、德国、荷兰、挪威、瑞典和瑞士)以及地中海极化多元模式(法国、希腊、意大利、葡萄牙和西班牙)。卡罗尔·雅库博维奇(Jakubowicz，2007)引用哈林和曼西尼的框架，分析中欧和东欧地区，提出了第四种模式。他指出，中欧和东欧政体变革之初，新闻业欣然接受了自由主义或英美的专业新闻模式。最初，很多民众(包括新闻工作者)欢迎“民主福音”扩散到他们的世界(特别是与之相伴随的经济效益)，但这一桩“浪漫情事”逐渐丧失魅力，特别是2008—2009年爆发的全球金融危机，对社会各界产生了连锁影响，不受节制的个人自由以及自由市场原则备受质疑。不过，由于国家有强大的历史作用，哈林和曼西尼“相信民主统合模式也适用于东欧和中欧国家，因为这些国家同样经历了类似的历史发展过程”(Hallin & Mancini，2004，p. 305)。

哈林和曼西尼(Hallin & Mancini，2004，p. 301)指出，三种模式“明显有向自由主义体制靠拢的趋势”。但鉴于近年来的经济危机，这个推断显得过分乐观，可能需要重新评估。哈林和曼西尼告诫我们，谨防简单化的概括，三种模式内外都有重要差异，并呼吁多做相关主题的比较历史分析和民族志研究。他们亦试图指出，这三种模式在所谓的发展中国家“可能如何与其他体系相关联”：“尽管自由主义模式在媒介研究中处于支配地位，历来被用作衡量其他媒介体制的首要规范性模式，但是极化多元模式更有可能广泛适用于其他体制。我们有理由认为，东欧和苏联、拉丁美洲、中东和整个地中海地区、非洲和大多数亚洲国家的学者，将会发现他们的研究与我们对南欧国家的研究有不少契合的地方，包括侍从主义的角色、国家的强大影响、媒介作为政治斗争的工具，以及相对薄弱的职业规范等。”(Hallin & Mancini，2004，p. 306)

哈林和曼西尼的比较分析过度强调了政治、技术和经济因素的影响，而寥寥数笔带过对文化的讨论，无形中忽视了文化在媒介体制和社会形构中的重要作用。他们几乎将所有西方国家和地区以外的国家和地区笼统地归入一个范畴，无视地方、国家和社会文化系统的复杂性、特殊性和丰富性，这是不公正的。以非洲为例，比起简单的极化多元模式，弗朗西斯·尼亚姆乔（Francis Nyamnjoh，2005，2007）对非洲政治和媒介体制的人类学分析，或者夸梅·阿皮亚（Kwame Appiah，2005，2006）和莫莱菲·阿桑特（Molefi Kete Asante，2007）等人的哲学分析都更深刻丰富，更令人信服。

》三、需要更复杂和整合的规范性媒介理论框架

20 世纪 80 年代，我针对规范性媒介理论，提出一个三维的、辩证整合的框架，涵盖哲学、政治经济学和文化人类学等层面（参见 Servaes，1982，1989；Servaes & Tonnaer，1992）。克里斯琴斯等人（Christians et al.，2009，p. 16）运用了大致相似的分类方式：在哲学上聚焦于规范性传统，在政治层面评估民主模式，分析媒介可能扮演的不同角色。我们认为媒介角色是文化整体的一部分。

我批评经典模式主要集中在两个方面：一方面，经典模式对“自由”“民主”“客观性”等概念的描述过于狭隘（太西式），很难甚至无法推而广之；另一方面，现实往往不会遵从抽象的哲学原则。因此，我们需要彻底反思专业新闻实践等传统原则，才能让它们成为媒介与民主不可或缺的一环。我很高兴看到，《新闻学刊》（*Journalism*）出版了一期专刊，题为“新闻与民主的结合”，专刊编辑贝亚特·约瑟菲（Beate Josephi）在结语中写道，“参加讨论的学者［特别是内罗内

（Nerone）、泽利泽（Zelizer）、乔治（George）和卫斯博德（Waisbord）］都认为，新闻与民主范式在学术文献中仍然占据支配地位，使得人们以歪曲的方式看待新闻业"（Josephi，2013，p. 441）。

信息与传播技术、互联网和社会网络日益多样和融合，媒介市场的管制放松，媒介产品和服务的全球化/本地化，都迫使我们重估国际传播。不同媒体平台上的多任务运作，全天候的新闻周期，[①]不仅在技术上挑战记者，也迫使他们重新考虑平衡、客观性和偏见的经典概念（Thussu，2008）。这也牵涉一系列其他问题，例如亚洲（Iyer，2001）、拉丁美洲（Beltran，1993；Fox，1988）或伊斯兰社会（Hussain，2006）对文化等概念的阐释，对新闻伦理以及普世价值和特殊价值的讨论（Christians & Traber，1997；Karikari，1996；Preston，2007；Ukpabi，2001）；佛教（Dissanayake，2006；Gunaratne，2007）或儒家/中国（Chen，2004；Gunaratne，2005）传统中的新闻观念；世界各国的义务伦理守则与实践（Mendel，2008；Pigeat & Huteau，2000），等等。

克里斯琴斯等人（Christians，2009）提出了四种不同而有重叠的媒介角色：（1）机警的告知者角色，收集并发布公众可能感兴趣的信息；（2）推动者角色，既报道又支持、强化市民社会；（3）激进者角色，挑战权威，呼吁变革；（4）协作者角色，建立新闻工作者和社会权力中心——特别是国家——的伙伴关系，追求共同认可的利益。每一种角色都对应着一套具体技能，未来的新闻人和知识工作者都需要掌握这些能力，方能充分履行职责。个人必须拥有某些特质，以恰当、一贯的方式使用这些能力，才能表现得当。这些"特质"包括知识、技能、形象、社会动机、思维模式、心态以及思考、感受与行动方式（Dubois & Rothwell，2004；Irigoin et al.，2002；Hofstede & Hofstede，2005）。在当今的复杂世界中，新闻人所需的能力多种多样，几乎无法在常规的新闻专业教育中获得。他们需要核心能力或通用能力（沟通、团队工作）、管理能力（赋权他人、决策），乃至新闻行业所需的特殊的工作技能。衡量他们能力的高低，就看在工作

① 译者注：此处原文为"news circles"，为作者笔误，应为"news cycles"，即"新闻周期"。

场景下他们展示出的行为能否带来实际成果。

（一）以泰国为个案

如前所述，哈林和曼西尼认为，多数亚洲国家倾向极化多元模式，但如果放在泰国，就会发现实际情形更为复杂。泰国曾经是公认的东南亚媒介体制最自由的国家，也自诩拥有本地区最民主的宪法（Chongkittavorn，2000，p. 37）。

由于泰国没有被殖民的历史，它成了一个有趣的个案。自由主义模式的倡导者宣称，如果媒介受到规制，就会变成国家的奴仆；而私营媒体在自由市场中竞争，则可以确保独立于政府。市场是媒介与受众的中介，是媒介第四权的基础。在理想情况下，控制媒介产品的是有购买力的消费者，而不是政府（Wheeler，1997，p. 129）。

不幸的是，泰国的私营媒体没有按照理想的方式运作。泰媒高度依赖广告收入，难逃外部政治经济压力的影响。自从 1932 年实现民主化以来，泰国的民主制度始终都是寡头政治，由精英不断结盟统治（Lertvicha，1987；Nelson，2004）。因此，在泰国很难阻止腐败，无论是个别新闻从业者选择职业生涯或媒介想要提高收入，都需要自我审查，并将统治者的讯息可靠地传递给民众（Lertrattanavisut，2004；Phongpaichit & Priryarangsan，1994）。此外，在“亵渎君主”（lèse majesté）罪名威胁之下，媒介不敢以任何不敬或批判的方式报道王室。

在这样的框架内，泰国的政治局势陷入混乱，泰国人民大致分化为两个阵营。其中一个阵营由草根民众构成，支持前首相他信的民粹政策，鼓吹全球化和全盘自由化；另一个阵营则包括城市郊区的中产阶级和知识分子，他们支持国王的“充足经济”道路[①]（Likhitsomboon，2006，25；Prasirtsuk，2007）。每个阵营都宣称在推动更富足的经济和更文明、公正的社会（Wasi，2003，p. 136）的发展。

这些特征使泰国媒介体制与亚洲多数国家不同（参见 Cheypratub，1995；

① 译者注：由泰国国王普密蓬（1927—2016）提出的经济道路，主张经济自力更生、自给自足，努力构筑不依靠外力的供需体系，从而规避和抵御全球化风险。

Chongkittavorn，2000；McCarco，2000；Servaes，1999；Servaes，Malikhao，& Pinprayong，2009；Siriyuvasak，2004，2005；Supadhiloke，2007，2008；Taveesin & Brown，2006）。劳伦·科根（Lauren Kogen）运用哈林和曼西尼的模式分析泰国个案，他发现，“不满泰式民主的民众，抗议现政权，不断遭到国家的镇压，有时候甚至很暴力。在这种动荡时刻，市民社会、企业界和政府展开对抗，试图找到在新体系中平衡权力的途径”（Kogen，2010，p. 343）。无论泰国是走向全面自由化，还是走向充足经济，或是二者的混合，泰国的民主和媒介体制都很难以西方视角理解。

（二）我们面临的挑战

以下这些学者从不同角度提出洞见，使我们更好地理解未来：现代性（Bhmbra，2007）、地方化作为“互相渗透的全球化”（Braman & Sreberny-Mohammadi，1996），可持续发展与乡村建设（Cimadevilla & Carniglia，2004），赋权（Friedmann，1992），地方知识与“模糊的类型”（Geertz，1983），亚洲哲学视角（Gunaratne，2005，2011），文化认同（Hall & du Gay，1996；Bera & Lamy，2008），跨文化传播空间（Lie，2003），参与（Thornton & Cimadevilla，2010）、传播与可持续发展的关系（Tremblay，2007）以及社会正义和人权（Wronka，2008）。

正如以下这些来自全球的学者所说的，这意味着我们必须全面拥抱文化视角（Kwame Anthony Appiah，2005，2006；Wimal Dissanayake，2006，2011；Mohan Dutta，2011；Guo-Ming Chen，2004，2011；Hattam，2004；Shelton Gunaratne，2005，2011；Swaminathan，1994；Majid Tehranian，2007；Georgette Wang，2011a）。古纳拉特纳（Gunaratne，2005）从东方哲学和新兴的生命系统角度解释报业理论，以求传播理论的去西方化。他从量子物理、后帕森斯系统理论和世界体系理论中汲取养料，形成更具人性中心主义色彩的理论框架，以便整合东方本体论和西方认识论。

哈特姆（Hattam，2004）则呼吁以入世佛教当作中间道路，对佛学采取创造性的辩证态度，并应用这些原则于高度复杂和日渐全球化的世界。可资运用的“入世”视角，其源头来自龙树（Nagarjuna）、某些藏传佛教高僧、释一行（Thich Nhat Hanh）、萧素乐（Sulak Sivaraksa）和“思考僧伽”（Think Sangha）。

迪萨纳亚克（Dissanayake，2006，2011）提倡一种新的人文主义概念，“西方话语中的人文主义…… 以至高的个人为中心——个人自我存在，是行动和意义的起源，占据人类价值观和文明成就的优越位置。然而，那些吸引亚洲传播学者的经典文献中叙述的自我和个人概念，却呈现完全不同的图景。佛教对自我的本体论和价值论，迥异于欧洲人文主义的观念。这些差异显示，有多种不同的人文主义”（Dissanayake，2006，p.6）。

多种人文主义共存，或许会导向阿皮亚（Appiah）所说的世界主义挑战：“倘若我们接受世界主义的挑战，我们就要告诉我们的代议者，请他们记住那些陌生人。不是因为我们被他们的遭遇所触动——我们会，或许不会——而是因为我们响应亚当·斯密所说的‘理性、原则、良心、胸中深处’①。最富有国家的人民可以做得更好，这不过是单纯的道德要求。但如果我们让自己的文明更具世界性，当会赢得更广泛的共鸣。”（Appiah，2006，p. 174）

〉》四、代结语：传媒教育的“国际化”

如果要真正“国际化”国际传播，就不得不面对上述“问题”和“限制”。同样重要的是，新闻和传媒教育领域也需要“国际化”。

专业教育（新闻和其他行业）仍然建立在地方或全国性的参照系上。它必须冲破国家的藩篱，迈向国际化。其中一个核心问题是，“我们如何跳出新闻教育中的国家刻板印象？如何打破国家的偏见，去理解媒介和新闻？”未来的新闻教育

① 译者注：语出亚当·斯密《道德情操论》，原文为“reason，principle，conscience，the inhabitant of the breast”，但作者在引述时笔误为“the inhabitant of the beast”。

者面临的挑战，包括如何让真实的学习经验在文化上更为多元，更为国际化，更有创新和批判的反思，如何更好地以解决问题为导向，带入更多信息和知识协商以及合作，等等。这一切都会对教学和学习过程产生极大影响（Servaes，2009）。

对视觉素养和网络素养的新需求，很快就会让我们陷入困境，其困难程度堪比19世纪文盲带来的问题。就像旧日的文盲一样，新的文盲将是低收入、低教育的社会阶层，这一点我们在新技术的扩散中即可清晰地看出来。中期的社会发展可能造就一个二元对立的社会体，一面是富裕的、教育程度高的新知识阶层，拥有技能和渠道，使用信息与传播技术；另一面则是贫穷的、教育程度较低的新文盲，他们被隔离在新技术场景之外，剥夺了大多数技术，无法使用各种信息和文化。正是在这个意义上，我们需要新的传媒教育。

此外，为了推动公共参与，我们需要强化独立和多元的媒介体制。为了让媒介敢于批评政府，必须保证政治和经济体制在尽可能开放的公共空间中运作。除了要为独立媒介体制创造适当的政治和经济环境，还必须要求新闻从业者遵循最高的伦理和专业准则。对新闻记者和公民而言，如何应对信息爆炸是永恒的巨大挑战；如何以民主方式管理，则是公共权力当局面临的挑战（Servaes，2005）。在全球化时代，无论是新闻从业者或公民，接近、检索、选择和再生产信息，转化为知识，这种能力将决定权力，推动社会变革。

（李红涛 / 译，陈楚洁 / 校）

参考文献

Aeusrivonse, N. (2004). Building popular participation: Sustainability of democracy in Thailand. In M. Nelson, ed., *Thai politics: Global and local perspectives.* Nonthaburi, Thailand: King Prajadhipok’s Institute.

Ambrose, S. (1983). *Rise to globalism: American foreign policy since 1938.* Harmondsworth, UK: Penguin.

Appiah, K. A. (2005). *The ethics of identity*. Princeton, NJ: Princeton University Press.

Appiah, K. A. (2006). Cosmopolitanism: Ethics in a world of strangers. London: Allen Lane.

Asante, M. K. (2007). An Afrocentric manifesto. Cambridge: Polity.

Beltran, L. R. (1993). Communication for development in Latin America: A forty–year appraisal. In D. Nostbakken & C. Morrow, eds., *Cultural expression in the global village*. Penang, Malaysia: Southbound.

Bera, M., & Lamy, Y. (2008). *Sociologie de la culture*. Paris: Armand Colin.

Bhambra, G. K. (2007). Rethinking modernity: Postcolonialism and the sociological imagination. London: Palgrave Macmillan.

Boyd–Barrett, O. (1977). Media imperialism: Towards an international framework for the analysis of media systems. In J. Curran, M. Gurevitch, & J. Woollacott, eds., *Mass communication and society* (pp. 116–41). London: Arnold.

Boyd–Barrett, O. (1982). Cultural dependency and the mass media. In M. Gurevitch, T. Bennett, J. Curran, & J. Woollacott, eds., *Culture, society and the media* (pp. 174–95). London: Methuen.

Braman, S., & Sreberny–Mohammadi, A., eds. (1996). Globalization, communication, and transnational civil society. Cresskill, NJ: Hampton Press.

Casmir, F., ed. (1995). Communication in Eastern Europe: The role of history, culture, and media in contemporary conflicts. Mahwah, NJ: Lawrence Erlbaum.

Charoensin–O–Larn, C. (1988). Understanding postwar reformism in Thailand. Bangkok: Editions Duang Kamol.

Chen, G.–M. (2004). The two faces of Chinese communication. Human Communication: A Journal of the Pacific and Asian Communication Association 7 (1): 25–36.

Chen, G.–M. (2011). Moving beyond the dichotomy of communication studies: Boundary wisdom as the key. In G. Wang, ed., *De– Westernizing communication research: Altering questions and changing frameworks* (pp. 157–71). New York: Routledge.

Cheypratub, S. (1995). *Sue muan chon lae karn pattana prathet: Nen chao pao prathet Thai* [Mass media and development: The case of Thailand]. Bangkok: Chulalongkorn Publishing House.

Chongkittavorn, K. (2000). Thailand: A troubled path to a hopeful future. In L. Williams & R. Rich, eds., *Losing control: Freedom of the press in Asia* (pp. 219–38). Canberra: Asia Pacific Press of the Australian National University.

Christians, C., Glasser, T. L., McQuail, D., Nordenstreng, K., & White, R. A. (2009). *Normative theories of the media: Journalism in democratic societies.* Urbana: University of Illinois Press.

Christians, C., & Traber, M., eds. (1997). *Communication ethics and universal values.* Thousand Oaks, CA: Sage.

Cimadevilla, G., & Carniglia, E., eds. (2004). Comunicaci ó n, ruralidad y desarrollo: Mitos, paradigmas y dispositivos del cambio. Buenos Aires: Instituto Nacional de Tecnolog í a Agropecuaria (INTA).

Daorueng, P. (2004). Thai civil society and government control: A cyber struggle? In S. Gan, J. Gomez, & U. Johanan, eds., *Asian cyberactivism: Freedom of expression and media censorship.* Bonn: Friedrich Naumann Foundation.

de Smaele, H. (1999). The applicability of Western models on the Russian media system. *European Journal of Communication* 14 (2): 173–90.

Dissanayake, W. (2006). Postcolonial theory and Asian communication theory: Towards a creative dialogue. *China Media Research* 2 (4): 1–8.

Dissanayake, W. (2011). The production of Asian theories of communication: Contexts and challenges. In G. Wang, ed., *De– Westernizing communication research: Altering questions and changing frameworks* (pp. 222–37). New York: Routledge.

Dubois, D., & Rothwell, W. J. (2004). Competency–based human resource management. Palo Alto, CA: Davies–Black Publishing.

Dutta, M. (2011). Communicating social change: Structure, culture, and agency. New

York: Routledge.

Fair, J. E. (1988). A meta–research of mass media effects on audiences in developing countries from 1958 through 1986. PhD diss., Indiana University.

Fair, J. E. (1989). 29 years of theory and research on media and development: The dominant paradigm impact. *Gazette* 44:129–50.

Fair, J. E., & Shah, H. (1997). Continuities and discontinuities in communication and development research since 1958. *Journal of* International Communication 4 (2): 3–23.

Fox, E. (1988). Media and politics in Latin America: The struggle for democracy. London: Sage.

Friedmann, J. (1992). Empowerment: The politics of alternative development. Cambridge, UK: Blackwell.

Geertz, C. (1983). Local knowledge: Further essays in interpretive anthropology. New York: Basic Books.

Gunaratne, S. (2005). The dao of the press: A humanocentric theory. Cresskill, NJ: Hampton Press.

Gunaratne, S. (2007). A Buddhist view of journalism: Emphasis on mutual causality. *Communication for Development and Social Change* 1 (3): 197–210.

Gunaratne, S. (2011). Emerging global divides in media and communication theory: European universalism versus non–Western reactions. In G. Wang, ed., *De–Westernizing communication research: Altering questions and changing frameworks* (pp. 28– 49). New York: Routledge.

Hachten, W. (1996). The world news prism: Changing media of international communication. Ames: Iowa State University Press.

Hachten, W., & Scotton, J. (2007). The world news prism: Global information in a satellite age. 7th ed. Malden, MA: Blackwell.

Hall, S., & Du Gay, P., eds. (1996). *Questions of cultural identity.* London: Sage.

Hallin, D., & Mancini, P. (2004). Comparing media systems: Three models of media and politics. New York: Cambridge University Press.

Handley, P. (2006). The King never smiles: A biography of Thailand’s Bhumibol Adulyadej. New Haven, CT: Yale University Press.

Hattam, R. (2004). Awakening struggle: Towards a Buddhist critical social theory. Flaxton, Queensland: Post Pressed.

Hoffmann, V. (2007). Five editions (1962–2003) of Everett Rogers’s Diffusion of Innovations. Journal of Agricultural Education and Extension 13 (2): 147–58.

Hofstede, G., & Hofstede, G. J. (2005). Cultures and organizations: Software of the mind. London: McGraw Hill.

Hornik, R. (1988). Development communication: Information, agriculture, and nutrition in the Third World. New York: Longman.

Hsiung, J., ed. (1985). Human rights in East Asia: A cultural perspective. New York: Paragon House.

Hussain, M. Y., ed. (2006). *Media and Muslim society.* Kuala Lumpur: International Islamic University Malaysia.

Inkeles, A., & Smith, D. (1974). Becoming modern: Individual change in six developing countries. Cambridge, MA: Harvard University Press.

Irigoin, M. E., Whitacre, P. T., Faulkner, D., & Coe, G., eds. (2002). Mapping competencies for communication for development and social change: Turning knowledge, skills, and attitudes into action. Washington, DC: Change Project/U.S. Agency for International Development.

Iyer, V., ed. (2001). *Freedom of information: An Asian survey.* Singapore: Asian Media Information and Communication Center.

Jakubowicz, K. (2007). Rude awakening: Social and media change in central and eastern Europe. Cresskill, NJ: Hampton Press.

Jayaweera, N., & Amunugama, S., eds. (1987). *Rethinking development communication.*

Singapore: Asian Media Information and Communication Center.

Josephi, B. (2013). De–coupling journalism and democracy: Or how much democracy does journalism need? *Journalism*14: 441–45.

Karikari, K., ed. (1996). Ethics in journalism: Case studies of practice in West Africa. London: Panos.

Klausner, W. (1997). Thai culture in transition. Bangkok: Siam Society.

Kogen, L. (2010). Savage deregulation in Thailand: Expanding Hallin and Mancini's European model. *Media, Culture & Society* 32 (2): 335– 45.

Komin, S. (1988). Thai value system and its implication for development in Thailand. In D. Sinha & H. Kao, eds., *Social values and development: Asian perspectives.* New Delhi: Sage.

Komin, S. (1991). Psychology of the Thai people: Values and behavioral patterns. Bangkok: National Institute of Development Administration.

Krige, J., & Barth, K.–H., eds. (2006). Global power knowledge: Science and technology in international affairs. Washington, DC: History of Science Society.

Latham, M. (2000). Modernization as ideology: American social science and "nation building" in the Kennedy era. Chapel Hill: University of North Carolina Press.

Lee, C.–C. (1980). Media imperialism reconsidered: The homogenizing of television culture. London: Sage.

Leeuwis, C., & Van Den Ban, A. (2004). Communication for rural innovation: Rethinking agricultural extension. 3rd ed. Oxford: Blackwell.

Lerner, D. (1958). The passing of traditional society: Modernizing the Middle East. New York: Free Press.

Lerner, D. (1977). Communication and development. In Lerner, D. and L. Nelson, eds., *Communication research: A half–century appraisal*. Honolulu: University Press of Hawaii.

Lertrattanavisut, P. (2004). *Toxinomics.* Bangkok: Open Books Publishing.

Lertvicha, P. (1987). Political forces in Thailand. *Asian Review* 1:58–66.

Lie, R. (2003). Spaces of intercultural communication: An interdisciplinary introduction to communication, culture, and globalizing/localizing identities. Cresskill, NJ: Hampton Press.

Likhitsomboon, P. (2006). Acharn of Faculty of Economics, Thammasat University, Retorted the alliances and some academics: Stop deceiving the people. 8 July. (in Thai) [Formerly http://www.konpanfa.com/index.php? option=com_content&task=view&id=107&Itemid=28].

Louw, E. (2010). Roots of the Pax Americana: Decolonization, development, democratization and trade. Manchester: Manchester University Press.

MacBride, S., ed. (1980). Many voices one world: Toward a new more just and more efficient world and information order. London: Kogan Page.

Mann, R., & Youd, R. (1992). *Buddhist character analysis.* Bradford on Avon: Aukana Meditation Trust.

Mattelart, A. (2007). Diversite culturelle et mondialisation. Paris: La Decouverte.

McCarco, D. (2000). Politics and the press in Thailand: Media machinations. London: Routledge.

McLuhan, M. (1964). *Understanding media.* New York: Signet Books. McMichael, P. (2008). *Development and social change: A global perspective.* 4th ed. Thousand Oaks, CA: Pine Forge Press.

McQuail, D. (2005). *McQuail's mass communication theory.* 5th ed. London: Sage.

Mendel, T. (2008). Freedom of information: A comparative legal survey. Paris: UNESCO.

Merrill, J. (1974). The imperative of freedom: A philosophy of journalistic autonomy. New York: Hastings.

Merrill, J. (1979). Media, messages, and men: New perspectives in communication. New York: Longman.

Merrill, J. (1989). The dialectic of journalism: Towards a responsible use of press freedom. Baton Rouge: Louisiana State University Press.

Morris, N. (2001). Bridging the gap: An examination of diffusion and participatory approaches in development communication. Washington, DC: Change Project/U.S. Agency for International Development.

Mulder, N. (1985). Everyday life in Thailand: An interpretation. Bangkok: DK Books.

Mulder, N. (2000). Inside Thai society: Religion, everyday life, change. Chiang Mai, Thailand: Silkworm Books.

Nederveen Pieterse, J. (2010). Development theory: Deconstructions/reconstructions. 2nd ed. London: Sage.

Nelson, M., ed. (2004). *Thai politics: Global and local perspectives.* Nonthaburi, Thailand: King Prajadhipok's Institute.

Nerone, J., ed. (1995). Last rights: Revisiting four theories of the press. Urbana: University of Illinois Press.

Nyamnjoh, F. (2005). Africa's media, democracy and the politics of belonging. London: Zed Books.

Nyamnjoh, F. (2007). Africa in the new millennium: Interrogating Barbie democracy. *Communication for Development and Social Change* 1 (2): 105–11.

Ogan, C. L., Bashir, M., Camaj, L., Luo, Y., Gaddie, B., Pennington, R., Rana, S., & Salih, M. (2009). Development communication: The state of research in an era of ICTs and globalization. *International Communication Gazette* 71 (8): 655–70.

Phongpaichit, P. (2002). Recent popular movements in Thailand in global perspective. *Asian Review* 15:1–20.

Phongpaichit, P., & Baker, C. (1998). *Thailand's boom and bust.* Bangkok: Silkworm Books.

hongpaichit, P., & Priryarangsan, S. (1994). *Corruption and democracy in Thailand.* Bangkok: Faculty of Economics, Chulalongkorn University.

Pigeat, H., & Huteau, J. (2000). Deontologie des medias: Institutions, pratiques et nouvelles approaches dans le monde. Paris: UNESCO.

Prasirtsuk, K. (2007). From political reform and economic crisis to coup d'etat: The twists and turns of Thai political economy, 1997–2006. Bangkok: Thammasat University.

Preston, N., ed. (2007). Global ethics. *Social Alternatives* 26 (3): 3–4. Rajadhon, A. (1987). *Some traditions of the Thai.* Bangkok: Sathirakoses Nagapradipa Foundation.

Rao, S. (1986). The agenda of Third World communication research: A critical review. Media Asia 13 (4): 201–8.

Roberts, A. (2006). A history of the English-speaking peoples since 1900. London: Phoenix.

Rogers, A. (2005). The state of communications in international development and its relevance to the work of the United Nations. New York: United Nations Capital Development Fund.

Rogers, E. M. (1962). *Diffusion of innovations.* New York: Free Press. Rogers, E. M. (1986). *Diffusion of innovations.* 3rd ed. New York: Free Press.

Rogers, E. M. (2003). *Diffusion of innovations.* 5th ed. New York: Free Press.

Samarajiva, R. (1987). The murky beginnings of the communication and development field: Voice of America and the passing of traditional society. In N. Jayaweera & S. Amunaguma, *eds., Rethinking development communication* (pp. 3–19). Singapore: Asian Media Information and Communication Center.

Schiller, H. (1969). Mass communications and American empire. Boston: Beacon Press.

Schiller, H. (1976). *Communication and cultural domination.* White Plains, NY: International Arts and Sciences Press.

Schramm, W., ed. (1954). The process and effects of mass communication. Urbana: University of Illinois Press.

Schramm, W. (1964). Mass media and national development: The role of information in the developing countries. Stanford, CA: Stanford University Press.

Schramm, W., & Ruggels, W. (1967). How mass media systems grow. In D. Lerner & W. Schramm, eds., *Communication and change in the developing countries.* Honolulu: University Press of Hawaii.

Servaes, J. (1982), *De nieuwsmakers.* Kapellen: De Nederlandsche Boekhandel.

Servaes, J. (1989). Beyond the four theories of the press. *Communicatio Socialis Yearbook* 8: 107–19.

Servaes, J. (1999). Communication for development: One world, multiple cultures. Cresskill, NJ: Hampton Press.

Servaes, J. (2005). Knowledge is power (revisited): Internet and democracy. *Media Development* 52 (4): 42–50.

Servaes, J. (2007a). Harnessing the UN system into a common approach on communication for development. *International Communication Gazette* 69 (6): 483–507.

Servaes, J., ed. (2007b). Communication for development: Making a difference. Background paper for the World Congress on Communication for Development, World Bank's FAO Communication Initiative, Washington, DC, October.

Servaes, J., ed. (2008). Communication for development and social change. Los Angeles, CA: Sage.

Servaes, J. (2009). Back into the future? Re–inventing journalism education in the age of globalization. In G. Terzis, ed., *European journalism education* (pp. 519–39). Bristol, UK: Intellect.

Servaes, J. (2012) Homo academicus: Quo vadis? In Silvia Nagy–Zekmi & Karyn Hollis, eds., *Global academe: Engaging intellectual discourse* (pp. 85–98). New York: Palgrave Macmillan.

Servaes, J., Malikhao, P., & Pinprayong, T. (2009). Communication rights are human rights: A case study of Thailand's media. In A. Dakroury, M. Eid, & Y. Kamalipour, eds., *The right to communicate: Historical hopes, global debates, and future premises* (pp. 227–54). Dubuque, IA: Kendall Hunt Publishers.

Servaes, J., & Tonnaer, C. (1992). De nieuwsmarkt: Vorm en inhoud van de internationale berichtgeving. Groningen: Wolters–Noordhoff.

Shah, H. (2007). Meta–research of development communication studies, 1997–2005: Patterns and trends since 1958. Paper presented to International Communication Association, San Francisco, 24–27 May.

Shah, H. (2011). The production of modernization: Daniel Lerner, mass media, and the passing of traditional society. Philadelphia: Temple University Press.

Siebert, F., Peterson, T., & Schramm, W. (1956). *Four theories of the press.* Urbana: University of Illinois Press.

Simpson, C. (1994). Science of coercion: Communication research and psychological warfare 1945–1960. New York: Oxford University Press.

Simpson, C., ed. (1998). Universities and empire: Money and politics in the social sciences during the Cold War. New York: New Press.

Siriyuvasak, U. (2004). *Anakhot sue seri nai rabob Thaksin roo tan Thaksin* [The future of free media in the Thaksin administration: Knowing Thaksin]. Bangkok: Kor Kid Duay Khon Publishing.

Siriyuvasak, U. (2005). A genealogy of media reform in Thailand and its discourses. In S. Wangvivatana, ed., *Media reform going backward?* Bangkok: Thai Broadcast Journalists Association and Friedrich– Ebert Stiftung.

Smythe, D. W. (1981). Dependency road: Communication, capitalism, consciousness and Canada. Norwood, NJ: Ablex.

Smythe, D. W., & Van Dinh, T. (1983). On critical and administrative research: A new critical analysis. *Journal of Communication* 33:117– 27.

Sparks, C. (2007). Globalization, development, and the mass media. Los Angeles, CA: Sage.

Staples, A. (2006). The birth of development: How the World Bank, Food and Agriculture Organization, and World Health Organization changed the world, 1945–1965. Kent,

OH: Kent State University Press.

Stiglitz, J. (1998). Towards a new paradigm for development: Strategies, policies, and processes. October. Geneva: Prebisch Lecture, UNCTAD.

Supadhiloke, B. (2007). Right to communicate, media reform, and civil society in Thailand. Communication for Development and Social Change 1 (4): 323–38.

Supadhiloke, B. (2008). Participatory communication and sufficiency economy in Thailand. *Journal of Global Communication* 1 (2): 101– 17.

Swaminathan, M., ed. (1994). *Uncommon opportunities: An agenda for peace and equitable development.* Report of the International Commission on Peace and Food. London: Zed Books.

Taveesin, N. J., & Brown, W. (2006). The use of communication technology in Thailand's political process. *Asian Journal of Communication* 16 (1): 59–78.

Tehranian, M. (2007). Rethinking civilization: Resolving conflict in the human family. London: Routledge.

Terzis, G., ed. (2009). European journalism education. Bristol: Intellect.

Thomas, S. (1982). Some problems of the paradigm in communication theory. In D. C. Whitney & E. Wartella, eds., *Mass communication review yearbook 3.* London: Sage.

Thornton, R., & Cimadevilla, G., eds. (2010). *Usos y abusos del participare.* Buenos Aires: Instituto Nacional de Tecnolog í a Agropecuaria.

Thussu, D. K. (2008). News as entertainment: The rise of global infotainment. London: Sage.

Tremblay, S., ed. (2007). Developpement durable et communications: Au–dela des mots, pour un veritable engagement. Quebec: Presses de l'Université du Quebec.

Tunstall, J. (1977). The media are American: Anglo–American media in the world. New York: Colombia University Press.

Ukpabi, C., ed. (2001). *Handbook on journalism ethics: African case studies.* Windhoek, Namibia: Media Institute of Southern Africa.

Wang, G. (2011a). Orientalism, occidentalism and communication research. In G. Wang, ed., *De–Westernizing communication research: Altering questions and changing frameworks* (pp. 58–76). New York: Routledge.

Wang, G., ed. (2011b). De–Westernizing communication research: Altering questions and changing frameworks. New York: Routledge.

Wang, G. (2011c). After the fall of the Tower of Babel. In G. Wang, ed., De–Westernizing communication research: Altering questions and changing frameworks (pp. 254–75). New York: Routledge.

Wangvivatana, S., ed. (2005). *Media reform going backward?* Bangkok: Thai Broadcast Journalists Association and Friedrich–Ebert Stiftung.

Wasi, P. (2003). Sufficient economy and civic society [in Thai]. Bangkok: Mau Chao Ban.

Wheeler, M. (1997). *Politics and the mass media.* Oxford: Blackwell Publishers.

White, R. (1988). *Media politics and democracy in the developing world.* London: Center for the Study of Communication and Culture.

Wronka, J. (2008). Human rights and social justice. Los Angeles, CA: Sage.

第 5 章 / 新闻业的专业模式：在同质化与多样性之间

Professional Models in Journalism: Between Homogenization and Diversity

保罗·曼西尼

本章将延续《比较传媒体制》[①]（Hallin & Mancini，2004）一书的内容，集中讨论新闻业专业模式的同质化与碎片化之间可能的矛盾。最常见的对《比较传媒体制》的批评，涉及该书末章中提出的同质化假说。我们分析西欧和北美 18 个国家，发现一个明显趋势：在 20 世纪下半叶，这些国家新闻业的差异不是已经消失，就是正在消失，它们越来越接近我们书中所谓的“北大西洋或自由主义模式”，特别是英美两国实行的模式，其他学者称之为自由主义模式（Curran，1991；Waisbord，2000）或英美模式（Chalaby，1996）。这些国家的新闻业与自由主义模式不同的特征（党派偏见、评论取向、精英传媒等），均已逐渐消失。我们强调，大多数欧陆新闻业的党派偏见直至 20 世纪 80 年代仍清晰可见，但近年来逐渐消失。

当然，我仍然认为，西欧大部分国家的专业新闻业模式已趋向同质化，但在

① 译者注：该书已有中译本，书名被译为《比较媒介体制》，由陈娟、展江翻译，中国人民大学出版社于 2012 年出版。

世界其他地方同质化并不明显，两者出现了相悖之势。我们在《比较传媒体制》中强调，社会日益商业化和世俗化，导致了传统大众政党的衰落，个人化的、以媒体为中心的政治动员形式抬头，加上技术创新带来的后果，之前在西方专业新闻业中广泛存在的差异，近年来也消失了。

欧盟的发展，欧洲单一经济市场的推进，都有利于经验交流，促进各国采纳单一的专业新闻业模式。可以说，这些变化把欧洲传媒体制越来越推向自由主义模式，以商业媒体和信息性的新闻业为中心，以市场力量为主导，政治传播形式也因为营销和消费文化而日趋个人化。这些力量在欧洲之外的多数地方也相当重要，但尚未建立独特而统一的专业新闻模式。

即使记者们认为主流新闻模式的操作与原则已普及全世界，即使他们声称遵循规范性的新闻框架，但他们的日常职业活动却是另外一回事。至少，新闻理论与日常实践有落差。西尔维奥·卫斯博德（Silvio Waisbord）生动地描绘了这种矛盾：

> 我们考察自由主义模式，纵然先不判断它的理论基础够不够，或它为民主传媒开的药方是否对症，自由主义与南美的政治也显然格格不入，难以奏效。自由主义模式在公共话语中的能见度，与南美传媒体制的现实形成对比。自由主义模式的前景与自由主义的原生语境相冲突，传媒巨头的承诺也是可疑的。在反自由主义的资本主义社会中，自由传媒不可能发展起来，因为传媒老板口头上高唱自由主义，实际上却不停讨好国家，支持军事干预，只有政府的干预影响了他们的政治和经济利益时才会（大张旗鼓地）批评政府。（Waisbord，2000，p. 51）

卫斯博德这段话触及许多需要细究的问题，尤其是：西方视角下新闻业的应然与西方以外国家或地区新闻业的实然之间，差异何在？

要放弃"专业同质化"概念的另一个原因，是传媒体制日益碎片化。我们必须考虑传媒体制日益商业化和技术创新这两个主要问题。福克斯新闻（Fox

News）的经验正好说明第一个问题：为了立足于一个拥挤的市场，特别是直接跟对手 CNN 竞争，福克斯新闻选择的市场显然以保守派人士为主。鲁伯特·默多克（Rupert Murdoch）的电视网产品契合保守派观众的期望，尤其是奥巴马医疗改革引起的反应以及茶党运动[①]把他们推得更右。中立、客观、超然的新闻理念在福克斯新闻中迅速消失。

当然，我们写《比较传媒体制》的时候，传媒商业化已经相当坚固了。伊莱休·卡茨（Elihu Katz）的《从市场分割把我们卖出去》（Katz，1996）一文，标题抢眼，他指出：由于商业化，市场随之分化，公共空间恐有消失之虞，以致社会上不同利益、不同意见无法凝聚，无法讨论普遍关切的问题。丹尼尔·哈林（Hallin，1992）在 1992 年发表的论文中指出，大众传媒市场日益碎片化，可能削弱了美国新闻业在 20 世纪六七十年代所特有的中立和客观意理。

如今，互联网和技术创新都加剧了媒体碎片化：博客和社交网络促使“微”用户细分市场诞生与发展，这些用户联系在一起，分享共同的情感、兴趣、习惯与信仰。莱因戈尔德（Rheingold，2000）称这些网络平台为“虚拟社区”（virtual communities），它们引入了性质特殊的做法和常规，强化共同的联系和既有的情感与观点。

以上的观察意味着我们必须抛弃西方中心主义（尤其是左右新闻专业教育方向的西方中心主义），不能假设只有西方式新闻业，即让·查拉比（Jean Chalaby）所说的英美模式（Chalaby，1996）才是新闻业。世界其他地区的新闻业是截然不同的，采用单一专业模式既与传媒业日益商业化背道而驰，也与互联网的发展格格不入。

---

① 译者注：茶党运动是于 2009 年年初兴起的美国社会运动，主要参与者是主张采取保守经济政策的右翼人士，大多数是不满现状的中产阶级白人和少数工人阶级白人。

》一、工具化与极化多元主义模式的扩散

我们曾以《比较传媒体制》的初稿征求希腊学者斯泰利安诺斯·帕帕桑那索普洛斯（Stylianos Papathanassopoulos）的意见。他的书面评论提到希腊政界一个广为流传的说法，每当一届新政府成立，想谋求要职的政客就会对候任总理说：“要是你不让我当部长，我就创办一份报纸。”我们为“工具化”下的定义是：“外部行动者、政党、政客、社会团体、社会运动或经济行动者通过控制传媒，寻求政治影响力，从而干预政治。”（Hallin & Mancini，2004，p. 37）在这个案例中，计划或威胁要办报的政客，对传播新闻和扩散知识毫无兴趣，只想利用报纸对付没有让他当部长的总理。他既无意促进政治参与，也无意增进政治人物与公民之间的联系，只想影响政府决策，以保障自身利益，谋取高位。

以俄罗斯为例，斯维特拉娜·帕斯蒂（Svetlana Pasti）写道：“在新近繁荣的俄罗斯，记者跟普通人一样，必须靠常识和努力获得一席之地。他们因此服务于拥有政治和经济资源的资本者——也就是国家和商业精英。”（Pasti，2005，p.109）东欧以外的情况大同小异，邓肯·麦卡戈（Duncan McCargo）这样描述东南亚的新闻业：“简而言之，在高速的经济增长和快速的社会变革中，传媒的政治地位更显著，成为远比西方传媒更强大的政治行动者。”（McCargo，2012）

以上所述是西方新闻业诞生时的特征，它们仍是当今世界许多地方新闻业所以存在的重要原因。我们界定“工具化”是“地中海极化多元主义模式”的主要特征之一，但许多学者提到我们的阐释架构时，认为“极化多元主义模式”在地中海以外的某些非西方国家也广泛存在：党派媒体盛行，政治和经济精英将媒体视为讨价还价和操控的工具，国家频繁干预和介入媒体运作，新闻专业理念不发达，报纸发行量也较低。

无疑，极化多元主义模式在西方之外也可能呈现非常特殊的形态。多数而言，它与传媒商业化的巨大影响相混合，其竞争态势几近自由主义模式，并受到自由主义专业理念的密切影响。“工具化”左右记者的日常活动，但这些专业原则如果

不抵触记者的日常活动，当可指引他们的职业行为。然而，自由主义新闻原则多半是“假意理”（无法真正适用），即使学校里会教，教科书上会写，人们在讨论新闻业时会不断引为参照系，以致影响了已入行、想入行的记者，以及与新闻业打交道的人士，这就会出现“杂合化”（hybridization）的情形，我稍后将对此进行讨论。

》二、非西方的媒介与政治的“平行对应”关系

“极化多元主义”在非西方某些国家的形态，可能不同于《比较传媒体制》中有些国家的形态。主要差异在于，某些非西方国家没有欧洲语境下极其重要（美国亦然，尽管重要性略低）的大众政党，媒体与政党有平行对应（parallelism）[①]关系，这些是促成“极化多元主义”模式的主因。大众政党和政党平行对应的概念，是西欧特殊政治历史的产物，在别的国家几乎看不到。西欧发展模式的中心是多党制民主，以大众政党和其他有组织的团体（如工会）相互竞争为基础，植根于广泛的社会经济利益。在欧洲历史上，大众政党是参与社区生活、处理普遍利益的主体。在影响大众传媒在内的社会化过程中，“政党—传媒平行对应”关系突出，传媒的任务是向党员传输政治“信仰”和信息，并强化、凝聚党派组织。西欧的政治冲突大致集中在“左—右”的光谱中，大众政党体制为之提供清晰的结构，传媒通常与不同光谱的政治团体结盟，或认同它的意识形态，或兼而有之。

① 译者注：西欧国家（如英、法、意）政党光谱分明，报纸与政党组织的关系密切，认同该党的立场，读者也以同党为主。这种媒介与政党“平行对应”的结构，被称为parallelism。历史上，这种对应关系逐渐式微，目前主要体现在报纸评论中，电视（尤其是公共电视）则大致遵守客观专业原则。

但这是非常特殊的政治史。在别的国家，政党往往比较单薄短命：缺乏深厚的社会根基或清晰的意识形态认同；来得快，去得也快；选民和政治领导人没有强烈而稳定的信念。许多时候，它们的政党组织极弱，面临的是"个人化政党"，一个政客或商人决定进入政治舞台，为的是角逐特定目标和利益。意大利贝卢斯科尼的自由人民党（Popolo della libert à）[①]就是这类政党的原型，没有真正的组织，全靠党魁的象征、魅力和经济资源。其他国家或地区尤其是东欧和亚洲，也常有类似的政党结构。

当今世界各地，出现了完全不同形式的平行对应结构，取代以往传媒与大众政党的政治联系。新闻传媒与许多不同的组织交叠，与种族或宗教组织交叠，不仅代表了种族和宗教为基础的利益，也维护其支持者的政经利益。学者所谓的"商业平行对应"（Ornebring，2010），新闻传媒与不同形式的商业组织和商业利益交叠，主要见诸中欧和东欧，但在西欧也有。"商业平行对应"是一种复杂的"工具化"形式，捆绑商业、政治和新闻传媒于互惠的侍从网络之中。科林·斯帕克斯（Colin Sparks）以"经济、政治和媒体之间的重叠"来定义"政治资本"："政治人物、商人和媒体之间存在着密切的联系，形成了不同群体间的常规利益交换。"（Sparks，2000，p.42）

同样，邓肯·麦卡戈（Duncan McCargo）提出"党派多元性"（partisan polyvalence），显示传统"政治平行对应"概念的缺陷，传媒可能在短时间内从一个目标转向另一个目标，无须改变传统做法，也不会流失读者。

艾莉娜·芒吉尤·皮皮蒂（Alina Mungiu Pippidi）多年来研究腐败问题，她认为，"在以特殊关系而非自由竞争为基础的社会中，媒体的投资并非普通的商业活动；相反，投资者利用媒体达到勒索或交换影响力的目的"（Pippidi，2010，

---

① 译者注：Popolo della Libert à（PdL，The People of Freedom），意大利自由人民党是意大利的一个中右翼政党，由意大利前总理西尔维奥·贝卢斯科尼（Silvio Berlusconi）创办于2007年11月18日。其起初是一个政党联合体，参与2008年的意大利大选，之后在2009年3月的一次政党大会上转型为一个政党。2013年，该党在是否支持大联合政府的问题上产生内部分歧，形成反对大联合政府的"鹰派"和支持大联合政府的"鸽派"。2013年11月，贝卢斯科尼及"鹰派"支持者宣布解散自由人民党，恢复成立意大利力量党（Forza Italia），贝卢斯科尼任党主席。

p.126）。艾莉娜·雷德涅瓦（Alena V. Ledeneva）也称，“黑公关的话语折射出如下弊病：正式制度有缺陷，政党软弱，缺乏独立传媒，法律受蔑视，潜规则大行其道”（Ledeneva，2004，p.36）。彼特·格罗斯（Peter Gross）补充说：“有些传媒老板的经营动机混合了传媒的政治用途，换言之，一些传媒老板也是政客。”（Gross，2003，p.87）

“政治平行对应”的概念假定有坚强的政党组织，并活跃于包括新闻生产在内的各领域。但问题是，大众政党深深扎根于西方的历史及其成长与发展的经济环境中，它们是特定经济、社会和文化条件的产物，这些条件在西方之外要么不存在，要么完全不同，更准确地说，它们是 19 世纪和 20 世纪欧洲各阶层利益“冲突”的产物。

当然，非西方国家也有政党，但性质不同，某些政党组织软弱而不稳定，它们为特定目标偶然建立，当这些偶然性消失时，政党不是突然消失，就是改变性质和名称。这在东欧已司空见惯，这些政党的包容性较弱，成员数量有限，基本上只在选举时才有行动，证实了安吉洛·帕尼比昂科（Angelo Panebianco）说的“选举型专业政党”（Panebianco，1998）。它们得到传播、新闻和广告专业人士的支持，仅在竞选时活跃，充分展现新闻传媒的“工具性”作用；在大选时，媒体围绕特定政治人物、具体政治纲领和方案构建共识，但由于缺乏稳定而强大的政治组织，媒体无法与政党形成稳定的政治平行对应关系。宗教型政党在非西方国家也普遍存在，它们的“政治平行对应”形式也和欧洲国家截然不同。

〉》 三、国家的性质

说到政治与新闻传媒的关系，西方国家和非西方国家还有重要差异，就是国家的性质不同。凡是涉及新闻传媒的存在与活动，我们就习惯性地联想到国家及政府等。事实上，根据“极化多元主义”模式，西方的“国家—传媒”关系很严格：新闻传媒是各种组织的工具，帮助组织在稳固的国家架构内争取执政。在“极化多元主义”模式下，新闻传媒与国家密切联系，在“民主统合模式”（the democratic-corporatist model）下亦然。传媒需要国家的多种干预，以保证更全面的传媒多元化，例如，以经济补贴支持代表少数族群利益的传媒。执政党通常试图塑造和影响新闻传媒，以提高其行动的社会支持度。

但是，这种国家形式在非西方国家实属罕见：在许多地区（在东欧有大量证据），国家还不稳固，不像西方国家是统一的行动者，有组织，且以一致的方式行事（Grzymala-Busse & Jones-Luong，2002；McCargo，2012）。国家内部的行动常常相互矛盾，彼此争斗得很厉害。很多时候，因为国家软弱无力，自相矛盾，行动混乱，摆在面前的顶多是“国家建设”（state building），而非“民族建设”（nation building）。多数转型民主国家都是如此，“寡头、政党和总统在一方，国际金融机构或区域贸易协会在另一方，都能干预国家结构，对国家形成过程施加强大压力”（Grzymala-Busse & Jones-Luong，2002，p.533）。

国家建设牵涉精英斗争。在这种情况下，国家无法推动意见的自由市场和多元主义，无法像我们假设的那样，强调传媒的中立性。相反，各路精英以新闻传媒为工具，争夺国家建设与控制的权力。如此一来，政治的平行对应关系只是引导传媒行为的许多因素之一。

很多时候，无论是处在“国家建设”时刻的新兴民主国家，或在国家稳固、走向民主化的国度，明规则和潜规则都混合在一起，消解传媒的独立性和中立性。在这些情况下，传媒只是精英讨价还价的一部分，之所以还有调适的空间，是因为潜规则无处不在，或是明规则和潜规则有矛盾（Borocz，2000；Park，Kim，& Sohn，2000；Ledeneva，2004）。

〉》四、哪些阐释范畴？

至此，我们已谈到一个核心问题——“文化帝国主义”曾经风行多年，如今似乎有必要加以复兴。所谓“文化帝国主义”，不是指赫伯特·席勒（Herbert Schiller）及其追随者所论述的把意义和文化产品输出国外，而是指我们采用西方的阐释框架去审视西方之外的现实。我们必须承认，文化帝国主义存在于学者——特别是传媒学者——的研究工作中。很多时候，我们自以为是在观察非西方国家的现实问题，其实是在西方的阐释范畴中去观察，詹姆斯·柯伦（James Curran）和朴明珍（Park Myung-Jin）在十几年前就指出，这些范畴只不过源自西方“一小撮国家”的经验（Curran & Park，2000，p.3）。举例来说，大众政党在西方历史上（部分仍然如此）有强大影响力，是政治参与和民主生活的主要工具，也影响新闻业的表现，我们便因而假定这是放诸全球而皆准的范畴。同样，我们也常常预设西方世界所经历的国家形式是唯一可能的国家形式，殊不知这种国家观念深植于特定的历史条件中。西方世界发展出来的“民主”概念，在不同的文化价值和历史条件中可能受到质疑。政治学者对此已有讨论，尤其是批评塞缪尔·亨廷顿（Samuel Huntington）“民主化”论点的学者。

换言之，传媒研究学者，如同其他社会科学研究者，常常假定西方的历史就是唯一的历史，以为从西方特殊经验、“特定历史”中产生的阐释范畴，能够阐释完全或部分不同的社会现实。为了保持文化正确，我们通常不会自认为在输出我们的模式，或告诉人家应该怎么做，我们不以为自己是“规范者”，但可能在无意中以我们的眼光观察不同的现实。毫无疑问，西方偏见几乎无法避免。就新闻传媒来说，我们笃信一旦偏离了西方经验建构的理想型，这些现实就应被解释为退化的或功能失调的。在某种程度上，我们必须意识到：我们应用的范畴只能立足于我们自己的历史和经验。为了避免犯上“阐释的帝国主义”（interpretive imperialism），我们当然也可以不分析超越我们经验的国家，但这样做并无助于科学研究。

我们能不能避免说侍从主义就是侍从主义，腐败就是腐败，到处都一样？这样会伤害科学研究，但我们必须意识到，要正确阐释这些现象，就必须将它们放到世界各地的语境中。新闻业不是在真空中成长，而是扎根于本土的特定历史、经济、社会和文化条件。

》五、新闻文化：作为避免西方偏见的“捷径”

在结论部分，我想强调“新闻文化”的概念，以提供可能的途径，避免根深蒂固的“西方偏见”。至少在本章中，“新闻文化”可能是个有用的概念，因为它有两个优点。首先，它把新闻置于最广泛的社会和政治语境中。新闻文化涵盖新闻日常工作所需的各种技能和操作，以及一整套宽泛的假设，既包括国家的政治文化，也包括新闻业的角色。新闻业不像医学或工程等专业，不是中立而无菌的，无法绝缘于周遭的社会、文化和政治现实。新闻业与许多专业类似，由各种技术特性和专业技能构成，包含了极其重要的文化和政治维度内容，而且与其他的社会次系统关系紧密。因此，通过“新闻文化”这个概念，我们不仅可以视新闻业为一种专业，有自己的常规、实践和特定的（也可能是普世的）伦理，更可以将其与一个国家普遍的文化（尤其是政治文化）联系起来。新闻业并不是在真空中成长，许多学者都认同这个简单平常的说法，但这句多半是一句空话，没有人做出深入的理论阐释。自 1956 年《报刊的四种理论》出版以来，许多传媒学者都强调要把新闻业置于广泛的语境之中。西伯特、彼得森和施拉姆在该书一开始就指出，“本书的论题是传媒呈现出所处的社会和政治结构的形式和色彩，尤其反映了个人与制度调适关系的社会控制体系”（Siebert，Peterson，& Schramm，1956，p.1）。但批评者指出（Nerone，1995），《报刊的四种理论》似乎假定自由主义模式及其衍生的“社会责任论”是放诸四海而皆准的理想模式，与周遭的社会脉络无关，至少它是评估其他模式的标尺。学者们采用这个由西方经验得出的阐释范畴，评断世界其他地方的新闻业。无独有偶，赫伯特·甘斯（Herbert Gans）在其开创性著作——《决定什么是新闻》的结论处写道："行文至此，本研究忽略了一个有趣的可能性：记者和传媒机构无意中回应着更大、更基本的社会过程，充当它的棋子。也许，记者为国家和整个社会履行意想不到或未被承认的（隐性的）职能，致使记者这样做他所做的事。"（Gans，1979，p.290）

很少有研究跟随这些论述（Schudson，1995；Cook，2006；Hanusch，2009），把新闻业放在社会语境内。西方传媒学者大多假定新闻业自成封闭系统，而忘却了新闻业与广阔社会的联系，也很少人有效地处理这些问题。学者们分析新闻工作程序、常规和专业化进程，仿佛它们可以从单一的社会语境抽绎出来。渐渐地，他们只关注大众传媒本身，这种态度随着传媒研究的发展与日俱增：一方面它形成了学科的相对自主性，另一方面它割断了传媒与社会、政治语境的联系，以致削弱了人们对大众传媒运作的深入理解。

使用"新闻文化"这个概念的第二个理由是，它可能是比较研究有用的工具，至少在我的定义中是如此的。新闻文化深深扎根于不同国家的语境中，因而能够对照和争鸣（Hanitzsch，2007）。这个概念很重要，但经验研究却很难展开。学者们提出了不同方案（Servaes，1999；Hanitzsch，2007），但难题还在。这个概念具有多面性，不同方面可能相互矛盾，难以转化为定量指标；此外，它还牵涉诸多文化和情感因素，受访者往往不愿意自由、真诚地表达。理查德·霍加特（Richard Hoggart）多年前在介绍《坏新闻》（*Bad News*）一书时，综述这一概念的复杂性。根据《坏新闻》的主题，霍加特使用"我们呼吸的文化空气"（the cultural air we breathe），说明如何以常识框架来理解新闻，告诉我们"什么可说，什么最好不说"（Hoggart，1981）。迈克尔·舒德森（Michael Schudson）进一步发展了这个观点，"正如霍加特所言，我们呼吸的文化空气是建构新闻最重要的过滤器，是我们社会整体意识形态的氛围，告诉我们什么可说，什么最好不说。一方面，统治集团和制度创造了文化空气，另一方面，它们也建立在文化空气的语境里"（Schudson，2005，p.189）。前此数年，舒德森已指出记者工作的文化环境之重要性，他说：“新闻生产是人们在文化系统内不经意运作所制作的，文化系统是文化意义和话语模式的储备库。……作为一种文化形式，新闻包含了一系列预设——什么是重要的，什么是有意义的，我们处于何时何地，我们应该严肃对待哪些议题，等等。”（Schudson，1995，p.14）

文化传承渗透到新闻文化和实践中，是历史的产物，也是特定社会、文化、经济和政治条件的产物。这种传承在经验上很难观察，也几乎不可能用精确的术语界定它。“我们呼吸的文化空气”存在于空气中，聚散无形，随风而逝，然而我们在特定的地点共同呼吸。

或许，“新闻文化”的概念可以帮助我们理解为何我们的世界是“杂合化”的（Norris & Inglehart，2009）。没有人能够否认全球化。新闻业是一种具有某种普世性行业，这种普世性通过电影、教科书、研讨会、全球事件、教育、传媒所有权、传媒集中等途径传遍整个世界。这种普世性必先扎根于这样一种观念（和实践）中，即新闻对市场有益，新闻是可以销售和消费的产品。如今，市场和新闻关系紧密，就像当初“意见市场”的概念在西方诞生时一样。本质上，这种普世性成形于一套专业准则，可以称之为专业新闻业的自由主义模式。自由主义新闻业模式的影响是难以否认的，它依赖强烈的商业化倾向，也靠西方思想（以及我们的学术和教育活动）在有意和无意中发挥影响力。

无论如何，新闻业的普世性在不同的文化语境中形成。芭比·泽利泽（Barbie Zelizer）指出，“尽管普世论盛行，但新闻文化假定新闻业的传统、常规和实践都是动态的，并且取决于具体情境和历史条件”（Zelizer，2005，p. 211）。正因如此，许多学者在评论《比较传媒体制》的阐释框架时，指出“自由主义模式”和“极化多元主义模式”之间有“杂合化”的趋势（Voltmer，2012；Dobek-Ostrowska，2012；Chadwick，2013）。确实，如果我们跳出西方视野就会发现，极化多元主义模式的核心特征似乎构成了一个共同框架，尽管这些具体特征因国而异。

自由主义的专业模式与在地的条件形成杂合体，而我们依然根据西方范畴来审视和阐释它。某种程度上，不少学者接续《比较传媒体制》的讨论，认为介于

“自由主义模式”和“极化多元主义模式”的杂合化模式，最适合阐释西方世界之外的专业新闻业。但是，杂合化是从西方经验中孕育出来的，应用到不同的现实中，可能会有西方式偏见。

（陈楚洁 / 译，李红涛 / 校）

参考文献

Borocz, J. (2000). Informality rules. *East European Politics and Society* 14 (2): 348–80.

Chalaby, J. (1996). Journalism as an Anglo-American invention: A comparison of the development of French and Anglo-American journalism, 1830s–1920s. *European Journal of Communication* 11 (3): 303–26.

Chadwick, A. (2013). *The hybrid media system*. Oxford: Oxford University Press.

Clark, C. (2000). Modernization, democracy and the developmental state in Asia: A virtuous cycle or unraveling strands? In J. Hollifield & C. Jilson, eds., *Pathways to democracy*. New York: Routledge.

Cook, T. (2006). The news media as a political institution: Looking backward and looking forward. *Political Communication* 23 (2): 159–73.

Curran, J. (1991). Rethinking the media as a public sphere. In P. Dahlgren & C. Sparks, eds., *Communication and citizenship*. London: Routledge.

Curran, J., & Park, M. J. (2000). Beyond globalization theory. In J. Curran & M. J. Park, eds., *De-Westernizing media studies*. London: Routledge.

Dobek-Ostrowska, B. (2012). Italianization (or Mediterraneanization) of the Polish media system? Reality and perspective. In D. Hallin & P. Mancini, eds., *Comparing media systems beyond the Western world*. Cambridge: Cambridge University Press.

Gans, H. (1979). *Deciding what's news*. New York: Pantheon Books.

Gross, P. (2003). New relationships: Eastern European media and the post-Communist political world. *Journalism Studies* 4 (1): 79–89.

Grzymala–Busse, A., & Jones Luong, P. (2002). Reconceptualizing the state: Lessons from post–Communism. *Politics and Society* 30 (4): 529–54.

Gunaratne, S. (1999). The media in Asia. *International Communication Gazette* 61 (3–4): 197–223.

Habermas, J. (1989). *The structural transformation of the public sphere: An inquiry into a category of bourgeois society*. Cambridge, MA: MIT Press.

Hallin, D. (1992). The passing of the "high modernism" of American journalism. *Journal of Communication* 42 (3): 14–25.

Hallin, D., & Mancini, P. (2004). *Comparing media systems*. Cambridge: Cambridge University Press.

Hanitzsch, T. (2007). Deconstructing journalism culture: Toward a universal theory. *Communication Theory* 17: 367–85.

Hanusch, F. (2009). A product of their culture. *International Communication Gazette* 71 (7): 613–26.

Hoggart, R. (1981). Foreword. In Glasgow University Media Group, ed., *Bad News*. London: Routledge & Kegan Paul.

Kampfner, J. (2010). *Freedom for sale*. New York: Basic Books.

Katz, E. (1996). And deliver us from segmentation. *Annals of the American Academy of Political and Social Science* 546:22–33.

Ledeneva, A. (2004). *How Russia really works: The informal practices that shaped post–Soviet politics and business*. Ithaca, NY: Cornell University Press.

Lee, C. C. (2000). State, capital and the media: The case of Taiwan. In J. Curran & M. J. Park, eds., *De–Westernizing media studies*. London: Routledge.

Luhmann, N. (1998). *Observations on modernity*. Stanford, CA: Stanford University Press.

McCargo, D. (2012) Partisan polyvalence: Characterizing the political role of Asian media. In D. Hallin & P. Mancini, eds., *Comparing media systems beyond the Western world.*

Cambridge: Cambridge University Press.

Mungiu Pippidi, A. (2010). The other transition. *Journal of Democracy* 21 (1): 120–27.

Nerone, J., ed. (1995). *Last rights: Revisiting four theories of the press*. Urbana: University of Illinois Press.

Norris, P., & Inglehart, R. (2009). *Cosmopolitan communication*. Cambridge: Cambridge University Press.

Ornebring, E. (2010). *Latvia*. Unpublished report for the Media and Democracy in Central Eastern Europe project, Department of Politics and International Relations, Oxford University.

Panebianco, A. (1998). *Political parties: organization and power*. Cambridge: Cambridge University Press.

Park, M. J., Kim, C. N., & Sohn, B. W. (2000). Modernization, globalization, and the powerful state. In J. Curran & M. J. Park, eds., *De–Westernizing media studies*. London: Routledge.

Pasti, S. (2005). Two generations of contemporary Russian journalists. *European Journal of Communication* 20 (1): 89–115.

Rheingold, H. (2000). *The virtual community*. Cambridge, MA: MIT Press.

Schudson, M. (1995). *The power of news*. Cambridge, MA: Harvard University Press.

Schudson, M. (2005). Four approaches to the sociology of news. In J. Curran & M. Gurevitch, eds., *Mass media and society*. London: Hodder Arnold.

Servaes, J. (1999). *Communication for development: One world, multiple cultures*. Cresskill, NJ: Hampton Press.

Siebert, F., Peterson, T., & Schramm, W. (1956). *Four theories of the press*. Urbana: University of Illinois Press.

Sparks, C. (2000). Media theory after the fall of European communism: Why the old models from East and West won't do anymore. In J. Curran & M. J. Park, eds., *De–Westernizing media studies*. London: Routledge.

Voltmer, K. (2012). How far can media systems travel? Applying Hallin and Mancini's comparative framework outside the western world. In D. Hallin & P. Mancini, eds., *Comparing media systems beyond the Western world*. Cambridge: Cambridge University Press.

Waisbord, S. (2000). Media in South America. Between the rock of the state and the hard place of the market. In J. Curran & Park, M. J., eds., *De–Westernizing media studies*. London: Routledge.

Zelizer, B. (2005). The culture of journalism. In J. Curran & M. Gurevitch, eds., *Mass media and society. 4th ed*. London: Hodder Arnold.

第 6 章 / “媒介首都”生成的条件：全球媒介的地方情境

Conditions of Capital: Global Media in Local Contexts

迈克尔·柯廷

请允许我一开篇就唱个反调：国际传播领域无须“国际化”，至少在电影和媒介研究领域如此。无论在理论或认识论层面，电影研究一开始便彻底国际化了。电影学者将电影看作现代民族国家的文化现象，致力于勾勒各国电影的独特性，并展开相互比较。为了抗衡好莱坞电影对世界各国的侵扰，电影学者一直以来便强烈欣赏法国、埃及、印度等国电影（Nowell-Smith，1999）。他们庆祝国际电影节的发展，支持国家电影政策，制定了一整套大学课程和教科书，以解释世界各国电影的历史和实践。近年来，研究者们开始挑战并质疑国家电影模式（Hjort & Mackenzie，2000；Vitali & Willemen，2006；Durovicova & Newman，2010），但电影研究仍然以国家为参照点。

类似的观察也适用于印刷和电子媒介研究。传播学奠基人哈罗德·英尼斯（Innis，1972）撰写的传播史从人类历史的黎明延伸到现代，描述了帝国、神权国家和封建政权的传播特征，但到了现代，他的研究主要聚焦于国际情境下的国家媒介系统。他反思各国权力失衡和跨境流动，但重心仍是比较各国媒体的特征。其他学者追随他的做法，这是可以理解的，因为社会学对传播领域的影响很大。社会学范式假定传播在很大程度上是一个国家系统性问题；一旦侵犯国界，通常认为会造成破坏性的、越轨性的影响。这导致了跨国传播最常见、最持久的观念——媒介帝国主义产生，它仿佛一个潜伏的威胁，在全球范围内唤起文化同质化的幽灵。即使在今天，批评者仍指斥《蝙蝠侠》《犯罪现场调查》和 Lady Gaga 等美国文化产品无处不在。在他们眼中，文化产品在全球流动是为了满足企业集团的利益，以致各国的表达方式及公共生活变得贫瘠，而芸芸众生是脆弱而轻信这些产品的（Schiller，1969；Guback，1969；Miller et al.，2008）。很多学者和政府决策者主张，遏制帝国主义的潮流，最好的办法是各国政府和国际机构制定政策，限制进口，促进本地生产，造就负责任的公民群体（McBride，1980）。

因此，或许我们不太需要推动学术研究的国际化，只需寻求针对上述议题的替代性分析路径。国家框架和视角到底仍然有用，还是遮蔽了媒介全球化所促成的新趋势？全球研究学者从不同预设出发，承认国家体系有恒久的重要性，担忧经济和文化权力分配不均，但他们跳出国家层面议题的根本性关注，进而探讨不同层次的互动机制。他们认为，媒介全球化没有统一的逻辑，也没有唯一的中央控制中心，而是一个推拉过程，带来很多意外后果（Tomlinson，1999）。因此，全球、国家和地方机构的互动是高度情境化的，无比复杂。他们举例说明在世界各地，当地媒体有力和支配性的全球媒体竞争；他们也注意到流行文化如何吸纳、重构和再阐释全球性的霸权文本。全球研究学者虽然知道系统化的权力模式，但他们更关注地方层面的偶然性、差异和断裂（Appadurai，1996）。在他们眼中，世界并非由离散、互锁的国家实体连成的马赛克，而是由多样、叠层、横切的元素组成的拼贴画。他们进一步指出，各国政府未必是对抗全球化的最佳解药，因为国家也存在不平等的权力结构，它们制造看似本土的价值观和文化产品，其实是为了满足精英的利益。因此，全球研究学者承认，国家政治行动能抗争外来文化的支配，但他们也探讨其他重要文化斗争的位置，并在全球化情境下展开解释。

尽管上述研究路径很不同，却共同关注现代媒介的一系列核心研究问题：全球、国家和地方机构之间有什么关系？支配与从属的模式是什么？创意活动和文化权力的中心何在？这些权力关系是如何影响创意工作者和媒体用户的，又是如何影响人类社群的社会文化命运的？有哪些必要的原则左右着现代媒介的生产、流通和社会使用？这类问题是隐含的空间的问题，这是学术界不断关注边界和关系的原因。但令人惊讶的是，空间维度却未获得传播研究的重视。电影和媒介学者重视空间，或许更关注城市（特别是港口城市）的研究，而不是聚焦国家。这或为我们思考当代全球媒介环境中的文化权力，提供不同的视角。

在古代和中世纪，帝国政权建立跨越空间的影响力，靠的是征服当地人民，并与控制战略要塞、城镇和城市的团体结盟。后来，帝国被现代国家体系取代，后者建立在固定的政治边界之上，内部则培育国家的居民。在两种制度下，政治和文化权力常相重合，创意活动的中心往往在政治统治中心的周边。但随后资本主义崛起，为全世界众多城市提供资源，工商活动多于政治权力更替和军事征服行动。重要航海城市，比如孟买、拉各斯（Lagos）[①]、贝鲁特和香港，成为贸易、金融、制造业和文化的中心。

港口城市通常处在庞大帝国之间，或在强盛国家的边缘。在这些地方，商品、观点和文化产品的交换促进了都市的繁荣。现代出版、电影和录音扩展了大众媒介的地理范围，这些城市更是占尽地利之便，推动着文化商品和影响力的横向流动。它们变成跨国的区域性媒介经济中心，并成为跳板，使文化产品流向更远的地方——例如，孟买电影流向海湾国家，非洲 high life 音乐[②]流动到美洲，中国武侠小说流动到东南亚。20 世纪后半叶，随着卫星电视、数字刻录和互联网传播的出现，文化流动大大加速。最初，这些新技术似乎服务西方媒体集团，总部在好莱坞、纽约和伦敦；但久而久之，它们激发文化在地区之内、地区之间，以及从边缘到中心的反向流动。这些文化流动也让人们以新方式思考自己与他人的密切关系，以及自己在世界的位置。有人梦想着好莱坞的生活，但很多人把目光投向孟买和贝鲁特，寻求时尚、文化和生活方式的指引（Mitra，2000）。对于在政治上处于弱势的群体而言，这些文化中心提供了想象性的替代，以弥补

① 译者注：拉各斯（Lagos），尼日利亚旧都和最大港口城市。

② 译者注：high life 未见通行译名，直译为“高品质生活”。它 20 世纪初发源于加纳，流行于西非，是一种将非洲传统音乐与西方音乐相结合的通俗音乐类型。

他们日常生活中遭受的限制和屈辱。

面对好莱坞或孟买等城市的文化竞争，各国政府忧心忡忡，而这些城市就是我在本章讨论的“媒介首都”（media capitals）。在数字时代，流行音乐和影像媒介的流通变得越来越容易，各国政府也忧虑日深。与此同时，文化产品跨越国界越来越顺畅，资本、技术和商品的流通亦是如此，最终各国被捆绑成为一个相互依存的全球经济体系（Harvey，1990；Castells，1996）。一些国家看到文化和经济主权遭到侵蚀，决策和行政权力受到远方力量的制约。一方面，支配性的西方国家向它们施压，要求跨国媒体能够自由流动；另一方面，它们也对国民欢迎域外文化产品感到恼火。如果政府试图设立电影进口配额，消费者就会转向盗版市场[①]购买影碟；如果国家禁止卫星碟，受众就会转向互联网。这些发展趋势使全球霸权国家、各国政府和扩散跨国媒介产品的港市之间的关系更紧张。

如上所述，这些动态不仅是国家或国际性的，而且真正是全球性的：多维度、相互交织、冲突的，而且是制度性的。为了考察这些动态，我们不仅要关注国家机构和国际关系，还要探究民族国家之下或它们之间的行动者、力量和场所。近年来，我试图通过分析“媒介首都”来把握这些全球的文化机制，这一概念使我们立即直接关注某些城市的领先地位，以及导致资源在特定地区集中的原则和过程（Curtin，2004，2014）。在本章中，我将探讨华语电影业的地理重心为何一直在变动：先从上海到新加坡，再到香港，近年又到北京。华语电影产业在历史上不单是国内的商业电影，其一直都是流动的、充满活力的、跨国的。这一案例涉及若干有趣的问题，触及全球、国家和地方媒介的竞争关系。不过，在讨论个案以前，我先要解释媒介首都的概念，再探讨有什么制度特征和有利条件，使得媒介资源向特定城市靠拢。我以孟买为例，这是相当成功的媒介首都，其运作与西方保持相对的自主性。最后，我会转向中国媒介，勾勒香港这个媒介首都的兴起和衰落，探讨中国政府在海外谋求“软实力”过程。中国是强大的国家，分别在国内和国外力争扩大文化，正好是与孟买对比

---

① 译者注：原文“black market”直译为“黑市”，这里根据语意翻译为“盗版市场”。

的案例。中国在很多方面都相当成功，但本章的讨论将解释，北京为何在当前条件下不可能成为媒介首都。

〉》 一、何为媒介首都?

尽管影响影像产业的力量和因素很多而又复杂，我们还是可以辨别出自 20 世纪初以来在世界各地的屏幕中起到结构性作用的三个关键原则：（1）积累的逻辑；（2）创意迁移的轨迹；以及（3）社会文化差异的形貌。

积累的逻辑并非媒介产业独有，资本主义企业天然都有动态的、扩张的趋势。正如大卫·哈维（David Harvey，2001，pp. 237–266）所说，大多数公司都集中生产资源和扩张市场，提高效率，充分利用其生产能力，实现收益的最大化。这些趋势在周期性的商业衰退中表现得最明显，这时企业被迫加大生产，或扩大销售，或两者兼有，以图生存。哈维认为，这样的危急时刻需要“空间修补”（spatial fix），因为资本一方面必须集中并整合生产场地，缩短制造所需时间，减少资源消耗，另一方面必须提高销售速度，节省时间，将遥远的市场纳入运作轨道。早在一百多年前，马克思就曾讨论生产领域的向心趋势和销售领域的离心趋势，他强调，资本若要克服积累过程的障碍，就必须“用时间消灭空间”（Marx，1973，p. 539）。就当代媒介而言，这一见解意味着，一家电影或电视公司最初成立，容或是为了服务地方市场，但久而久之，要想在竞争中生存并提高收益，就必须重新调配创意资源，重塑运营形势。[①] 积累逻辑暗含“管理革命”的影响，与工业资本主义的崛起相伴随（Chandler，1977）。实际上，正是资本主义积累与启蒙运动的反思性知识系统交汇，促使商业资本主义转型到工业资本主

① 垄断租金（monopoly rent）是一个特例，但正如本章所论，在技术飞速发展、跨境流动日趋频繁的时代，垄断租金越来越不可持续。

义。资本主义由此变成多种积累模式，更倾向于监控和调适，因为它持续改进、整合制造和营销过程，集中生产资源，扩张运输系统，以提高效率（Giddens，1990）。

媒介首都的第二项原则强调创意迁移的轨迹。影像产业不断要求有新的产品原型（例如故事片或电视节目）出现，创意劳动力自然成为核心资源。然而，艺术与商业联姻并非易事，尤其在庞大的机构更难，媒体产业因而不得不下赌注在难于管理的劳动力上。正如阿苏·阿克索伊和凯文·罗宾斯所说，“人们无法预判一个产品的成败。不过，电影行当的金科玉律是，倘若你自始就没有创意人才，根本就没有生意可谈，更谈不上成败”（Asu Aksoy，Kevin Robins，1992，p. 12）。实际上，吸引并管理人才是影像制片人的首要挑战之一。在公司层面，要提供良好的薪酬和工作条件；在更宽泛的层面，要维持专门人才的持续供应，难怪媒体公司往往聚集在某些城市。[①]

地理学家艾伦·斯科特（Allen J. Scott）指出，文化产品的制造商选的地方，通常形成了分包商和熟练工人之间紧密的交易网络。除了显而易见的成本效益之外，斯科特还特别强调，生产商聚集，产生相互学习的效应。无论是通过非正式的学习（例如在项目合作过程中交流观点和技术），还是通过正式的知识传递（工艺学校、行业协会和颁奖典礼），产业集群都能提高产品质量，激发创新。斯科特（Allen J. Scott，2000，p.33）说：“这类以地方为基础的社区，不仅是狭义的文化劳动力中心，更是社会再生产的活跃中心，它们维系和传播着至关重要的文化能力。”

劳动力向心式迁移，促成路径依赖的演化，于是偶发事件或创新可能激发创意集群（creative cluster）的出现，但工业发展有赖人才持续迁移，追逐专业机会，以致向上盘旋，不断成长。而没能抢占先机的地区多半无法“入场”，因为产业集聚的逻辑很难打破，就算注入大量资本或政府补贴也无济于事。新的集群若要崛起，除非原来优越的媒介首都走向衰退，否则就得提供非常独特的产品线。

---

① 尽管大量相关文献并没有专门讨论媒体产业，但它们探讨了人力资本对企业集聚在特定地点的影响（Jacobs，1984；Porter，1998；Florida，2005）。

尽管媒介首都拥有生产力和结构性的优势，媒介产品的符号内容还是会削弱媒介产品在地理上可以抵达的范围。打个比方说，中国电影制作人与土耳其或印度观众之间存在着文化距离，这使得产品的意义和价值在被消费或使用时可能大打折扣。积累和创意迁移的向心逻辑，帮助我们说明媒介首都的集中化，而产品流通的离心模式则非常复杂，尤其当文化产品进入遥远的文化区时，通常已有别的媒介首都的产品覆盖。

开罗、孟买、好莱坞和香港，彼此有文化鸿沟，所以它们的生产商能够维持有特色的生产线，并能挡住遥远竞争对手的攻势。媒介首都进一步受到中介因素的影响，比上述关于空间的解释更复杂。因此，媒介首都的第三个原则聚焦于社会文化差异的形貌，显示国家和地方机构一直是全球文化经济中重要的行动者。

在电影工业化发展的早期，市场力量和人才迁移推动了好莱坞的强大制作商集群成长，但世界各地政府早在 20 世纪 20 年代就开始推出政策，限制进口，推动地方媒介生产，以应对好莱坞日益上升的影响力。发展地方电影业通常很难，但很多国家推动广播业，乃至后来的电视业（大多是公共电视）发展，却相当成功，它们制作热门节目，吸引大量受众。广播电视业似乎先天适合国家干预，因为它的文化和技术特征可使国家系统免受外国竞争的影响。接踵而至的广电新闻和娱乐节目，不时打断家庭的常规，公共空间与私人领域交错，民族文化于是被置入受众的日常生活（Scannell，1991；Silverstone，1994；Morley，2000）。

必须指出，国家机构不是唯一组织、利用社会文化差异者。数十年来，传媒企业在生产和发行过程中，一直利用社会和文化差异，特别是调用特定叙事和创意人才，以契合它们影响范围内受众的文化性格。它们还会运用社会网络和内部信息，确立市场优势，在促销活动中激发种族和民族自豪感。社会文化差异给媒体机构提供了机会，让它们谋求合适的市场定位。

概而言之，媒介首都的概念第一时间就承认资本、创意、文化和政体的空间逻辑，但并不独尊其中一项。如同资本逻辑产生结构性的影响，社会文化差异也塑造媒介生产与消费不同的情境。媒介首都概念鼓励我们提出动态的、历史性的理论解释，以勾勒资本运作和人才迁移；同时，也要关注到社会文化力量和偶发事件如何造就另类话语、实践和空间性（spatialities）。研究者要借助媒介首都的视角解决传播政治经济学和文化研究（亦即媒介帝国主义和全球研究）的紧张关系，证明运用从这两个学派得到的洞见，可以有效地研究电影和电视。

〉》二、媒介首都何为？①

媒介首都是强大的地理中心，在其范围内可以充分调动人力、创意和财政资源，制作能够满足受众特殊需求的产品。媒介首都的成功取决于它们能把握受众偏好，利用大众的想象力，在其文化区内运用资源。媒介首都的卓越地位因而是关系性的：它既大量向外输出产品，也在它的流通范围内集合并利用上乘的人力和文化资源。其卓越性也是动态的，因势而变，必须应付其他城市想成为媒介首都的挑战。例如，迪拜试图挑战贝鲁特在阿拉伯卫星电视领域的领导权，而迈阿密近年来崛起，成为墨西哥城在国际上的有力竞争者。因此，媒介首都概念鼓励我们从空间探讨积累和扩散的变动格局，这些活动形塑了受众的想象世界，也被后者所形塑。本研究试图理解为什么某些地方变成媒介活动的中心，它们与其他地方有什么不同。媒介首都是在历史因素复杂互动中出现，在跨国竞争的严峻考验中偶然形成的。好莱坞、孟买、拉各斯这么不同的城市，却在各自的流通范围内成为媒介首都。尽管在很多方面存在质的差异，媒介首都在制度结构、创意能力和政治自主性等方面却有共同特征。

---

① 译者注：上一节的英文标题为"What is Media Capital？"本节的英文标题为"What are Media Capitals？"其中"is"和"are"以斜体形式强调，二者直译过来均为"何为媒介首都？"但无法凸显单复数的对照，因此，译者将上一节直译为"何为媒介首都？"将本节标题意译为"媒介首都何为？"以便凸显二者的区别。

在制度上说，传媒公司一意寻找满足受众品位和欲求的地方，媒介首都往往很兴盛。为了迎合受众口味，传媒公司吸收并适应来自远近各处的文化，由此形成混杂的美学；在生产和宣传过程中，它们用明星和节目类型调节上述的折中主义和不稳定性，这样使不同的受众能理解并接纳媒介的文本。公司的底线始终是流行度和盈利性。尽管商业电影和电视工作室经常被批评迎合最低公约数，但它们创新不懈，热切探寻时尚和娱乐不断变动的微妙之处。在发展的早期阶段，媒介首都中的传媒公司或许是投机取巧式地做些小生意，很多公司恣意追逐最新的流行趋势，以低成本炮制大量产品，没有推广和精算就投入市场。然而，随着媒介首都的成熟，这些公司的做法开始制度化，大多数都在大公司内整合生产、销售和展览。利润率源自结构化的创造性，它培育出扩张性（且不断扩张）的销售体系。企业在定义项目发展和融资概念的阶段，已考虑融入营销。因此，在资本积累的体制与变化多端的大众品位紧密勾连的地方，媒介首都因势而起。早期电影制作共同体的重商机会主义让位于工业化的生产和销售模式。

同样重要的是，媒介首都通常在激发创新活动的城市中繁荣发展，吸引有抱负的人才。关于工业集群的研究文献显示，创意劳动者常常流向某些地方，既能找到工作，还能向同行和前辈学习，或接受当地工艺组织的培训（Porter，1998）。工作流动和行业内部交流进一步促进了技能、知识和创新的扩散。因此，相互学习的文化得以制度化，推动着创意劳动力的再生产和能力提升（Scott，2000）。劳动者也倾向于流动到以文化开放和多样著称的城市（Florida，2005）。例如最成功的媒介首都大多是港口城市，因其跨文化交流的历史悠久。

值得指出的是，一国的政治首都很少变成媒介首都，主要是因为现代政府似乎无法抗拒干预媒体机构的诱惑。[①] 因此，媒介首都更可能在远离国家权力中心的地方繁荣发展，它们青睐的反而是被政治和文化精英鄙夷的城市（如洛杉矶和孟买）。成功的传媒企业往往抗拒审查和侍从主义（clientelism），不相信官方僵

---

① 英国首都伦敦是一个特例，这在很大程度上是因为大英帝国的残留优势让它成为重要的海运和金融中心。它在媒介活动中的中心地位之所以得以延续，大体上是因为它能够开掘利用富裕的全球英语市场，而英国政府对创意机构的监管保持着相当的克制。

化的文化版本，相反，它们一方面吸收、再造本土和传统文化资源，另一方面吸纳可能在市场占优势的域外创新资源。这样挪用也许招致政府官员和高雅文化评论家的批评，但它们仍然不以为意，由此导致的混杂状况彰显全球现代性所产生的矛盾压力，这种现代性既充满活力，看似变化无常，又有精明的算计。地点的选择同样是一种算计：媒介首都多聚集在环境相对稳定的城市，因为企业家只会在长期没有干预的地方投资，建设制片厂和销售网络。

》三、媒介首都孟买

孟买是值得关注的案例，它由一个繁荣的港口城市成长为有影响力的媒介首都。数百年来，孟买一直是商业枢纽，古代便与波斯、埃及和希腊建立起了横贯大陆的贸易关系，后来则成为大英帝国船运和铁路网络在南亚的中心节点。19世纪末，铁路扩张和棉花产业的迅猛发展，让孟买成为商人和求职者的繁华圣地。在孟买使用的语言是几乎每一种印度语言和许多外国语言。期所在邦的官方语言马拉地语[①]独占鳌头，随后是古吉拉特语、印地语、孟加拉语和乌尔都语。商贸和政府部门则普遍使用英语。这种多样性有时带来种族和宗教冲突，但无论如何，孟买长期以来被看作印度最具世界性和最包容的城市之一。

时至今日，孟买仍然是印度主要的海港，两条铁路干线的终点站，和印度最大的机场在孟买，全印度近三分之二的国际航班在孟买起降。1875年建立的股票交易所，加上货品市场，让孟买成为南亚最重要的金融中心。孟买的地方经济最初依赖银行业、航运业和纺织业，但自从印度独立以来，当地经济日趋多样

① 译者注：马拉地语是印欧语系印度－伊朗语族印度－雅利安语支的一种语言，主要通行于印度马哈拉施特拉邦（该邦首府孟买），是该邦的官方语言，使用人数约7 000万，在世界上使用人数最多的语言中列第19位。

化，包括塑料工业、印刷业和制药业。鉴于人和物的持续流动，毫无意外，孟买成为非法买卖货币、宝石、贵金属乃至贩卖人口的中心。孟买的黑社会组织与卡拉奇（Karachi）[①] 和迪拜等地的黑手党网络联系紧密，对贸易、房地产和电影工业的影响很大。孟买也是一个令人向往的地方，在这里，富人过着奢华的生活，境遇尚可的居民则可以领略世界主义现代性的暧昧礼物。无论屏幕内外，这座城市都散发着大城市生活的诱惑力，许多通俗情节剧都以它代表南亚典型的都会（Prakash，2006；Mitra，2010）。

孟买港口城市的地位，与它的文化中心历史紧密纠缠在一起。在英国殖民统治时期，来自波斯的帕西人（Parsi）[②] 在船运、船舶制造和金融业，有举足轻重的影响力。他们也在孟买成立受欢迎的商业表演团体，将各种表演传统巧妙地混合在一起，包括莎士比亚戏剧、波斯语抒情诗和印度民间舞蹈。帕西人的剧场装饰奢华，以演出历史与神话主题的通俗剧闻名。19 世纪，这些剧院在印度和东南亚巡回演出，表演给赏识它们的观众看（Gupt，2005；Ganti，2004）。表演者的表演吸纳各种文化，无疑因为帕西人意识到自己是少数族裔，剧场的成功运营要靠他们拿捏各种不同文化的能力。

孟买的电影院最早出现于 1896 年，有些帕西人的剧团转型为电影院。电影制作人擅长借用各种文化资源，满足电影观众日增的需求。到了 20 世纪 20 年代，孟买已经成为印度电影业的中心，要是考虑到西方进口电影的残酷竞争，这个成就就更让人惊叹了。1931 年，声音技术到来，给孟买的电影制作人带来新的挑战，因为没有哪个方言是“自然的”候选语言。孟买自身是多语言的城市，周边地区则通行马拉地语和古吉拉特语。考虑到语言会影响电影发行，电影制作人转向印度斯坦语，这是印地语和乌尔都语的混合语，被印度北部和中部的贸易阶层所使用，印度斯坦语是商贸集市的通用语，因此，这是恰当的选择，因为孟买通过历

① 译者注：卡拉奇为巴基斯坦第一大城市，是位于巴基斯坦南部海岸的港口城市。

② 译者注：帕西人，字面意思为“波斯人”，但特指从古代波斯（今伊朗）移居到印度次大陆、信仰拜火教的波斯人。公元 7 世纪中叶，阿拉伯的穆斯林大军攻占波斯帝国，8 世纪到 10 世纪，大批波斯人迁往印度次大陆的西海岸定居，以逃避穆斯林的迫害。

史上的贸易路线和印度铁路，与这些地方保持联系。此外，印地语是印度最广泛使用的语言，而乌尔都语则是印度北部和今天的巴基斯坦人的习语，两种语言有相同的语法结构和大量相同的词汇。因此，操印地语和乌尔都语的人当然能够理解印度斯坦语，而讲其他印度－雅利安语支的观众也能懂其大概。

特贾斯维莉·甘蒂（Tejaswini Ganti，2004，p. 12）称，“这导致了奇怪的现象，孟买电影工业的语言与该地区的语言不一致…… 印地语的电影在通用多种语言的孟买发展，而不在讲印地语的北方发展，这使得印地语的电影摆脱地区身份，被赋予更强的‘民族’色彩。结果，在全国发行市场中，印地语电影发展出自己的习语和风格，与讲印地语的任何地区都不同”。电影荧幕上的印度斯坦语，很多人都可以理解，但不属于任何人群，这使得孟买的电影——脱胎自剧院传统——看起来是跨文化的。印度斯坦语进一步隔绝了西方进口产品，推动了赚钱的流行音乐产业发展（Punathambekar & Kavoori，2008）。这些文化特质帮助孟买电影建立了广泛而无序的流通方式，覆盖殖民时期大部分印度地区，包括今天的巴基斯坦、斯里兰卡和孟加拉国。孟买电影的成功令制作商投资更奢华的荧幕奇观，进一步增强了孟买区域竞争优势，使其击败加尔各答、海得拉巴或马德拉斯。电影（和随后的电视）公司坚决以服务大众为重心，在整合多样化的文化资源之外，又发展出杂糅的美学，以致影视文本在各种情境流行畅销。发行方面的考虑完全被整合到产品的构思、融资和生产过程中，确保流行节目能够健康流通。

孟买受益于创意活动中心的声誉。人才被吸引到这座城市，不仅因为可以找到工作，还因为孟买拥有闻名的创意社群，将相互学习的体系制度化。大体而言，孟买欢迎各色人等，这座港口城市也有长久的与外人在文化和经济上打交道的历史。它是稳定和繁荣的城市，有引领南亚中产和准中产阶级潮流的美誉。

1947 年印度独立之后，商业电影制作者和印度政府关系长期紧张（Jeffrey，2006）。然而，出于一系列复杂的原因，印度政府最终向孟买媒体业无所不在的影响力让步，并在 1998 年赋予媒体业官方行业的地位，为它打开大门，提供争取新资金的机会。国家还通过立法，使商业卫星电视合法化，这为电视节目、故事片和流行音乐提供了盈利甚丰的播放渠道。这三个因素融合强化，带来电影工业的好运，否则电影业可能停滞不前。尽管“宝莱坞”的标签触怒不少行业内部人士，但正如阿希什·拉贾德雅克萨（Ashish Rajadhyaksha，2003）所指出的，这个提法至少有办法处理（以印度造梦之城为总部的）商业媒体和全球媒体的复杂关联。孟买是毫无争议的融资、生产和销售中心，是吸引创意人才的磁石，经营媒体的商人的集市，它的文化影响也远近闻名。

以上的历史梗概显示，孟买的媒介首都地位归根结底源于商业算计、人力资源的迁移、族群多样性、文化杂糅、语言的机会和黑社会的阴谋诡计。这座城市为普通大众仰慕，为精英鄙视，它在印度经济的中心成熟起来，而处在政治权力的边缘。孟买作为媒介首都的命运，既系于它的中心地位，也系于它的边缘性。孟买很多方面象征着印度这座大熔炉，但很多方面又很西方。它是各种资源流动的中心节点，却在印度和西方的边缘。因此，宝莱坞想要生存下去，就必须与新德里和好莱坞保持距离。孟买影视产业的吸引力，就在于与印度国家的惩戒逻辑以及好莱坞的文化逻辑保持距离。

〉》四、华语影视业的首都争夺

在黄金时代，华语商业电影根本就是跨国媒介。它诞生于 20 世纪 20 年代的上海和香港，有扩张性和流动性，很快就拓展到东南亚市场。20 世纪 30 年代，中国电影市场饱受战争和革命摧残，华语商业电影的中心因此南移到新加坡，但 20 世纪 50 年代再一次受到马来半岛上汹涌的民族主义浪潮的冲击。电影业于是转移到香港，在这里走向成熟和繁荣，既服务当地观众，也将目光投向海外市场（Fu，2003，2008；Uhde & Uhde，2000；Zhang，2004）。华语电影人四处追逐机会，电影业的取向具有原始意义的全球性，尽管产品并不是世界随处可见。电影业也受到当地创意社群支持，吸引到了远近的人才和资源，香港成为华语流行文化错综复杂网络的中心节点。

尽管香港电影业有跨国的取向，它在很多方面却非常本土化。20 世纪后半叶，香港大多数电影作品就在城里的街巷拍摄，执意制作给本地影迷看。香港的电影文化曾以午夜场首映闻名，演职人员混在观影者中间，观察观众的反应，并酌情修改电影的最终版（Teo，1997；Bordwell，2010）。电影是为本地观众打造的，电影制作人以本地观众的反应粗略预测电影是否会在马来西亚、新加坡等海外市场卖座。创意社群在殖民城市扎下根，置身其中的人大多从其他地方移民而来，正在形成既本土又全球的身份。电影制作是地方性的事业，但有超越本土的触角（Zhang，2010）。有抱负的华语人才从亚洲各地，乃至从欧洲和北美，转战香港，把这座城市看作可以大展身手之地。而电影主管层也认为香港是融资、招募人手、启动项目最好的地点。

电影产业在国家政治所及之处以外运作，受到英国殖民政府放任政策的庇护。制片人随心所欲，以迅雷不及掩耳的速度炮制大量故事片，偶现佳作，多半是烂片。无论如何，电影生产的节奏、规模和多样性，培育出灵活的电影公司，为成千专业人士提供了工作机会，也给有志入行者提供了训练机会。香港变成吸引远近人才的磁石，是创意实验的孵化器（Curtin，2007），它哺育了徐克、张曼玉和何冠昌，许鞍华、陈可辛和杨紫琼，鲍德熹、王家卫和杜可风，它也哺育了一大批富有生机的报纸、唱片品牌和广播电台。

在经历一个多世纪的英国殖民统治之后，香港于 1997 年回归中国。香港电影公司原来习惯于制作讽刺、猥亵和粗俗的喜剧，以及奇幻片、恐怖片和犯罪片。随着回归的日期日近，大批制片人、导演和演员开始到海外寻求工作机会，留守的也开始悄悄将资源和家庭搬到海外（Chan，2009）。电影业也进入狂热生产阶段，电影人炮制大量电影作品，希望在香港回归之前捞一笔。电影市场充斥着劣质产品，导致本地和海外的忠实观众敬而远之。香港电影的声誉遭到重创，更可叹的是观众从 20 世纪 90 年代末开始，从多厅影院、录像和互联网中，接触到东京、首尔、欧洲和好莱坞的文化替代品。消费者不再愿意冒险购票进入电影院观看香港电影，宁愿花上零售价格的零头，购买（或下载）盗版华语电影影碟（Wang，2003）。电影观众对香港电影渐趋冷淡，亚洲其他地区的媒介专业人才亦复如此。分销商不再购买作品，制片人不再合作，导演也不愿意聘用香港演职人员。随之，香港电影观众、销售商和创意人才组成的跨国网络慢慢瓦解（Curtin，2007；Chan，Fung，& Ng，2010；Bordwell，2010）。

回头看，当初港人对香港回归的焦虑有点夸大，从20世纪90年代到新世纪，电影行业受到了机会主义心态误导，香港陷入自我毁灭式的过度生产循环阶段。

回归以来，香港电影公司停止运转，各种支持服务蒸发，电影人才烟消云散。很多制片人处理后的电影内容，进一步疏远了电影观众，特别是中国台湾、新加坡和马来西亚等重要市场的观众。香港媒介无厘头的、新奇的产品品质日趋下降，出口的收入降低，制作人面临着两个选择：要么守住香港狭小的在地市场，要么加入内地的合作项目（通常是合拍片）。[①] 前者意味着生产规模大幅缩减，后者则要求电影制作要满足内地观众的胃口。

今天，地理分散的交易和创意活动，越来越受内地市场需求所驱动，香港只不过是一个节点而已。内地电影制作越来越有国际标准，很大程度上要归功于香港电影人才将技能和洞见带到这些合拍片中。实际上，21 世纪头十年票房收入有上佳表现的电影，多半是香港和内地合拍的，例如 2002 年的《英雄》、2007 年的《投名状》[②] 和 2008 年的《赤壁》（Wang，2009；Zhao，2010）。

在当前情势下，中国高投入的大制作（全是老幼皆宜）、中档制作和独立电影营养不良（Zhang，2010；Chan，Fung，& Ng，2010；Song，2010）。中国的独立电影通常采用低成本制作，不是瞄准国际电影节而制作作品，就是为卫星电视市场制作产品。

中国尽管迄今有世界上规模最大的电视观众，却仍然是电视节目的净进口

① 近年来，还出现了第三个选择。根据《内地与香港关于建立更紧密经贸关系的安排》（CEPA），香港电影人可以瞄准广东市场（Pang，2010）。

② 译者注：电影《投名状》上映时间为 2007 年 12 月，作者笔误为 2008 年。

国（Keane，2010）。低成本的节目类型（脱口秀、真人秀和综艺节目）遍地，但很少是有创新的，少数有创新的节目很快就遭到模仿者围困（Keane，Fung，& Moran，2007）。世界上最成功的电视推出的标志性节目，即电视正剧和喜剧，在中国的发展水平仍不高。中国观影群众急剧扩张，2012 年，中国全国票房总收入达 27 亿美元，成为世界第二大电影市场。电视行业的成长轨迹也类似，中央电视台宣布其 2010 年年度广告竞标收入达 19 亿美元，较前一年增长 15%（Coonan，2010b）；到了 2013 年，这一数字又翻了一番。

然而，中国媒体在海外的影响力依然有限。中国电影业自 20 世纪 80 年代以来，政府重组并市场化国家经济，媒介机构的经营得以更去中心化。它们追逐受众（Zhu，2003；Diao，2008）。中国的观众普遍通过互联网寻找节目，年轻人尤其依赖网络观影（Barboza，2010；Chua & Iwabuchi，2008）。海外观众似乎偶尔对中国的历史剧感兴趣，中国的电影和电视节目在海外表现平平。

〉》五、结论

撇开民族国家视角，以全球眼光审视东亚媒体机构的发展，我们可以看到，在民族国家媒介与世界性媒介之间，国家的需求和媒介首都的动态原则之间普遍存在紧张关系。北京在监督国内电影产业方面明显成功，与批评者和研究者对西方媒体集团不停向全球扩张的判断不同。这说明，在特定条件下，国家政权或许对内能够强化文化影响力，对外影响周边城市的竞争者。媒介首都往往在远离国家权力的地方繁盛，一如孟买之于新德里，拉各斯之于阿布贾，迈阿密之于墨西哥城。伦敦是成功的媒介首都，大体因为它的创意产业以资本主义挂帅，英国的普通法传统也约束了国家权力，使得创意产业免除国家的压力。

至于香港，这座城市曾经以电影闻名于世，如今它的创意群体业已枯萎。好莱坞和宝莱坞之所以成功，是因为它们一直追逐电影观众的偏好。它们在庞大、多样的国内市场中，找到流行要素，转变为海外利润，因此无论是好莱坞还是宝莱坞都高度重视全球观众，在构思新产品和融资阶段从来就考虑他们的喜好（Schuker，2010）。相比之下，华语商业电影却开始向内转，不禁令人好奇，华语电影业新的“媒介首都”将在哪里出现。

（李红涛 / 译，陈楚洁 / 校）

参考文献：

Aksoy, A., and Robins, K. (1992). Hollywood for the 21st century: Global competition for critical mass in image markets. *Cambridge Journal of Economics* 16:1–22.

Appadurai, A. (1996). *Modernity at large: Cultural dimensions of globalization.* Minneapolis: University of Minnesota Press.

Barboza, D. (2010). For Chinese, Web is the way to entertainment. *New York Times,* 18 April, p. B1.

Bordwell, D. (2010) *Planet Hong Kong: Popular cinema and the art of entertainment.* 2nd ed. http://www.davidbordwell.net/books/planethongkong.php.

Castells, M. (1996). *The rise of the network society.* Malden, MA: Blackwell.

Chan, P. (2009). A discussion with producer/director Peter Ho–San Chan on global trends in Chinese–language movie production. Interview, Taiwan Cinema website, Government Information Office, Republic of China (Taiwan), 2 April. http://www.taiwancinema.com/ct.asp? xItem=58252&ctNode=124&mp=2.

Chan, J. M., Fung, Y. H., and Ng, C. H. (2010). *Policies for the sustainable development of the Hong Kong film industry.* Hong Kong: Chinese University of Hong Kong Press.

Chandler, A. (1977). *The visible hand: The managerial revolution in American business.* Cambridge: Belknap Press of Harvard University Press.

China box office round–up 2012: China becomes world’s second biggest market. (2013). *Screen Daily*, 21 January. http://www.screendaily.com/china–box–office–round–up–2012– china–becomes–worlds–second–biggest–market/5050843.article

Chua, B., and Iwabuchi, K. (2008), *East Asian pop culture: Analysing the Korean wave.* Hong Kong: Hong Kong University Press.

Coonan, C. (2010a). Chinese B.O. totals $1.14 bil. *Variety*, 19 October. http://www.variety.com/article/VR1118025904.html? categoryid=1278&cs=1&query=china+box+office.

Coonan, C. (2010b). Ads auction up 15.5% for CCTV. *Variety*, 8 November. http://www.variety.com/article/VR1118027181.

Curtin, M. (2004). Media capitals: Cultural geographies of global TV. In J. Olsson & L. Spigel, eds., *Television after TV: Essays on a medium in transition* (pp. 270–302). Durham, NC: Duke University Press.

Curtin, M. (2007). *Playing to the world’s biggest audience: The globalization of Chinese film and TV.* Berkeley: University of California Press.

Curtin, M. (2014). Global media capital and local media policy. In J. Wasko, G. Murdock, & H. Sousa, eds., *Handbook of political economy of communication* (pp. 541–557). Malden, MA: Blackwell.

Curtin, M. (In progress). *Media capital: The cultural geography of globalization.* Manuscript.

Davis, D. W. (2010). Market and marketization in the China film business. *Cinema Journal* 49 (3): 121–25.

Diao, M. M. (2008). Research into Chinese television development: Television industrialisation in China. PhD diss., Macquarie University, Sydney.

Durovicova, N., & Newman, K., eds. (2010). *World cinemas, transnational perspectives.* New York: Routledge.

Florida, R. (2005). *Cities and the creative class.* New York: Routledge.

Frater, P. (2008). Hollywood weighs China yin–yang. *Variety,* 1 August. http://www.variety.com/article/VR1117989939? refCatId=2520&query=yin+yang.

Fu, P. (2003). *Between Shanghai and Hong Kong: The politics of Chinese cinemas.* Stanford, CA: Stanford University Press.

Fu, P. ed. (2008). *China forever: The Shaw brothers and diasporic cinema.* Urbana: University of Illinois Press.

Ganti, T. (2004). *Bollywood: A guidebook to popular Hindi cinema.* New York: Routledge.

Giddens, A. (1990). *The consequences of modernity.* Stanford, CA: Stanford University Press.

Guback, T. H. (1969). *The international film industry: Western Europe and America since 1945.* Bloomington: Indiana University Press.

Gupt, S. (2005). *Parsi Theatre: Its Origins and Development,* Calcutta: Seagull Books.

Harvey, D. (1990). *The condition of postmodernity.* Malden, MA: Blackwell.

Harvey, D. (2001). *Spaces of capital: Towards a critical geography.* New York: Routledge.

Hjort, M., & Mackenzie, S., eds. (2000). *Cinema and nation.* New York: Routledge.

Innis, H. (1972). *Empire and communications.* Toronto: University of Toronto Press.

Jacobs, J. (1984). *Cities and the wealth of nations.* New York: Random House.

Jeffrey, R. (2006). The mahatma didn't like the movies and why it matters. *Global Media and Communication* 2 (2): 204–24.

Keane, M. (2007). *Created in China: The great new leap forward.* London: Routledge.

Keane, M. (2010). Keeping up with the neighbors: China's soft power ambitions. *Cinema Journal* 49 (3): 130–35.

Keane, M., Fung, A. Y. H., & Moran, A. (2007). *New television, globalisation, and the East Asian cultural imagination.* Hong Kong: Hong Kong University Press.

Marx, K. (1973). *Grundrisse: Foundations of the critique of political economy.* New York: Vintage.

McBride, S. (1980). *Many voices, one world: Communication and society, today and tomorrow; Towards a new more just and more efficient world information and communication order.* New York: Unipub.

Miller, T., Govil, N., McMurria, J., Wang, T., & Maxwell, R. (2008). *Global Hollywood: No. 2.* London: British Film Institute.

Mitra, S. (2010). Localizing the global: Bombay's sojourn from the cosmopolitan urbane to Aamchi Mumbai. In M. Curtin & H. Shah, eds., *Reorienting global communication: Indian and Chinese media beyond borders.* Urbana: University of Illinois Press.

Morley, D. (2000). *Home territories: Media, mobility, and identity.* New York: Routledge.

Nowell-Smith, G. (1999). *The Oxford history of world cinema.* New York: Oxford University Press.

Pan, Z. (2010). Enacting the family-nation on a global stage: An analysis of CCTV's spring gala. In M. Curtin & H. Shah, eds., *Reorienting global communication: Indian and Chinese media beyond borders.* Urbana: University of Illinois Press.

Pang, L. (2010). Hong Kong cinema as a dialect cinema? *Cinema Journal* 40 (3).

Porter, M. (1998). Clusters and the new economics of competition. *Harvard Business Review* (November): 77–90.

Prakash, G. (2006). The idea of Bombay. *American Scholar* 75 (2): 88– 99.

Punathambekar, A., & Kavoori, A., eds. (2008). *Global Bollywood.* New York: New York University Press.

Rajadhyaksha, A. (2003). The "Bollywoodization" of the Indian cinema: Cultural nationalism in a global arena. *Inter-Asia Cultural Studies* 4 (1): 25–39.

Scannell, P. (1991). *A social history of British broadcasting.* Cambridge: Blackwell.

Schiller, H. I. ([1969] 1992). *Mass communication and American empire.* 2nd ed. Boulder, CO: Westview.

Schuker, L. A. E. (2010). In depth: Plot change: Global forces transform Hollywood films. *Wall Street Journal Asia,* 2 August, p. 14.

Scott, A. J. (2000). *The cultural economy of cities.* Thousand Oaks, CA: Sage.

Silverstone, R. (1994). *Television and everyday life.* New York: Routledge.

Song, T. (2010). Independent cinema in the Chinese film industry. PhD diss., Queensland University of Technology, Queensland.

Teo, S. (1997). *Hong Kong cinema: The extra dimensions.* London: British Film Institute.

Tomlinson, J. (1999). *Globalization and culture.* Chicago: University of Chicago Press.

Uhde, Jan, and Uhde, Yvonne Ng. (2000). *Latent images: Film in Singapore.* Singapore: Oxford University Press.

Vitali, V., &Willemen, P., eds. (2006). *Theorising national cinema.* London: British Film Institute.

Wang, S. (2003). Framing piracy: Globalization and film distribution in *greater China.* Lanham, MD: Rowman & Littlefield.

Wang, T. (2009). Understanding local reception of globalized cultural products in the context of the international cultural economy: A case study on the reception of *Hero* and *Daggers* in China. *International Journal of Cultural Studies* 12:299–318.

Wong, A.-L., ed. (2002). *The Cathay story.* Hong Kong: Hong Kong Film Archive.

Yeh, E. Y. (2010). The deferral of pan-Asian: Critical appraisal of film marketization in China. In M. Curtin & H. Shah, eds., *Reorienting global communication: Indian and Chinese media beyond borders.* Urbana: University of Illinois Press

Yeh, E. Y., & Davis, D. W. (2008). Re-nationalizing China's film industry: Case study on the China Film Group and film marketization. *Journal of Chinese Cinemas* 2 (2): 37–51.

Young, D. (2010). News Corp sells controlling stake in China TV channels. *Reuters,* 9 August, http://www.reuters.com/article/idUSTRE67810L20100809 [http://www.reuters.com/article/idUSTRE67810L20100809] .

Zhang, Y. (2004). *Chinese national cinema.* New York: Routledge

Zhang, Y. (2010). Transnationalism and translocality in Chinese cinema. *Cinema Journal* 49 (3): 135–39.

Zhao, Y. (2010). Whose *Hero*? The “spirit” and “structure” of the made- in-China blockbuster. In M. Curtin & H. Shah, eds., *Reorienting global communication: Indian and Chinese media beyond borders* (pp. 161–82). Urbana: University of Illinois Press.

Zhu, Y. (2003). *Chinese cinema during the era of reform: The ingenuity of the system.* Westport, CT: Praeger.

第 7 章 / 好莱坞的持久生命力：“帝国冒险”类型与《阿凡达》

The Enduring Strength of Hollywood: The “Imperial Adventure” Genre and *Avatar*

亚普·范欣内肯

20 世纪最后 10 年，我们见证了互联网的兴起，其成为全球化的工具。随之，“自由市场”的狂欢引发了一系列经济泡沫，波及非西方的货币市场、互联网股票市场和住房抵押贷款，最后 2008 年爆发全球信贷危机。[①]

如今，我们正目睹着巴西、印度和中国等新兴力量迅速崛起。它们的崛起不是靠外国的“发展援助”（development aid），而是这些国家足够大而多元，能用本国的力量实现资本积累，提升生产力。

主要问题在于：这些深刻的变革将在多大程度上影响跨国 / 跨文化 / 跨种族的传播和媒体的全球图景？联合国教科文组织架构内发动的“世界信息与传播新秩序”的争论，早就因支配媒体的国家激烈反对而被搁置了，这些主要的盎格鲁 - 撒克逊国家及其亲密盟国，有世界上最大的、最富有的本国媒体市场。

① 在我出版于 2010 年的荷兰语书 *Gek met geld—Over financiële psychologie* 中有详细分析，英文书名为：*Mad with Money—About Financial Psychology*。

近年来终于崛起了一些重要的非西方媒体和媒体集团，但在各大洲流通的媒介材料几乎仍来自西方世界。通讯社的电讯稿、辛迪加新闻、图书与翻译、连环漫画与视频游戏、玩具人物和周边产品如此，新闻图片和影像资料、电视剧与电视制式以及电影亦然。诚然，香港、孟买和其他城市已成为主要的电影中心，但是它们没有什么电影能在周边邻国，或在中印的海外侨民之外产生影响。

探究这一趋势的意涵，需要关注的不是另类电影，而是世界级大片（Stringer，2003）。这些大片有助于人类塑造全球信仰，以及对历史、地理与社会的看法。IMDb 网站提供了一个详尽的电影数据库，包括每一部电影上映期间全球票房收入的最新数据和其他信息。目前有 390 部电影在上映期间的票房收入超过 2 亿美元。[①] 下面让我们进一步剖析。

〉》一、谁制造了全球大片？棱锥与棱柱

在这近 400 部电影中，70.2% 的电影由单一国家制作：67.9%（超过三分之二）的电影由美国包办，而仅有 2.3% 的电影由美国之外的其他国家制作。即使这些少数"外国"影片中，也有 4 部是其他的盎格鲁 – 撒克逊国家制作的，还有 2 部是日本制作。相比之下，29.7%（接近三分之一）的电影是国际合拍片：其中，27.4%（超过四分之一）的电影美国参与了制片，仅有 2.3% 的影片美国未参与。到目前为止，合拍片中的最大份额（全部大片的 19.2%）有其他盎格鲁 – 撒克逊国家（加拿大、英国、爱尔兰、澳大利亚或新西兰）的参与，15.9% 的大片有欧洲内陆国家（主要是德国，因为该国有特殊税法）的参与，仅有 3 部电影日

① 指 2010 年 2 月 21 日。当然，这样一个名单很可能高估了发达国家的观看人数，因为他们支付较高的票价。

本参与了制作。

因此，美国仍然是这个领域的庞然大物，即使最亲密的盟邦也只能扮演边缘角色，其他国家就更不用提了。中国香港参与制片的电影上榜 3 次，中国的大陆和台湾各上榜 1 次（因为同一部精彩的武侠电影《卧虎藏龙》而上榜），而印度则根本未上榜（尽管《贫民窟的百万富翁》部分地使用了印地语，却未被列为印度制作的电影）。[①] 其他地区（太平洋、中南美洲、非洲或中东）没有任何一个国家上榜。

好莱坞主要制片公司，参与制作了多数大片：环球（43 部）、华纳（42 部）、迪士尼（含博伟，35 部）、20 世纪福克斯（含福克斯 2000，32 部）、派拉蒙（29 部）、哥伦比亚（22 部）及后起之秀梦工厂（20 部）。即使较小的美国电影公司也比（原来的）欧洲公司上榜次数多，譬如宝丽金（3 部）和戈蒙（1 部）。索尼上榜过一次。由此引出一个关键问题：为何美国至今仍遥遥领先其他国家？仅仅是因为它在政治、经济、文化以及语言上的全球影响力，还是有其他结构性因素？

一个显见的因素是：在好莱坞拍电影无疑是一笔生意，各方参与投资，计算该如何收回成本。他们会赌一把，但通常不会偏离主流意识形态太远，以便控制风险。影片上映前，还会在美国观众中"试映"，如果需要的话，会补拍一些新场景，并重新剪辑其他场景，有时会加一个全新的（通常更加乐观向上的）结局，直至整部电影与观众产生"共鸣"为止。

与此对照的是，欧洲和其他地方的电影经常拍得更"艺术"，关键是有政府津贴，制片人常得向"风格导演"屈服。不过，最重要的因素是：美国是由各种移民群体所组成的"马赛克"社会，有些新移民甚至英语都讲不流利；而欧洲国家的人民则大致长期生活在单一的语言和文化环境中，因此受欢迎的法国、德

① 《卧虎藏龙》是第一部"泛华语"大片，尽管有人说这四个主要演员可能都不能相互沟通，因为他们分别来自中国的北京、广州、台湾，马来西亚，口音完全不同。（哥伦比亚和索尼也有参与）正式而言《贫民窟的百万富翁》是一部英国电影，尽管联合制片人是印度人，电影也是基于一部印度小说改编而成。评论家称，中国和印度的电影只有迎合了西方的口味和刻板印象才能成为全球大片。

国、意大利以及西班牙电影多半无法跨越文化藩篱。

好莱坞从一开始就懂得拍较易突破社群界限的电影，善于用人们对于“生产价值”的基本反应，它会精心设计布景和道具，制造宏伟的场面，使用特效（再贵也要用最新的技术），打造耀眼的明星阵容以及明星制度。

此外，名列榜上的近400部大片中，至少有40部是出了两部及以上的系列电影。显然，这些熟知的公式容易在全球营销，这些电影跨越大西洋和太平洋，还得益于快餐连锁和软饮料公司的有力支撑。这些电影还捆绑了游戏和电视剧、玩具、海报和服饰、书籍，每一部电影都成为值数十亿的产业，显示全产业链加速发展的态势。

关键是，西方七国集团（G7）的支配地位，影响非西方观众有多深？谁有能力在世界舞台发声，谁只能保持沉默？大略比较就可以揭示问题的本质了。大多数大片的制作者构成了一种金字塔或棱镜：他们多是男性白人，以英语为母语，已是或将是拥有数百万美元的富翁；他们从西方主要大都会的视角来看世界——尽管他们大多自诩为世界主义者和自由主义者。

在更根本的层面上，他们已经内化了大西洋中部的全球史观，以及核心的神话与传说。虽然他们自己觉得自由地“构思有创意的幻想作品”，其实常常不经意地复制了民俗和流行文化（小说、漫画）的陈词滥调——常常让人回想起殖民与种族隔离的岁月。纵在今天，很多大片还是种族中心主义的：它们通常让非西方观众以西方视角看世界。

不过，这些影片的影响总是不太简单，因为从影片生产到观众接受的过程中，始终存在着“意义交涉”。早期研究发现，美国、荷兰、以色列观众，以及这些国家的移民，最后还有日本观众，对所谓“得克萨斯风”热播电视连续剧《朱门恩怨》主题的阐释迥然不同，可见观众“接受”问题之复杂（Ang，1985；Liebes & Katz，1990）。

〉》二、"文化相遇"类型与刻板印象

"类型"是电影研究的核心概念之一，源于表示种类或范畴的法文术语。这个概念常被视为当然，其实细看却透露了很多不同的、重叠的甚至矛盾的类型分法。例如，显著的主题，怎么处理它，可能占有一席之地。类型常常有自己的风格或语法，或显或隐，较新出的影片常参考较早同类"经典"影片中的著名桥段与人物，观看此类影片的部分乐趣，就在于辨别并"解码"与以前影片的"互文性"（Altman，1999；Neale，2002）。

上面提到票房最好的近 400 部大片中，"跨文化邂逅"是一个主要类型。你可以从中挑出 80 部（20%）明属这种类型的影片，并将它们分为十几种类别，做更细致的考察。在这些类别中，我们可以用话语分析和类似方法找出"元叙述"（meta-narratives）和"潜文本"（subtexts），并以熟悉的著例为个案加以说明。其他观察则可以考察角色、道具、形象以及声音的反复运用。分支学科和交叉学科都在努力厘清这些比喻和陈词滥调可能的影响。

跟很多社会科学门类一样，跨国 / 跨文化 / 跨民族传播与媒体研究以英美为主。然而，占主导地位的英美媒介形象一直饱受批判，特别是已受其他文化熏陶的学者多持批判态度。正如研究《朱门恩怨》的文献所指出的，这些媒体简单地复制刻板印象，未必能使观众内化。但试着分析其内在逻辑可能还是很有启发意义的。越来越多流行文化与电影研究就是这么做的，例如尼德维 · 彼得斯对"黑"的研究（Nederveen Pieterse，1992），戴尔对"白"的研究（Dyer，1997），肖哈特和斯塔姆对"欧洲中心论"的研究（Shohat & Stam，1994），以及伯恩斯坦和什图德拉尔对"东方主义"的研究（Bernstein & Studlar，1997）。

我长期在视频课程中，为来自各大洲的学生介绍其他文化被西方主要媒体刻画的形象。为此，我撰写了两本英文著作：较早的一本是《理解全球新闻》（*Understanding Global News*）（1998），后来一本是《影映差异》（*Screening Difference*）（2007）。前文提及，某些电影研究相当专业地分析鲜为人知的艺术电影，我的书则主要以直白的语言探讨电影在商业上的成功，逐章剖析十余种不同的“跨文化邂逅”类型片、系列片等典型案例。

为儿童拍摄的动画片是一道很好的开胃菜，能让我们观察各种刻板印象，例如20世纪90年代迪士尼的四部主要影片，包括讲述中东（《阿拉丁》）和非洲（《狮子王》）故事的电影描写异域男孩，讲述美洲（《波卡洪特斯》）和亚洲（《花木兰》）故事的电影描写异域女孩。介绍了开胃菜之后，我接着主要以时间先后顺序梳理。在宗教电影里，旧约电影带有明显的反阿拉伯倾向（如《十诫》系列和《埃及王子》）；许多二战前的新约电影则有反犹太倾向（在《耶稣受难记》部分复苏）。古装电影（如《特洛伊》《亚历山大大帝》与《斯巴达300勇士》）对待希腊与波斯的态度截然不同。

当然，欧洲电影的海外扩张史也充斥着种种熟悉的比喻。荒野探险电影可以再分几个次级的类型：怪兽电影（如《金刚》系列）、丛林人电影（如《泰山》系列），以及流浪者/幸存者电影（如《鲁滨孙漂流记》系列，及其当今衍生品“真人秀”）。西部片的陈词滥调当然是太熟悉了，连《与狼共舞》这种有价值的修正式西部片也不能幸免。英国殖民冒险电影自然是以英国为中心的，无论据说符合史实的（如《阿拉伯的劳伦斯》或《安娜与国王》系列），或虚构的（如《艾伦·夸特曼》系列，它是其后《夺宝奇兵》的主要原型），都不例外。

有几个特殊的主题脱颖而出。譬如，白人男性与“有色的”非西方女性的浪漫相遇，总隐藏着一种特别的逻辑，情景不是发生在太平洋（《叛舰喋血记》系列和几乎所有其他的南海电影），就是在东亚（艺妓系列电影以及关于中国的电影）。同时，“我们”与“他们”是所有海外武装对峙的核心，如间谍亚类型（《007》）、孤胆特种兵亚类型（《第一滴血》）以及有限的海外军事远征类型（《黑鹰坠落》）。而科幻小说则进一步将这些跨文化主题投射到太空和虚构的未来（如《星际迷航》和《星球大战》系列）。

最终，这些影片在各方面都充满了种族中心主义，从所谓的“研究”，到对人物和故事情节公开的满足愿望的幻想，莫不皆然。之所以如此，不仅因为它们明显偏爱西方作家和西方叙事（常溯及殖民和种族隔离的时代），或通常求教西方专家，或屈从于西方的压力集团（比如宗教电影或爱国主义电影），更因为影片制作方的意识形态导向，它决定了大量我们常忽略的电影细节。

像光线、色调、镜头移动的技术选择，都一再证明是高度意识形态的。演员（种族）的选择和服饰等也常是意识形态的；道具、布景如此，音效与配乐、语言与讲话风格亦然。总之，它们往往反映了帝国冒险类电影的遗风。即使它们表面上努力在"校正"这种情况，其实多半仍深陷原有的语言风格和语法中。

当然，印度或其他国家电影也是如此。一方面，它们是"开放"的文本，让人各自"解读"；另一方面却沿着"同"与"异"的原则建构，奉承自己人，痛斥敌人。但它们在海外的影响与好莱坞大片比非常有限。

〉》三、詹姆斯·卡梅隆和《阿凡达》

《影映差异》一书出版后不久，3D 超级大片《阿凡达》（*Avatar*）上映了。它一方面似乎与众不同，另一方面却似乎又巧妙地重组了上述所有的类型——有点像《翡翠森林》结合《与狼共舞》，或《夺宝奇兵》结合《星球大战》。《阿凡达》能多大程度摆脱堆砌的陈词滥调，还是不可避免深陷其中？

我们首先应该强调，詹姆斯·卡梅隆（James Cameron）是才华横溢的电影制作人。他生于加拿大家庭，后来移居加利福尼亚，在那里第一次改编《蜘蛛侠》，撰写了《第一滴血》的第一版剧本，撰写并导演了科幻电影《终结者》、《异形》、《深渊》和票房最高的浪漫灾难片《泰坦尼克号》（Robb，2002）。他特别喜欢自然科学、先进科技和特效，是在世纪之交第一批参与开发新一代 3D 系统的大片导演之一。他还制作了多部水下纪录片，并涵盖了神话和圣经的主题（《解密出埃及记》和《失落的耶稣墓》）。

卡梅隆称，《阿凡达》的最初灵感，来自年轻时母亲告诉他的一个梦。20 世纪70年代中期，他沿着梦中的思路写出第一版剧本，快到20世纪90年代中期写出更详尽的版本。但他还得再等10年，成像技术才跟得上。电影于2007年4月开拍，最终赶上2009年的圣诞档期上映。“阿凡达”原意是指附身人体的印度教神，但它变成了视频游戏中玩家的屏幕角色。而在这部电影里，当角色在人类世界沉睡时，在外星世界却很清醒，反之亦然。

故事发生于2154年，遥远星系有颗行星，它的一颗卫星就是“潘多拉”。一家地球公司资助了大型太空项目，派遣大规模武装探险队，去潘多拉开采一种叫“难得素”的稀有物质，[①]“每公斤值二千万美元”。然而，该公司遭到了原住民（纳威人）的抵制。一小群探险家被训练成“阿凡达”，寄居到纳威人体内，以博取他们的信任，或渗透到他们内部，或者双管齐下。就在最后关头，其中一位科学家死了，必须由“基因相同的”孪生兄弟杰克替代。这部电影的主角就是坐轮椅的前海军陆战队员杰克。

这部电影描绘了一个极其迷人的幻想世界。电影采用了最新“合成”成像技术，融合真人演员与精心制作的电脑动画。这是第一部重要的3D大片，需要佩戴特制眼镜才能感受有纵深的电影世界。这部电影的故事和人物乍看非常新颖，但是稍加审视就会发现，它大量借鉴了我在《影映差异》所讨论的整个“跨文化邂逅”电影库中元素。我们将会看到，它也从大量前文提到的“帝国冒险”类电影中，借鉴了某些特定场景和故事情节。

关键的问题在于：《阿凡达》成为迄今最成功的大片，是不受重复这类电影的陈词滥调所碍呢，还是正因为这么做才成功？即使时长超过两个半小时，一部魔幻电影如果能切合观众心中的刻板印象，就会更有效率。好莱坞电影经常“研究”的内容主要有：先对某个特定主题，开列叙述手法和视觉元素的清单，再从中进行挑选。迪士尼制作重要的动画片甚至要求严格按照这个标准程序来。因此，让我们来看看《阿凡达》的五大主题是如何与先前电影产生共鸣的。

---

① 译者注：在电影《阿凡达》中“难得素”被形容为罕见的常温超导体，拥有奇特的磁场，是RDA公司开发全球运输系统必不可少的原料。

（一）未开发的处女地主题

电影以一个地点的"定场镜头"开始，为接下来的场景和基调奠基。很好的例子是1492年哥伦布电影原型中的"发现美洲"场景（其中至少有三部同时在哥伦布登陆五百周年纪念日发行）。它展示了茂密植被的航拍画面，暗示渺无人迹的"处女地"不属于任何人，似乎可供人们勘探和开发。《阿凡达》也以非常相似的镜头开场，而稍后经常会接一组必不可少的反打镜头。在哥伦布系列电影中，一只明显是纳威人的手推开树枝，我们得以从叶间缝隙观察到入侵者，这提醒我们一场对抗可能即将发生。

在新发现的土地腹地，壮观的瀑布经常是景观的特色。这些瀑布掩盖着洞窟的入口，或是通往后面秘密山谷的通道。这些景观通常在河流上游和湖泊之间新开发领土的最深处。第一批探秘非洲的西方探险家，寻找尼罗河源头，发现了湖泊和瀑布，便以英国女王维多利亚的名字命名。这已经变成了这种设置的主要模板。①

这种地貌和乞力马扎罗山的特征，成为迪士尼动画片《狮子王》中的关键视觉元素（顺便一提，大部分抄袭自日本动画《森林大帝》）。第一批前往如今的扎伊尔的西方探险家，探索了刚果河的上游。想一想约瑟夫·康拉德（Joseph Conrad）那部骇人听闻的小说《黑暗的心》吧，它也是弗朗西斯·福特·科波拉（Francis Ford Coppola）的越战电影《现代启示录》的主要灵感来源。②

当然，《黑暗的心》的故事本身就发生在森林中——不是任何森林，而是茂密的热带雨林。世界上现存最大的热带雨林，从亚马孙盆地一直往北延伸到了奥里诺科河。河口附近有一座小岛，已经成为帝国冒险幻想作品中的主要取景地，前文提到丹尼尔·笛福虚构的《鲁滨孙漂流记》故事就发生在此（如今也被流行的"真人秀电视"模式再次使用）。

这些自然环境中居住着野生动物和其他神奇生物，帝国冒险类作品常用它们

---

① 亨利·莫顿·斯坦利高度戏剧性地描述了他在这些地区及其他地方寻找戴维·利文斯通的旅行。这成为伯鲁斯《泰山》小说的主要灵感。（即使电影制片和小说家都没有踏上过真正的非洲。）

② 卡梅隆曾在尼加拉瓜瀑布附近的大学生活，可能与这些原始特征产生了更大的共鸣。

来吓唬读者或观众。《夺宝奇兵》《木乃伊》以及其他同类电影，充分利用沙漠环境的生物。迪士尼的《泰山》和《狮子王》甚至将非洲简化为供游览的野生动物园，根本不顾可能会给原住民带来尴尬。而《阿凡达》则用熟悉的热带动物园科幻版本吓唬观众，“蝎子、蜥蜴和蝙蝠”，乃至“鬣狗、豹和犀牛”都是（根据剧本中的解释）。

这类电影中最可怕的生物是史前怪物，它们生活在未开发内陆的最深处。这种怪物形象始于柯南·道尔（Conan Doyle）《遗失的世界》的恐龙，后又出现在他与埃德加·华莱士（Edgar Wallace）共同创作的《金刚》中，并在《哥斯拉》和《侏罗纪公园》中再度复活。在《阿凡达》能找到的史前怪物，是体型更小或更大的、已被驯化的类龙动物。①

观看跨文化邂逅和帝国冒险这两类电影的观众，不免被成群结队的爬行动物（蝙蝠、老鼠、蜘蛛等）以及恶心的动物食物所吓到。想想那些反复出现的油炸甲虫、幼蛇、羊眼球、活猴脑等，都是《夺宝奇兵》系列的标配。在《阿凡达》中，纳威人把甲虫的幼胎当作美味，把活蠕虫当作圣药。这些影片通过剧院，如愿以偿地，让观众发出阵阵惊叫，把外星人进一步“他者化”。

（二）原始部落主题

我们已经看到，帝国冒险故事主要脱胎于两种早期的类型：一种是美国“牛仔和印第安人”的故事（“牛仔”包括早期移民和后来的骑兵），另一种是欧洲“殖民冒险”的故事（展现英国、法国以及其他拓荒者在亚洲、非洲及其他地方的艰辛）。②

最初的版本以各种方式强调探险家与原住民的种族差异。在传统的西方思维

---

① 近年来，几本可同时供儿童和成人阅读的畅销小说已经使该类主题发展起来。CGI 动画技术的改进已经使这类主题能够被大片采用。

② 比利时漫画《丁丁》（电影版权由史蒂文·斯皮尔伯格购买）是一个很好的例子，我在荷兰语的 *Striphelden op de divan* 一书中对其进行了详细分析（英文书名为：*Comic strip heroes on the couch*）。

中，"肤色"是"种族"的首要标志。首先，探险家们一直白如百合，纵使在热带地区活几十年也晒不黑（如《泰山》）。很多人有很夸张的淡金色头发和浅蓝色眼睛（如《阿拉伯的劳伦斯》）。

原住民肤色介于米色和棕色之间，也被强调是"有色的"，借以和白人对比：东亚人是"黄色的"，印第安人是"红色"，而非洲人则是"黑色的"——迪士尼及其他漫画直接给角色赋予这几种原色。在《阿凡达》中，纳威人被赋予蓝绿原色，故意和现实生活中传统的肤色保持距离，但还是换汤不换药。[①] 剧中人大多留印第安人式黑长发，也有些人梳非裔美国人流行的发辫。

其次，帝国冒险电影将白人描绘为"正常"身高，尽管男英雄有时略高于平均身高。亚洲人多半略矮于平均水平，有点鬼祟的。非洲人则比平均身高略高，隐隐有威胁感。在美国南部种族主义时期的"强奸和私刑"传说中，黑人的性欲也被描写得更旺盛。

在《阿凡达》，纳威人比探险者高得多，他们的种族混合了印第安人和非洲人的特点，他们有点被"动物化"了，明显被赋予了"猫科动物"的特征。譬如，当杰克的爱人奈提里受到威胁时，就会像猫一样发出嘶嘶声。纳威人可以在树林中快速穿梭，在藤蔓上摆荡——如同泰山那样。上校因此轻蔑地称他们为"蓝皮猴子"，但部落首长则以上校"有体味"来反唇相讥（这是种族差异的另一个关键标志）。

其他感官也被调动起来。在《阿凡达》以及许多同类电影中，丛林中传出孤单的排箫声，以映衬大自然的静谧，对照下，震耳欲聋的鼓声（有时是集体呐喊）则暗示附近有一个具威胁性的部落，如《金刚》便是。一名战士以"哭嚎"发出警报，这是创作者从北非阿拉伯人和北美原住民中学习到的做法。卡梅隆还精心请民族语言学家开发了一门当地语言，正如吉恩·罗登贝瑞（Gene Roddenberry）创作、制片的《星际迷航》原版电视剧样。[②]

---

① 绿色可能已经不在选择范围之内了，因为这样会淹没在背景中。

② 克林贡语在《星际迷航》或该系列的粉丝中受到高度欢迎，也是一种受欢迎的"伪外国"语言。

（三）本土的自然世界观主题

《阿凡达》说明，西方大都市的“创意先锋”，自诩“最先进”，却在努力恢复原住民和热带雨林部落看似落后的自然宗教，又清除其中众多的个人神灵，创造出一种新的抽象泛神论，以稍微适应自己的口味。[①]

于是，整个宇宙和其中的地球以及地球上面的动植物，形成了一个神圣完美的整体，这种平衡应该得到尊重，而不是遭受干扰。这种“绿色和平”组织的伦理观，出现在先前一系列大片中，例如《翡翠森林》和《与狼共舞》，“修正”地描述“印第安人”，体现了启蒙哲学家“高尚的野蛮人”的观念。《阿凡达》的主角指出：“他们甚至没有‘谎言’一词——他们从我们这里学到的。”（Cameron，2007，p.84）

感受这种连通性，最好是通过禅宗式的冥想，《阿凡达》女主角说：“当你什么都没听见时，你便听到了一切。当你什么都没看见时，你便看到了一切。”在传媒界，宗教记者最早注意到这个新时代的童话故事。《纽约时报》评论员注意到，“卡梅隆为泛神论道歉……这是好莱坞一代人的信仰”。一个重要的基督教电影网站影评人说，这部电影实际上是“好莱坞神话的典范”，不是说以前没有做过这事，而是一直有人在尝试，“嬉皮士政治”就带有“生态精神与和平主义主题”（Greydanus，2009，p.64）。

这种环保意识似乎要到《午夜前的五分钟》才兴起：全球气候已发生变化，各种原材料似已消耗殆尽，热带雨林面积正日益缩小，生物多样性正在以惊人的速度萎缩，每天都有珍稀动植物灭绝。这是一种崇拜大自然和地球母亲的世俗宗教。

大地女神盖亚一直维系着地球微妙的平衡，正如潘多拉星上的女神伊娃。《阿凡达》以夸张的设计和视觉效果，凸显这一主题，这部影片令人想起法国著名跳水运动员雅克·库斯托（Jacques Cousteau）拍摄的第一部抒情纪录片中奇妙而另

① 无论何时何地，自然环境即将消失时，环境保护主义兴起，二者之间当然不是巧合。

类的水下世界，也让人想起美国国家地理学会（及其杂志和电视部门）委托制作的田园诗般的图片与影像报道。

这个部落的活图腾是一种古老的神圣柳树——"灵魂之井"，它帮助纳威人与祖先建立连接。"信号转导"连接一切生物到能量巨大的"电化学网络"，即植物卷须、动物触角和人类神经元之间的力场。数十亿棵树每棵都与其他树有一万个连接点——"比人类大脑中的还多"。

纳威人还能借"电化学网络"传递思想。影片解释说，"这是一个全球性网络"，可以"上传和下载"，显然是参照了互联网。野心勃勃的侵略者威胁要切断这些重要连接，有时真的切断，但濒死之人可以通过恢复"这种纽带"而复活。这个网络让人联想起幽灵电影的蓝绿色神灵荧光。

在《阿凡达》中，纳威族群的关键人物是氏族首领和他作为大祭司的妻子。他们是当地女英雄的父母，也是来自地球的男主角（杰克）未来的岳父母。随着剧情的发展，杰克变成了大家熟悉的典型的西方与殖民地传说中的先知/解放者。他有点像《旧约·出埃及记》的摩西，或《新约·福音书》的耶稣，但也有点像阿拉伯的劳伦斯、印第安纳·琼斯以及其他许多人，其"天生的领袖"的优势和魅力，在与当地人来往时表露无遗。

杰克不是纳威人，但很快就比纳威人更纳威人，而纳威人被迫做出顺从和尊重的姿态。在《阿凡达》中，杰克成为起义军的领袖，娶了"公主"，令她怀了孕。他将因此成为"新国王"，或者至少是新国王的父亲，这是殖民时代最典型的幻想（已见于《风中奇缘》《艾伦·夸特曼》以及其他电影中）。

《阿凡达》还用一些寻常的道具标志部落生活：以野生动物牙齿做的战士的项链，拉长脖子的颈环，典型的"印第安人"羽毛头饰，装饰在门上和图腾上的野生动物的头骨。部落中的人围着篝火歌唱，正如《金刚》早期版本中著名的巴厘猴跳舞。他们在净化和举行入会仪式时，会使用醉人的饮料和芬芳的草药。

聚集时，部落看起来就像是"丛林版的嬉皮士的伍德斯托克"①——剧本如此写

① 译者注：伍德斯托克（Woodstock）在美国纽约州北部。那里举办的伍德斯托克音乐节是世界上最著名的系列摇滚音乐节之一。

道：“祷告时，‘人们围成同心圆，所有人全情投入，轻声吟唱’。动员时，他们散发出‘一股黑暗的原始能量’。”人们没有忘记《艾伦·夸特曼》中激动人心的人类牺牲和食人场景，类似的情形也在《夺宝奇兵》系列中出现过（如《夺宝奇兵 2》）。

（四）帝国武装干预主题

《阿凡达》故事展开的基本前提很简单，就是将“牛仔和印第安人”投射到遥远的太空和未来——如《星际迷航》和《星球大战》——延伸来说，将殖民主义和新殖民主义投射到未来的太空。侵略者的母国 / 母星的必备资源即将消耗殆尽，他们武装干预其他地方，以便攫取资源。

潘多拉星球上的矿产“难得素”，就好比大英帝国英雄艾伦·夸特曼眼中的非洲金矿，或贯穿迪士尼电影《阿拉丁》的中东石油。《阿凡达》剧本中明说要干涉尼日利亚和委内瑞拉等石油资源国内政，并暗示伊朗和伊拉克周边地区的对峙。剧本还提到“发展援助”是不平等交换的润滑剂，是胡萝卜辅助大棒政策：修建道路、诊所、学校以及不可避免地学习英语。

传统上，这种动作片与战争片主要针对宅在家里的青春期男孩，他们活像“坐在扶手椅上的征服者”（conquistadores，16 世纪征服墨西哥和秘鲁的西班牙征服者）。不出几年，受这些影片影响，他们积极参加征兵到海外，开始一场更加阳刚的冒险。[①] 这种动作片和战争片往往大肆渲染西方的技术优势——从英国间谍詹姆斯·邦德摆弄各种小玩意，到多数美国战争片中展示电子智能与压倒性的火力——含蓄地警告海外观众。《阿凡达》与这种展示的关系是矛盾的。一方面，那些超大型武器让我们印象深刻；但另一方面，片子似乎不赞成实际使用这些武器——纳威人嘲讽入侵士兵们懦弱，“藏身在机器内”。

电影用这些怪物“震慑和恐吓”观众，但观众可以“解读”为工业推广或

① 有证据表明，这些电影往往得到了国防部门的帮助，特别是在美国。

反战宣传，或者两者都不是。电影以“三菱 MK-6 扩展移动平台——4 米高的人力操作步行机”开场，让人联想到古代民间传说中的巨人与傀儡，联想到中世纪军械库中驾驭马匹的骑士，也联想到好莱坞所创造的绿巨人和机械战警等角色。还有“黑鹰直升机”，因与一部讲述美军在索马里作战失利的电影有关而为人熟知。[①]

纳威人只能使用传统手段，对抗这种“压倒性的力量”。他们涂上颜料，发出呐喊，企图吓跑对手。他们使用亚洲电影中常见的一对一的武术技巧，他们的注意力有如“禅定”。他们用弓和毒箭，白人模仿者（如《泰山》和《第一滴血》中的角色）也会这么做。然而，当他们试图攀爬侵略者驻地周围的栅栏时所遭受的袭击——炮火轻易扫杀他们——正如印第安人试图攀爬骑兵碉堡周围的栅栏时所遭遇的。

当影片临近尾声，这种对抗逐渐陷入程式化的暴力狂欢：入侵者的运兵舰和武装直升机摆好架势，与一群龙展开对峙——有些龙由纳威人驾驭，而神话中最大的那条龙则由新任的非本土领袖杰克驾驭。这一情节在美学上颇具匠心：受害者虽众，但镜头里很少看到痛苦。这也是一种宣泄，因为好人理所当然地赢了。最后一役剧本足足用了 50 页篇幅来描述，等于剧本其余部分的一半。它虽被处理得很优雅，但也是漫画式的（“Kapow，Kaboom”）。

最有趣的是两个处于意识边缘的“阈限性人物”（liminal characters）最终领导了这两股对抗势力。这边，采矿公司安保部门有一名冷酷无情的上校，留着平头，身上有多处伤疤，说明他是一位经验丰富的老兵。而那边，则是富有同情心的截瘫患者，在自己的阿凡达中重生，去捍卫一项看似绝望的事业。作为阿凡达，他也是一个黑白混血儿——一个成为英雄的变节者，不再是海军（Navy），而是纳威人（Na'vi）。上校对杰克说：“背叛你自己的种族，那是一种什么感觉？”

这对美国动作片来说确是出人意料的转折，但更令人惊讶的是，它没有动摇

① 好战而狂热的美国大兵，门口悬挂着巨大枪支的武装直升机，仔细检查下面丛林任何移动的东西，这些画面当然直接成为过去越战新闻视频和好莱坞小说的注脚。

典型的帝国冒险类故事的深层结构。最后的主题也说明了这一点。

（五）漂亮的当地女郎主题

无论何时何地，与自己人约会始终是正常的；而跨越群体边界虽然“不成体统”，但有时也格外诱人，从古典戏剧《罗密欧与朱丽叶》到现代音乐剧《西区故事》，莫不如是。

根据好莱坞早期的制片规范，在最初的帝国冒险类型电影中，跨种族的恋爱和通婚是根本不可能的。在后来的小说和电影中，这种禁忌慢慢消除——现实生活中也一样，起初比较胆怯，要以各种神秘的借口做幌子。身处海外的白人男子经常倾慕异国女子（《苏丝黄的世界》）；而白人女子在海外被异国男子所吸引则会更成问题（《沙漠情酋》）。这是一种违背文化禁忌、品尝“禁果”的罪恶诱惑。不过，在一次激情放纵之后，这种剧本常常要让土著伴侣死亡，以便白人男主角（或女主角）回归到本国的正常生活与婚姻当中。

当然，当地人半裸的身体和暗示性的舞蹈，常常增加他们的性吸引力，譬如《玻利尼西亚》便是如此。一篇影评说，在《阿凡达》里，“姑娘们的性感看着够舒服，但没有性感到让一般的父母不安”。《纽约时报》的第一篇影评补充道，“纳威族人拥有超模的身材（苗条的腰部、苹果般的臀部、修长的手指以及‘上扬的眼睛’）”（Dargis，2009）。①

好莱坞对奈提里衣着的拍摄，在拘谨地遮盖与挑逗性地裸露肩腿间艰苦摆荡（可与《风中奇缘》比较）。剧本描述《阿凡达》男英雄对奈提里的印象：“轻盈如猫，胸部性感……美貌绝伦。”更幸运的是，她 18 岁，刚刚成年。杰克的白人上司责备他：“你抓住了一只当地的小猫咪？”在他和奈提里发生关系之后，他的纳威族情敌暴怒道：“你跟这个女人上床了？”在剧本最后一页，我们得知她已“显然有孕在身”（Cameron，2007，pp.90–105）。这个女孩由佐伊·索尔达娜

---

① Steven D. Greydanus 的评论文章发表在基督教网站上，网址：http://www.decentfilms.com。Manohla Dargis 的影评在 2009 年 12 月 19 日至 20 日被发表在《国际先驱论坛报》上。

（Zoe Saldana）扮演，她在《星际迷航》中也饰演了一名乌苏拉的“种族他者”。①

颇为有趣的是，文化他者常被描述成“力比多过剩”者。他们被假定为更具动物性，更原始，更幼稚，至少更低等。在文明阶梯上的更低层，才会更狂放不羁，更真实，更有吸引力。这一主题也源自美国南部男主人和女奴隶之间、欧洲殖民者和仆人之间，以及后来南亚、东南亚和东亚数以百万计的军人与妓女之间的不正当关系。从大获成功的经典歌剧《蝴蝶夫人》，到现今的翻版音乐剧《西贡小姐》，都体现了这个主题。

当然，绝大多数的多种族社会都是严重不平等的。为了让“有色”女孩成为普通白人男子潜在的未婚妻乃至结婚对象，常得在故事里把她升级为当地的“公主”——这样大概才能与他匹配——甚至将酋长女儿描绘成皇室成员（《风中奇缘》）。在有关殖民英雄艾伦·夸特曼（他那个年代的印第安纳·琼斯）的虚构故事中，这也是主题之一。在《阿凡达》中，这是浪漫故事的核心主题。

在《风中奇缘》和《阿凡达》中，还有更进一步的转折。一般而言，白人优越男性的魅力还这样被强调：公主本来已经有了伴侣 / 未婚夫，但当她在接到“征兆”，初次邂逅“真爱”后，便会立刻和伴侣 / 未婚夫分手。在神话般的（但扭曲的）《风中奇缘》中，这是一个主题，在迪士尼版中，她真的就爱上了见到的第一个踏上美洲的年轻白人男子，几分钟内就亲吻了他。这个主题《阿凡达》也保留了，尽管花费时间稍长一点。最终，当地情敌放弃，承认了白人男子的优越性（即便不是生理上的，也起码是性格上的）。

这与另一个反复出现的种族主义主题（我们已做了说明）有关。白人英雄很快就证明，不管是打斗，驾驭当地动物，或使用当地武器和战略，他们都比原住民厉害。这是《泰山》的核心主题，也是其他帝国英雄角色（譬如艾伦·夸特曼、阿拉伯的劳伦斯、丁丁、印第安纳·琼斯、兰博，以及《阿凡达》中的杰克）表现出的核心魅力。有趣的是，像《阿凡达》这样的电影明明是反帝国的，

---

① 好莱坞有许多明星完全投入地去扮演一些民族的角色。像安东尼·奎思（Anthony Quinn）或拉蔻儿·薇芝（Raquel Welch）这样的人很容易从拉丁人转换到印度人，或任何两者之间的人种。再想想尤尔·布伦纳（Yul Brunner），他的整个职业生涯多数在扮演“古代和异国的暴君”。

但叙事结构却暗地里保留了很多亲帝国的特征，创作者们都从先前的作品获得了启发。作家和导演"自由幻想"，加强了脑中预存的刻板印象，这是他们往往意识不到的。

〉》四、《阿凡达》对好莱坞力量的复兴

《阿凡达》在关键时刻获得空前成功。好莱坞似乎深受2008年经济危机、DVD销量下滑以及盗版猖獗的影响。美国制片协会在洛杉矶举行三天会议，有1 200名从业人员参加，讨论电影产业的现状。《纽约时报》报道说，"那些大电影公司正在缩减"制片数量，大致局限在"臃肿的续集，臃肿的重拍"里，"美国半数独立分销商已在过去几年里倒闭"（Barnes，2010）。

如果传说猫有九条命，那么好莱坞可能有十条。科技进步总是帮助好莱坞重整旗鼓，远远甩开海外制片公司和非法盗版商。在这种情况下，好莱坞——甚至卡梅隆自己——已开展一些新的3D试验。《阿凡达》成为第一部超级大片，科技革命的魅力展露无遗。世界各地电影院仓促适应，电视屏幕制造商也急忙弥补缺口，甚至考虑用新方法摆脱笨重的立体眼镜。

在电影上映九个半月之后，2010年10月1日，各大电影数据库已将《阿凡达》列为史上票房最高的电影，称其为"必看"电影。它在中国等新兴市场也炙手可热，中国的自然风光和文化遗产，启发了制作团队在片中创造特别的"悬浮山"场景。[①]《阿凡达》的制作费高达3亿美元，其中超过1.5万美元用于市场营销。但截至笔者执笔时，全球院线票房收入估计为28亿美元，还不包括录像出租、出售电视转播权、商品销售以及其他渠道所带来的数十亿美元收入。这比十

① 一个月内，据说《阿凡达》打破了中国过去所有的票房纪录，收入超过1亿美元。像其他地方一样，电影观众被证明愿意去更昂贵的3D剧院。

几年前同样由詹姆斯·卡梅隆拍摄的票房排名第二的《泰坦尼克号》高出 50%。而卡梅隆已迅速与 20 世纪福克斯洽谈两部可能的续集。

其他导演也紧随其后。斯蒂芬·斯皮尔伯格（《夺宝奇兵》系列以及很多其他电影的导演）参与另外一种 3D 系统的开发，无须佩戴特殊眼镜；乔治·卢卡斯（George Lucas）将六部《星球大战》仓促转成了 3D 版本；迪士尼正在调整下一部《加勒比海盗》的制作计划。事实上，所有的大电影公司和大片导演都匆忙转到 3D 电影创作中，包括筹备一系列重拍片和续集。可见，《阿凡达》不只是“随大流”，更是好莱坞又一场革命的终极催化剂。

〉》 五、《阿凡达》的文化接受

与此同时，《阿凡达》也备受影评人的好评。尽管影片“仅仅”获得三项奥斯卡奖（《拆弹部队》获得六项奖），但是在网站 Metacritics 和烂番茄（Rotten Tomatoes）汇总的 35 条早期评论中，正面评论分别占到 84% 和 94%。衍生品则包括书籍、音乐、视频（包含一部卡梅隆工作和生活的纪录片）、活动人偶，当然，还有游戏机中第一人“射击”视频游戏，玩家必须选择要扮演入侵者还是被侵者。虽然目前还没有潘多拉星球 / 纳威族的主题公园项目，但肯定会有的。

让我们回到本章开篇提出的那个问题：对世界各地不同的观众，《阿凡达》意味着什么，或是它想要表达什么？早期的电视研究者已经提醒我们，其他文化可能另类“解读”这部电影。我们已经看到，这部大片有意无意地充斥着矛盾的讯息。《芝加哥论坛报》甚至称其为“这个档期的意识形态罗夏测验”。

《阿凡达》是第一部必须佩戴特殊眼镜才能如预期观赏的大片。有人认为这部电影宣扬虚无主义，另一些人则认为它是乌托邦式的。《纽约时报》的一篇文章指出，就在上映的第一个月里，它“成了越来越多的利益集团、思想流派以及整个国家的众矢之的”：女权主义者和控烟活动家、自由派和保守派、克里姆林宫和梵蒂冈，不一而足。[①]

卡梅隆跟所处社会阶层的多数人一样，一直同情环保主义者和原住民。但在《阿凡达》之后，他觉得有义务更加明确立场，美洲原住民团体敦促他采取措施，保护世界上仅剩的“真正的潘多拉人”。例如在亚马孙盆地，有13个原住民部落受到水坝工程的威胁，[②]印第安人邀请他参加了为期三天的抗议活动。他乘飞机过去，在身上涂上颜料，用DVD向印第安人展映了自己的电影，对他们许多人来说，这是第一次接触到这样的现代技术。不出所料，这次集会变成了一起媒介事件，被世界各地电视频道播放（Itzkoff，2010a）。

然而，该片似乎也存在着一个悖论。《纽约时报》第一篇影评指出，很讽刺，《阿凡达》是“由财团资助的娱乐电影，为你讲述反财团的故事”。它的发行公司20世纪福克斯，是媒体帝国中最全球化的新闻集团（是鲁伯特·默多克所拥有的）在好莱坞的分支机构。这部大片与强大的美国企业结成广泛联盟，被推广到全球。可口可乐用特别标记的阿凡达可乐罐和可乐瓶，支持其全球营销活动，麦当劳在六个主要国家的欢乐套餐中加了六个主角的公仔，而美泰则宣布将为阿凡达推出一条活动人偶的生产线。

更令人惊讶的是，《阿凡达》被争取自由、反抗外国统治的人民和团体，视为强有力的象征。很快，世界各地的新闻频道便看到，巴勒斯坦示威者抗议以色列，在西岸的那不勒斯，他们涂上蓝色，穿得像潘多拉星球上的纳威人。[③]玻利维亚贫穷而又在内陆，第一位原住民总统埃沃·莫拉莱斯（Evo Morales）称赞《阿凡达》“深刻展现了抵抗资本主义和捍卫自然的斗争”。他与美国关系紧张，美国极力反对他的一些社会改革。前面提到的基督教电影网站，就《阿凡达》指出：“它是高贵的原始人和好战的西方人的集合。”另一家网站则称之为“赤裸裸

① 戴维·伊慈考夫（Dave Itzkoff）于2010年1月20日在《国际先驱论坛报》上发表文章《科幻史诗成为文化战争的战场》。

② 他们将因110亿美元的贝洛蒙特大坝项目被迫迁移，这是一个在新古河流域（亚马孙支流）建造一座500平方公里的湖泊的工程，目的是为巴西热闹的工业大都会圣保罗提供电力。

③ Euronews频道，2010年2月12日报道。

地展现白人罪恶的幻想的本质”。

可见，即使这部电影可能充满了古老的“帝国冒险”主题，但它总体上仍然不失为宣示反帝国的影片。如此复杂的产品，有多条线索贯穿其中，以至于可以用相互矛盾的方式“解读”它。观众从自身及其处境出发，“协商”影片的意义。因此，电影传达的讯息总是有多重含义的：不同情境下，不同经历的观众，从电影中提取他们自己感兴趣的讯息。这是跨国 / 跨文化 / 跨种族的传播与媒介研究的一个重要发现。

（宋韵雅 / 译，黄顺铭 / 校）

参考文献

注释：更详尽的参考文献参见 Van Ginneken, 2017。新闻、基本报告和关键影评大多来自《国际先驱论坛报》。《阿凡达》官方脚本下载于 http://www.foxscreenings.com。页码数字参照该文档。全球大片目录和全球总毛票房参考 http://www.imdb.com（2010 年）。很多美国影评可以在以下网站查询：http://www.rottentomatoes.com。我也参考了该片的详细维基百科条目的早期版本以获得更多线索。

Altman, R. (1999). *Film/genre.* London: British Film Institute.

Ang, I. (1985). Dallas—*Soap opera and the melodramatic imagination.* London: Methuen.

Barnes, B. (2010). Facing crisis: Hollywood producers turn skills to survival. *International Herald Tribune,* 25 May.

Bernstein, M., & Studlar, G., eds. (1997). *Visions of the East: Orientalism in film.* London: I. B. Tauris.

Cameron, J. (2007). *Avatar:* Official movie script. Hollywood: Twentieth Century Fox Film Corporation.

Dargis, M. (2009). “Avatar” triumphs as a high-tech Eden. *International Herald Tribune,* 19 December.

Dyer, R. (1997). *White*. London: Routledge.

Greydanus, S. (2009). *Avatar* (2009). *Decent Films Guide*, http://www.decentfilms.com/reviews/avatar/html.

Itzkoff, D. (2010a). Sci–fi epic becomes a culture–war battleground. *International Herald Tribune*, 20 January.

Itzkoff, D. (2010b). James Cameron on *Avatar, Titanic, Cleopatra*, and the future of 3D. *New York Times*, 19 October.

Liebes, T., & Katz, E. (1990). *The export of meaning—Cross–cultural readings of "Dallas."* Oxford: Oxford Univ. Press.

Neale, S., ed. (2002). *Genre and contemporary Hollywood*. London: British Film Institute.

Nederveen Pieterse, J. (1992). *White on black: Images of Africa and blacks in Western popular culture*. New Haven, CT: Yale University Press.

O'Barr, W. (1994). *Culture and the ad: Otherness in the world of advertising*. Boulder, CO: Westview.

Robb, J. (2002). *James Cameron*. Harpenden, UK: Pocket Essentials.

Said, E. W. (1978). *Orientalism: Western conceptions of the Orient*. London: Penguin.

Shohat, E., & Stam, R. (1994). *Unthinking Eurocentrism: Multiculturalism and the media*. London: Routledge.

Slotkin, R. (1998). *Gunfighter nation: The myth of the frontier in 20th century America*. Norman: University of Oklahoma Press.

Stringer, J. (2003). *Movie blockbusters*. London: Routledge.

Van Ginneken, J. (1998). *Understanding global news: A critical introduction*. London: Sage.

Van Ginneken, J. (2007). *Screening difference: How Hollywood's blockbuster films imagine, race, ethnicity and culture*. Lanham, MD: Rowman & Littlefield.

第 8 章 / 重启国际传播“帝国”的维度

Resurrecting the Imperial Dimension in International Communication

科林・斯帕克斯

20 世纪 70 年代至 80 年代初，文化帝国主义理论支配了研究者们对国际传播的思考。随后，它遭到全面质疑，多少跌出了学术主流的视野。今时今日，只有少数研究者探讨与帝国主义概念相关的理论问题（Louw，2011）。尽管偶尔有人运用媒介研究这个概念，它在语言学等其他领域仍有意外顽强的生命力，然而专门的研究大多把它归入媒介和传播理论史的讨论中，聊备一格（Ndlela，2009）。人们在讨论当代现实时提及帝国主义，通常聚焦在它的局限性上。例如克莱迪强调，他的工作是“剖析文化帝国主义命题的缺陷”(Kraidy，2005，p.vi)。有的学者相信该理论仍然重要，因为它指明文化资源的国际流动不平等，但转而探讨文化帝国主义理论的种种不足（Morley，2006）。

这也许部分是这时期广泛的学术和政治思潮变迁所致，但也反映了国际传播领域的理论重整。过去二十年来，国际传播领域显著的理论强调区域市场、复杂的（信息）流动，并弱化国家在国际传播中的重要性。全球化理论成为支配性的学术思潮，往往低估国家的角色，转而强调全球与在地之间的关系。要是这些研究视国家为文化交流的重要因素，其视角也是“软实力”，而不是“帝国主义”。

本章要问的是：有没有可能在文化帝国主义的废墟中挖掘出遗珠？为此，我首先将回顾文化帝国主义理论的经典论述及其核心特征。其次，我将综述对该理论的主要批评意见，它们使文化帝国主义丧失了影响力。为了重新建立一个可行的理论，我将反思文化帝国主义的低级概念，并提出有别于20世纪七八十年代支配理论的替代性解释。在此基础上，本章将提出一套新的理论。最后，我将分析为何以当前的国际发展而论，文化帝国主义的概念未来将会更重要。

〉》一、文化帝国主义

众所周知，文化帝国主义概念表述的并不是一个精确的范畴。约翰·汤林森（John Tomlinson）是最严厉的批评者之一，他指出，与其将文化帝国主义视为一套有条理的思想，“不如将之视为形形色色的阐述，或许有些共同点，但彼此也可能存在张力，甚至自相矛盾”（Tomlinson，1991，p.9）。这个判断当然是准确的：立场迥异的学者纷纷运用这个概念，达成不同的目的。然而，把取向各异的学者（如滕斯托尔、马特拉和史密斯）连在一起的就是这些“共同点”，特别是他们都强调美国在全球媒介市场中的重要性（Mattelart，1979；Smith，1980；Tunstall，1977）。不过，除了方法论和政治立场各异，在理论层面，文化帝国主义的主流思想无疑受到马克思主义思想的影响，赫伯特·席勒（Herbert Schiller）尤其为文化帝国主义概念的发展与扩散提供了重要的参照点（Maxwell，2003，pp. 38–41）。他在《传播与文化支配》中对文化帝国主义的经典界定广为

人知，值得在此引述：①

> 今天我们所说的文化帝国主义概念，最能描述社会被带入现代世界体系各种过程的总和，以及社会统治阶级如何被吸引、挤压、强迫甚或贿赂，令他们形塑社会制度，以符合乃至推动支配世界体系的中心国家之价值和结构。（Schiller，1976，p.9）

这一段简短的论述既包含了文化帝国主义概念的核心内涵，也包含了其关键缺陷。从中我们可以提炼出在讨论文化帝国主义时至关重要的四个元素：

1. 席勒提出文化帝国主义定义非常宽泛（Lee，1980，pp. 41–42）。从字面上来看，它囊括各种各样的国际压力，例如国际货币基金组织（IMF）的结构调整项目，②自然无法归入文化范畴，却涉及向受惠国施压，要求它们塑造社会制度，以契合世界体系支配中心的价值观。在广义的文化帝国主义之外，还有狭义的媒介帝国主义。奥利弗·博伊德–巴雷特（Oliver Boyd–Barrett）界定后者为媒介体系之间的支配过程，即“任何国家的媒介所有权、结构、发行或内容，任一或全部环节受到来自其他国家的媒介利益的巨大压力的过程，却无法对支配国家产生相应的影响”（Boyd–Barrett，1977，p.117）。在研究实践当中，两个概念的区别很难维持。博伊德–巴雷特列举了许多研究媒介帝国主义的学者，包括上引席勒的话；而席勒自己的研究也高度聚焦信息产品的国际贸易，特别是电视节目的流

---

① 席勒本人当然是文化帝国主义的坚定批判者，无论是一般意义上的文化帝国主义，还是其特定文化样态。不过，我们也能够找到对文化帝国主义的正面论述，它们与尼尔·弗格森（Niall Ferguson）欢呼帝国主义的论述并行不悖：“倘若整个世界的发展方向让国家之间的断裂带被共同利益联系起来，这一方向将契合美国的各种利益。从美国的经济和政治利益出发，我们希望世界迈向一种共同的语言，也就是英语；希望整个世界建立共同的电讯传播体系、安全和质量标准，也就是美国的标准；希望整个世界被电视、广播和音乐联系起来，而其间流通的节目来自美国；希望整个世界发展出共同的价值观，这套价值观由美国人能够接纳的价值构成。”（Rothkopf，1997，p. 45）

② 译者注：结构调整项目（Structural Adjustment Programs，SAPs）是由国际货币基金组织和世界银行提供的贷款，该贷款于 1986 年 3 月设立，旨在帮助低收入发展中国家通过宏观经济调整，解决国际收支长期失衡的问题。

通（Schiller，1970）。

2. 席勒采纳“中心 – 边缘”式的帝国主义模式（Schiller，1976，p.14）。世界体系存在一个中心，席勒在上引段落的后续论述以及在其他著述中，都把这一中心指向美国。他强调，美国过去必须斗倒更早的英法帝国，取得国际新闻的领导权，后来“打着‘信息自由流通’的旗号，美国媒介产品最终垄断了全世界”（Schiller，1976，pp. 24–38）。同样，当席勒谈到有的社会“被带入现代世界体系”时，他明显是指向“边缘”国家。这个意义上的帝国主义，根本上牵涉的是富裕发达国家与贫穷欠发达国家的关系，而这种理解是多数文化帝国主义论述的理论和实践根基。①

3. 席勒的论述提出了两项鲜明的主张。第一，美国的媒介与文化机构受到政府资助，垄断了媒介产品的国际贸易，其中尤以电视节目为然，因为发展中国家新设的广电机构，必须依靠进口节目填充播放时段，又不必担心超出预算。第二，持续消费美国制造的媒介产品，结果就是有效宣传美国的观念和价值，以致精英远离本国人民的需求，被美国企业吸纳，至少是与美国企业合作。这两个命题牵涉两类不同的研究，前者关注电视节目国际贸易的政治经济架构，以及它如何吻合美国国家政策，后者关注电视节目消费对边缘国家受众的影响，这只有探究节目观看的实情方能得到答案。②

4. 虽然上引段落中没有提及，但席勒在该书后文详细论述了发展国家传播政策的必要性。席勒对文化支配概念的理解是比较复杂的，认为文化支配存在于国家内部，也存在于国家之间。其实，他强调国家传播政策，意味着发展中国家的

① 这一界定有时候使用“大都会”和“卫星城市”等表述方式，在各种不同领域中都极具影响力（Frank，1967）。在一篇著名的论文中，加尔通（Galtung）写道：“帝国主义指向中心和边缘国家之间的关系，它意味着：（1）在中心国家的中心和边缘国家的中心之间存在着共同利益；（2）与中心国家内部相比，边缘国家内部存在更多的利益冲突；（3）中心国家的边缘和边缘国家的边缘之间也存在着利益冲突。”（Galtung，1971，p.83）

② 值得指出的是，席勒对效果的理解与施拉姆及其他发展传播研究者非常相似（Schiller，1970，pp.109–115）。

精英所做的努力，就是重新协商他们与发达国家之间的关系。[①] 如果当下的安排以信息自由流通为主，牺牲发展中国家的文化使美国文化在世界占支配地位，那么，一个抗衡之道就是发展中国家要发展出国家传播政策，限制域外讯息的流入，以防它们破坏“弱势国家的文化完整性”（Schiller，1970，p.109）。美国在工业化进程中，也保护初生的制造业，直到它们能在国际市场中竞争；同样，发展中国家也有必要找办法来保护本国文化。席勒认为，最有效的方法就是由联合国教科文组织（UNESCO）制订“负责任的电视节目流通国际规则”（Schiller，1970，p.125）。

席勒的总体立场，激发了大量学术和通俗书籍、文章和报告的诞生。联合国教科文组织推动旷日持久的运动，旨在改变世界传播秩序的失衡，推动国家传播政策，席勒的观点为这个运动提供了理论基础。[②]

〉》 二、批评与替代

对文化帝国主义的各种批评广为人知，无须在此赘述。不过，我们还是值得讨论四个重要的批评，因为它们对一些重要议题的洞见，是任何新的理论都必须解释的。

1. 博伊德 – 巴雷特和滕斯托尔指出的区域生产趋势被确定为国际媒介产品市场的重要增长点。巴西和墨西哥正在发展的国家电视产业，都是以文化接近性为基础，成为区域市场的驱动器（Sinclair，1999；Straubhaar，2007）。有些媒介

① 不过，文化帝国主义的批评者指责该理论预设一个单一的、均质的国际媒介市场，但这一批评站不住脚。举例来说，博伊德 – 巴雷特指出，新闻与媒介的区域市场对中心国家的支配地位构成了潜在挑战（Boyd–Barrett，1977，p. 134）。

② 译者注：即“世界信息与传播新秩序”（NWICO）运动，参见下节讨论。

产品（如斥巨资打造的电影）的全球市场，仍由美国垄断；但在其他文化交流领域，产品市场占有结构远为复杂。

2. 文化帝国主义假定以单一的民族文化抵御美国价值，这一假设是站不住脚的。每一个社会，即便是最发达的现代国家，都呈现多种文化，更是融合了更早的“外部”影响。任何社会的“民族文化”都是支配群体的文化，是强化其霸权的重要机制。英国是一个绝佳的案例：民族语言（英语）是聚积不同的影响的产物；多元的人口拥有多样的文化；“民族”文化的规范，无疑是白人、男性、城市中产阶级的规范。捍卫“民族文化”，等于捍卫精英群体的立场，而非全体人民的立场。在某些情况下，进口的文化产品甚至可能表达民族文化中被压抑的元素，令受众得以拥抱自己的文化经验，这是被官方文化主导的广播所未能处理的（Miller，1995）。

3. 文化研究和其他经验性研究纷纷转向“主动受众”的想法，它们要证明的是：不论在国内或国际，受众不会单一解读媒介文本（Ang，1995；Liebes & Katz，1990）。文本解读因消费者拥有的文化资源而异：观看美剧的人可能吸收美国价值，也可能对同一文本做出迥异的阐释。进口的电视节目能否成功，至少有一部分因国内因素而定，包括当地的广播电视传统，播放编排方式也影响受众对节目的评价。

4. 对抗文化帝国主义，具体表现在建立“世界信息与传播新秩序”（NWICO）的政治斗争上面（Hamelink，1997）。

这个批评的清单还可以加长，反驳席勒的文化帝国主义的证据，合起来让人应接不暇。国际传播领域的新正统一开始就研究媒介生产和受众行为的复杂性。许多研究描述和记录电视节目、电影和其他媒介产品的生产和流通，产地早已超出好莱坞的范围。同时，研究者也详尽探究发达国家的受众——至少是部分受众——如何使用非美国的文化产品，建构自己的文化框架与身份。在这些汗牛充栋的研究背后，是全球化理论不同的变种，它们取代了帝国主义作为思想框架的组织要素的概念。在这么多变的概念中，我们看到不管哪个版本都有一个共同的核心要素，那就是系统地边缘化国家的角色。

这种边缘化清晰地见诸到处充斥的各类口号中，例如“全球与地方”“全球本土化”（或译“球土化”）、“全球思维，地方行动”，等等。凡此种种，消失的正是“国家”一词。除非“地方”就是“国家”（揆之很多对“地方”的讴歌都有此意味），否则很难声称当代文化（或几乎其他）生活一方面活在国家“之下”的区域层面，另一方面活在国家“之上”的全球层面。其实，“地方”和“全球”都与民族国家不同，都没有国家具有的全套权力机构，在文化和经济上规管社会生活。反之，它们更多是经济自由竞争的场所。

复杂性和自由度变成国际传播研究的核心概念范畴。毫无疑问，以此为起点的研究阐明了当代媒介与文化图景中的某些重要维度。在美国之外的确有许多其他生产文化产品的中心，它们的国际贸易无疑更复杂：宝莱坞（印度）和瑙莱坞（尼日利亚）每年生产的电影数量超过好莱坞，巴西环球电视（TV Globo）则是电视剧的重要生产商。在国家内部，也的确存在次国家的文化和媒介组织，例如西班牙国内的巴斯克语和加泰罗尼亚语广播，以及中国华南的粤语广播电视。各社会群体乃至个人，都越来越多地运用新媒体资源，打造自己媒介消费的食谱，绕过地方、国家或全球广电机构的节目政策。这些都是弱化国家角色的好理由。

虽然有必要纠正文化帝国主义理论对国家角色的过分强调，但这并不是说国家不再是一个重要的行动者，鲍曼（Bauman）声言：在全球化时代，“国家——任何国家——已经无法在军事、经济和文化等领域达到自足（self-sufficiency）乃至自我维持（self-sustainability）”（Bauman，1998，p. 64）。大家以为在“大美国主义”的格局下，国家之间的对抗已经不再是严重的前景，这个观点容或有表面的诱惑，但鲍曼下“任何国家”的结论怎么说也太武断了。昔日的南斯拉夫、卢旺达、索马里，后来的阿富汗及其他“失败国家”四分五裂，或许的确无法“自给自足”，但这个说法根本不能适用于美国、中国乃至印度。今天，如果有人提出鲍曼这种观点，恐怕会立刻被斥为天方夜谭。

更服人的说法是国家能力有差异等级。有些国家，尤其是美国，的确有能力在军事、经济和文化领域自给自足，而那些“失败国家”则根本不可能有同等的民族自决能力，其他国家则落入这两极之间。举例来说，日本的经济实力非常强大，文化层面也越来越有影响力，但政治影响力则相形见绌。我们还没有活在“后威斯特伐利亚时代”（post-Westphalian age）[①]，除了失败国家，其他国家都或多或少具备与地方和全球区分的特征，具体来说，它们仍然拥有强制权（即马克思·韦伯所说的垄断“合法使用暴力”），对内控制秩序，对外解决与其他国家的纷争。

如果对文化帝国主义的经典论述的批判必须导致人们拒绝它，那么需要构建替代方案，而这些替代方案如果不从国家体系的中心地位角度理解当代世界，看不到经济、政治和文化资源在国际分布的根本性的、系统性的不平等，那也一样会令人失望。

》 三、帝国主义再商榷

过去二十来年，解决与他国的纷争是地缘政治的重要特征之一。在形形色色的伪装之下，强国运用它们的政治、经济和军事力量压制弱国：塞尔维亚、阿富汗、伊拉克、格鲁吉亚等国均曾遭受直接的军事干预。强国为达目的动用武力，引发了研究者们对当今帝国主义的激烈辩论；任何重新思考文化生活的全球模式，都必须从帝国主义的当下意涵开始。

讨论帝国主义，从来都不限于马克思主义传统：无论是历史上的约翰·霍布森（John Hobson）和约瑟夫·熊彼特（Joseph Schumpeter），还是当代的尼尔·弗格森（Niall Ferguson ）和迈克尔·曼（Michael Mann），都从各种不同的学术视角和政治立场探讨了相关议题（Ferguson，2003，2004；Hobson，1902；Mann，

① 译者注：17 世纪中叶签订的《威斯特伐利亚和约》，标志着“威斯特伐利亚体系”的形成。签约双方为统治西班牙、神圣罗马帝国、奥地利的哈布斯堡王室和法国、瑞典及神圣罗马帝国内的若干诸侯邦国代表。这个和约象征三十年战争的结束，也形成了以民族国家为基石的现代世界治理体系。

2003；Schumpeter，1951）。席勒和其他文化帝国主义学者，的确立足广义的马克思主义传统，自 20 世纪初，马克思主义知识传统的核心关切，就是发展帝国主义理论（Callinicos，2009；Kemp，1967）。

如前所述，席勒等人构思的帝国主义，一个重要特征就是“中心与边缘”的关系，美国正是中心。这一路径仍然支配着当前的讨论，特别是帕尼奇（Panitch）和金丁（Gindin）的论述最有影响力。他们认为，今天只有美国堪称真正意义上的帝国主义国家，因为它支配着世界体系，弱国充当华盛顿的代理人，缺乏独立行动的能力（Panitch & Gindin，2004）。

有很多证据支持这一观点。比较起来，美国是全球最大的经济体，军事力量和军费开支更是举世无双。正如一位美国评论者所言，“我们占有全世界国内生产总值（GDP）的四分之一和军费开支的 46%”（McGregor & Dombey，2011）。美国在运用军事力量的时候通常会寻求盟友和支持者，但若有必要美国有能力单独展开行动。对比之下，英国至少从 1956 年苏伊士运河危机[①]以后，就不可能动用武力反抗美国的意志了；实际上，英国更多是美国忠诚的盟友。在此意义上，“帝国主义”本质上就是发达大国（中心）对贫穷弱国（边缘）的支配，与早期版本并无二致。这种支配通过说服、贿赂和强迫等手段，限制了发展中国家的政治自由，将其经济置于中心国家的需求之下，绝大多数民众享受不到发展带来的成果，当然，相关事例可谓不胜枚举。

尽管这些证据确凿，但在理论和实践层面我们都有理由怀疑这一观点的有效性。在最初的表述中，包括古典马克思主义理论，以及同时期的熊彼特等非马克思主义者的理论，都以发达国家内部的冲突为主。他们觉察到了发达国家支配和掠夺殖民地，但更迫切的任务是解释欧洲为何会经历第一次世界大战的恐怖。发展帝国主义理论，是为了解释帝国之间为什么会爆发冲突，研究者们同

---

① 译者注：苏伊士运河危机，又称第二次中东战争。英法为夺得苏伊士运河的控制权，与以色列联合，于 1956 年 10 月底至 11 月初对埃及发动军事行动。美苏两国随后介入对三国施加压力，同年 11 月初，英法两国在强大的国际压力下被迫接受停火协议，埃及赢得苏伊士运河全部主权。苏伊士运河危机标志着英国世界强国地位的终结，美国和苏联成为主宰中东乃至全世界的力量。

意自由主义者霍布森的说法，即“现代帝国主义最主要的特征就是敌对帝国之间的竞争”（Hobson，1902，p. 19）。这种政治和军事上的竞争，在那个时代表现为吞并领土和建立殖民帝国，这是资本主义生产和资本主义企业规模日渐扩大的需求。这些企业在本国市场占据支配地位以后，面对其他国家企业的竞争，它们越来越多地征召它们国家的属国的企业进入斗争中。正如尼古拉·布哈林（Nikolai Bukharin）说的，“当竞争最终发展到最高阶段，变成国家资本主义托拉斯之间的竞争，国家力量和相关联系的可能选择便开始扮演重要的一环”①（Bukharin，1972，pp. 123–124）。在当代论述中，阿列克斯·卡利尼科斯（Alex Callinicos）和大卫·哈维（David Harvey）等学者也都认为，正是若干发达大国的竞争，构成了帝国主义的条件（Callinicos，2009；Harvey，2005）。

在经验上，这个说法比“单极的”帝国主义理论更能解释20世纪的历史。20世纪上半叶，斗争发生在老牌的大英帝国和新兴的德意志帝国之间。英德两败俱伤之后，换成美国和苏联斗争，一直持续到1991年。诚然，在这个阶段，美国都处在上风，这也是它最终获胜的关键所在，但无论如何，美国面临苏联阵营真正的对抗和军事竞争。苏联解体之后，美国独大，没有竞争对手，但这只是一段短暂和反常的插曲。美国的相对衰退和新经济体的崛起，都显示出这一阶段正走向终结。特别是2008年经济危机以来，证据显示，有些国家推行的政策与华盛顿的意愿相悖，美国和德国在有关经济复苏的政治经济问题上的争论，美国和俄罗斯在格鲁吉亚战争问题上的分歧，都证明其他国家有能力独立于美国政府的意愿。全球经济力量平衡的变化，彰显了各国的独立性以及引发的国际冲突，都可能在未来数年凸显：我们正重新回到竞争的时期，美国的国际支配力遭到新兴国家的挑战。

---

① 这种以国家为中心的分析路径与麦克尔·哈特（Michael Hardt）和安东尼奥·奈格里（Antonio Negri）的观点存在巨大差异，后者主张，当代资本主义迅猛扩张，已经无法被国家体系所容纳，因此，20世纪的地缘政治冲突丧失了其基础。帝国主义的冲突已经被“帝国”（empire）和“诸众”（multitude）之间的冲突所取代。正如他们所说的，“在帝国主义时代，世界地图上各国清晰可辨的色彩条块已经混合成为帝国时代的全球彩虹”（Hardt & Negri，2000，p. xiii）。本质上，这一理论关乎全球化，而不是帝国主义。

然而，我们必须厘清帝国之间的冲突到底是什么，不是什么。发达国家的冲突当然可能表现在军事冲突上，但在国家之间的竞争中，也可以采取许多不那么具有毁灭性的方式。贸易与汇率政策、知识产权保护、安全与设计标准、国际经济援助，等等，都是国家用以保护本国企业经济利益的方法。另一方面，有许多国际经济竞争都不必由国家干预，除了必要的国际协议以确保合法贸易。如果“帝国主义”这个词有任何精确和有用的含义，那么它必须用来描述国家行为，而不是私营经济活动。

在这些考量的基础上建立帝国主义理论，更契合经验现实，也和席勒等人的理论大相径庭。帝国主义的驱动力是大规模资本主义企业的冲突，它们与“自己的”国家结盟，以谋求竞争中更有利的位置。在这个体系中，不止有单一的中心，还有若干大小强弱不一的国家的相互竞争和冲突，当中涉及政治和经济权力的协作。这类竞争所带来的后果，是争夺对弱小的、欠发达国家的控制权，背后既有经济考量，也牵涉地缘战略。[①] 20 世纪初，这通常涉及正式吞并领土和建立对立的殖民帝国，但一个世纪内这种模式几乎完全变为哈里・马格多夫（Harry Magdoff）所说的“没有殖民地的帝国主义”（imperialism without colonies）（Magdoff, 1972）。征服欠发达国家固然可以采取残酷剥削和军事暴力，但这不是帝国主义的基本特征，发达国家之间的斗争才是真正的驱动力。在这样的框架内，某些因素可被称为“帝国主义”（世界大战中，几乎所有社会活动皆是），但其他因素则只是不同形式的经济竞争，或多或少独立于国家以外运作。

① 因此，大英帝国之所以要吞并直布罗陀、马耳他、塞浦路斯、亚丁和新加坡，并不是为了剥削当地居民、掠夺原材料或出口资本，而是为了夺取军事上的有利位置。

〉》四、重构文化帝国主义

用修正的帝国主义理论修订文化帝国主义，有三个结果。首先，文化帝国主义并不预设只有一个中心，恰恰相反，现代形式帝国主义形成的条件是不同国家之间存在竞争。其次，这种竞争发生在帝国主义的主轴，即在发达国家之间，而不是发达国家与发展中国家之间。最后，我们必须仔细检视国家间文化交流的经验证据，以确定它们到底是单纯的经济贸易，还是国家行使的这种或那种权力，只有后者才能被归诸帝国主义。

第一，鉴于国际竞争是帝国主义的发动机，我们可以预见国际贸易是多元而非单极格局的，换言之，帝国主义理论预指的不是单一中心，而是一群不同的制作者在国际市场上竞争。文化生产不能和经济实力直接联系，但文化商品的生产与其他产业类似，也遵循规模经济的逻辑。我们有理由相信，文化生产的重要竞争者多半是国内生产总值位居前列的经济体。比较起来，美国是世界头号经济体，无论是名义国内生产总值还是购买力平价国内生产总值都排第一（1/1）。[①] 那些被视为供应替代性文化产品的国家也相当庞大：日本（3/3）、印度（4/11）、巴西（7/8）、墨西哥（11/14）和韩国（12/15）。以这两种计算方式，美国的经济规模大约是日本的三倍，是印度的三到十倍，美国在许多文化生产领域占据支配性地位，也就不足为奇了。然而，以时间衡量，美国在将近一个世纪执全球经济和文化权力之牛耳，但它的地位已被削弱，而支配性地位的优势也遭到了挑战（Tunstall，2008，pp. 360–412）。

第二，文化产品的国际贸易受到大公司支配，但这些大公司有明确的“国内”市场，如同帝国主义理论所预测的，它们的贸易主要分布在发达国家。根据

① 国内生产总值可以以不同的方式来测量。最常用的测量方式是以美元计算的名义国内生产总值（Nominal GDP），另一种方式则是购买力平价（PPPs）国内生产总值。我们没有明确的理由说明哪一种测量方式更好，不过，考虑到花费在文化生产过程中的人力，购买力平价国内生产总值或许能更准确地反映各国的实力。两组数据都来自国际货币基金组织，而这里的排名基于2010年的数据。括号里的第一个数字是该国的购买力平价国内生产总值排名，第二个数字则是名义国内生产总值排名。

笔者执笔时最新资料，新闻集团（News Corporation）或许是最“全球化”的全球性传媒企业，它的市场仍然高度依赖发达国家。2009 年，新闻集团 94% 的营收来自北美、澳大利亚和欧洲（News Corporation，2009，p. 95）。其他主要传媒机构的情况也大同小异：以同一年（2009）的资料计，维亚康姆有 90% 的收入来自美国和欧洲（Viacom，2010，p. 106）；迪士尼有 93% 的收入来自美国、加拿大和欧洲（Walt Disney Company，2010，p. 71）；贝塔斯曼公司更甚，来自欧洲和美国的收入高达 95%（Bertelsmann，2009，p. 57）；培生集团也有 87% 的收入来自美国、加拿大和欧洲（Pearson plc.，2009，p. 97）。

这些数据不是说发达国家的媒介产品没有渗透或覆盖发展中国家，也不是说其后果无足轻重，但必须按比例原则来看。欧美发达国家的公司支配本国市场，又在其他市场——主要是发达国家市场——激烈竞争，这构成了现代帝国主义崛起的先决条件。

相比之下，第三个问题则更为棘手，我们很难判断哪些国际性的文化交流构成了文化帝国主义。一方面，有些形态的文化交流确是文化帝国主义：美国之音、英国广播公司世界服务（BBC World Service）和英国文化教育协会[①]等机构，皆由帝国主义国家资助，旨在推广母国的观念、信仰和价值。另一方面，许多文化交流活动不能归入文化帝国主义的范畴，例如，制作公司在国际市场售出节目样式，就是一种简单的贸易活动，不大牵涉国家干预，这跟在海外销售用来观看这些节目的电视机并无二致。在这两极之间，有各种案例，需要具体分析才能准确分类。分类的时候，必须谨记以下七点：

1. 帝国主义或文化帝国主义的概念，都不会预设任何国家有侵略性的政策，也不会预设上流社会的资本家与戴礼帽的官员阴谋同盟。资本主义企业之间在“正常”的经济竞争中，的确会发生冲突，但只有当国家被卷进来试图解决冲突时，才算是帝国主义的冲突。国家可以宣称自己的政策旨在推动“自由与民主”，

① 译者注：英国文化教育协会（British Council）成立于 1934 年，是英国提供教育机会和促进文化交流的国际机构。该机构是英国皇家特许的非营利机构，与全球 100 多个国家开展合作，涉及艺术文化、英语语言、教育和社会发展领域。

有时也不无道理，但追求这些目标可能把它们带入与其他国家的冲突中。

2. 文化帝国主义既可能是进攻性的，也可能是防御性的。以往的讨论通常聚焦于文化帝国主义的进攻性现象，例如谈判签约以开放视听市场。相反的例子则是利用国家权力，阻止他国进入本国文化生产领域，如美国为了防止本国电视台被外国人掌控，规定外国人不能持有 25% 以上的股份。与之类似，欧盟也规定综合广播频道必须播放特定份额的欧洲节目。

3. 如前所述，倘若帝国主义指的是调动国家，介入国际关系，以促进经济发展，那么国际文化交流要成为文化帝国主义，就必须证明有国家行为介入。

4. 进而言之，文化帝国主义的“帝国”维度取决于国家行为的在场，而不是相关文化产品的性质。之所以成为文化帝国主义，不是因为一档电视节目或一种语言本身的特质，而是因为使用了国家权力。即便博伊德 - 巴雷特所列出的条件皆存在，媒介自身也不会成为“帝国主义”媒介（Corcoran，2004，pp. 15–16）。以爱尔兰为例，英国文化帝国主义在爱尔兰有悠久的历史，但是英国广电信号溢播到爱尔兰，却不属于这个范畴。

5. 我们必须区分“文化帝国主义”——简单地界定为在国际文化领域使用国家权力——以及和帝国主义紧密关联的有些文化交流。英语在国际上的地位是一个好例子。英语本身不是“帝国主义”语言。英语在世界各地流行（特别是爱尔兰），以前的确与帝国主义政策紧密关联，但现在英语在全世界范围普及，倒是因为过去两百年主导世界的帝国势力基本上是英语国家：先是大英帝国，后是美国。英语在印度的存在不是因为语言本身的特质，而是因为英国在印度的长期殖民统治；英语本身不是文化帝国主义，而是帝国主义的文化后果之一。

6. 对受众造成特殊影响，不是文化帝国主义（或帝国主义的文化后果）成立的必要条件。在某些情况下，明显来自帝国中心的文化形式被属地的子民热情接纳。例如板球在印度主流文化中的核心地位，远超出它的原地；板球运动的控制权，昔日在伦敦，今日却在印度。在其他情况下，文化现象在不同的地方可能会产生不同意义，在某些地方流行却在其他地方乏人问津，或被改造成混杂的文化样式。文化现象到底会产生多大影响，又是什么样的影响，这些是经验研究的问题；至于这些现象是国家行为所致还是单纯的经济交换行为所致，则与这个问题不相干。早期文化帝国主义理论假定，文化产品交易的本质造成这些后果，其实它们只是许多可能的后果之一。

7. 在经验上，同质化的“民族文化”极难成立，但文化帝国主义理论不必涉及这个概念，因为马克思主义理论认为，现代国家是不同阶级斗争的产物，而不是一个民族的自然表达。我们没有理由假定，文化帝国主义的代理人（大型资本主义公司和强大的现代国家）或对象（经济、政治和军事力量相对弱小的国家）的种族或文化是同质的。在帝国主义国家和受其“青睐”的国家内部，都有支配性和附属性的文化。

〉》五、后果

运用上述标准的第一个后果是，我们可能提出一个可行的、连贯的文化帝国主义概念，避免席勒的理论所招致的各种批评。我们有可能探究在文化产品的生产和流通中，国家权力和文化权力如何交织为用。第二个后果是，“文化帝国主义”一词将用在比以往更为狭隘的范围内，尽管“帝国主义的文化后果”这个范畴可能相当大。

20 世纪七八十年代，文化帝国主义概念盛行，我们不妨审视一些当时最富争议的问题，以说明文化帝国主义是什么意思。如前所述，不管参与者的动机是什么，“世界信息与传播新秩序”最终卷入美苏的帝国主义对抗中。论争中的某些议题无疑属于修正版的文化帝国主义范畴，例如美国国务院和美国电影协会建立起密切的、公开的同盟，以保证贸易条约确保美国电影自由进入其他国家的音像市场。但其他议题，例如非洲报道的特点，包括被报道的社会领域和以前（甚至现在）报道所做的许多假设，则属于帝国主义的文化后果这个范畴。

未来，这些概念的现实意义会变得更加明显。美国霸主和新的挑战者的直接经济对抗无疑是当代世界的重要特征。我们在上面看到，美国国务卿已经开始从策略冲突的角度阐发这种对抗关系。随着印度等经济体日渐强大，我们会看到，这些国家和支配世界两百余年的西方国家会有更多的竞争和冲突。此情此景，就好像 19 世纪末大英帝国所建立的“自然”支配格局遭到德国挑战，后来又遭到美国和苏联挑战。我们关注的是媒介，不是当代世界的地缘政治，因此无须猜测这一次对抗是否会带来早期冲突那样的后果，我们也只能热切期盼，这一次的后果会不一样，不像上一次那般恐怖。

不过，从媒介的角度，我们可以从六个方面展望，这些更广泛的经济和政治变化会引起的论争和冲突：

1. 各国宣传活动的直接对抗。过去十余年的重大发展之一，就是国家支持的国际广播电台激增，挑战现有的（不管是国有的或私营的）国际广播电台。再引用希拉里·克林顿的观点，她认为，在中东，“我们（美国）正在打一场信息战，我们正在输…… 半岛电视台在赢”（Dombey，2011）。未来，挑战可能扩大。半岛电视台是一个特例，在阿拉伯世界拥有相当庞大的受众。美国有线电视新闻网（CNN）和英国广播公司（BBC）在多数时间和多数地方受众规模都不大，但一小部分精英受众的关注足以跟大规模受众关注一样成为焦点。

2. 新闻和新闻业本质的冲突。国有广播电台已卷入何为“新闻”的争论中，质疑深植于各国的对新闻文化的假设。美国记者、新闻机构和学者有一套熟练的、自觉的专业行为准则，他们对此准则深信不疑，也不断这样表达，然而现实有时与意识形态不合。实际上，其他传统的记者并不赞同这些观点，只要回想 2008 年关于报道西藏所引起的争议，就明白新闻记者、学者，甚至一般人都可能表达不同看法。

3. 规制国际媒介流动的冲突。自从 1947 年关税及贸易总协定（GATT）签署以来，保护文化产业便一直是国际贸易谈判的一项主题。关贸总协定第 4 条第 4 款允许为大荧幕电影设置放映限额。原始条款规定，“放映限额的限制、放宽或取消需进行谈判”，但从这一条款中衍生出的文化保护主义却一直延续到今天。

各国保护本国创意产业的种种努力，往往引发激烈的公开争论。历史上，要求开放市场、允许自由贸易，通常是最强大国家提出的，在一般的经济领域如此，在创意产业领域亦然。但随着经济实力的重心转移，攻势和守势也可能互换。昔日热切的贸易保护主义者可能变成明天的自由贸易者，反之亦然。半岛电视台难以登上美国有线电视频道，稍许透露这种反转的端倪。随着经济力量平衡的转变，谁拥有电视频道和电台的问题势必加剧。

4. 互联网控制的冲突。互联网管治的权力分配反映了旧的国际秩序。例如，在撰写本章之际，互联网名称与数字地址分配机构（ICANN）理事会有 21 人，其中只有 1 位中国人（来自台湾）、2 位印度人（其中一位定居美国多年）（ICANN，2011）。监督根服务器的委员会，要向美国国家电信和信息管理局的频谱管理办公室报告。互联网用户和商业力量向亚洲转移，必将引发应该在哪里做出决策，决策团体应该如何构成的争论。信息社会世界峰会（WSIS）的进展说明，这类争论往往将经济和政治力量搅合在一起。

5. 知识产权保护的冲突。众所周知，计算机程序、电影、视频节目以及音乐领域，都有盗版或翻版的问题。吊诡的是，随着经济平衡的转变，我们可以期待这方面的国际冲突可能降低。例如，亚洲广电大台也有输出内容的野心，已经改变对节目形式的态度。

6. 流行文化本质的冲突。流行文化产品领域也发生国际冲突。我们只要想一想好莱坞怎么再现日本人、俄国人，就能看到国际斗争密切联系到意识形态，在未来还会继续。同时，经济权力的转移，使得不同国家的文化形式得以流行：加勒比地区曾经流行板球，如今流行篮球运动，便是个中著例。另一个例子是，日本经济的发展曾经带动动画的视觉风格流行，如今中国动漫产业勃兴，可能延续这一过程。流行文化所在的场景和内容也在变化：在西方的酒吧消磨一夜，或到中国卡拉 OK 唱一晚，两者的距离还是遥远得很。

这里提到的某些议题，在目前的媒介场景中已经很明显了，其他议题则将在未来十年变得更重要。若单单以经验方式罗列这些变化，可以借助任何理论框架，也可以完全没有理论框架。但若要分析并解释这些变化，就必须借助适当的理论了。这些议题都有单纯的经济维度，但也或多或少牵涉国家行为，够格的理论必须解释这两个维度。因此，在国际传播研究中，帝国主义、文化帝国主义以及帝国主义的文化后果必将成为理论框架的重要组成部分。

（李红涛 / 译，陈楚洁 / 校）

参考文献：

Ang, I. (1995). *Watching* Dallas*: Soap opera and the melodramatic imagination.* London: Methuen.

Bauman, Z. (1998). *Globlization: The human consequences.* Cambridge: Polity Press.

Bertelsmann. (2009). *Annual report.* G ü tersloh: Bertelsmann.

Boyd–Barrett, O. (1977). Media imperialism: Towards an international framework for the analysis of media systems. In J. Curran, M. Gurevitch, & J. Woollacott, eds., *Mass communication and society* (pp. 116–35). London: Edward Arnold.

Bukharin, N. (1972). *Imperialism and world economy.* London: Merlin. Callinicos, A. (2009). *Imperialism and global political economy.* Cambridge: Polity.

Corcoran, F. (2004). *RTÉ and the globalization of Irish television.* Bristol, UK: Intellect.

Dombey, D. (2011). US struggling to hold role as global leader, Clinton says. *Financial Times,* 2 March. Retrieved 7 March 2011, from http://www.ft.com/cms/s/0/5ff5669c–4508–11e0–80e7– 00144feab49a.html–axzz1FCm5vqgK.

Ferguson, N. (2003). Empire: How Britain made the modern world. London: Allen Lane.

Ferguson, N. (2004). *Colossus: The rise and fall of the American empire.* London: Allen Lane.

Frank, A. G. (1967). *Capitalism and underdevelopment in Latin America: Historical studies of Chile and Brazil.* New York: Monthly Review Press.

Galtung, J. (1971). A structural theory of imperialism. *Journal of Peace Research* 8 (2):

81–117.

General Agreement on Tarrifs and Trade (GATT). (1947). *WTO legal texts.* 30 October. Retrieved 27 April 2011, from http://www.wto.org/english/docs_e/legal_e/gatt47_01_e.htm.

Glaser, C. (2011). Will China's rise lead to war: Why realism does not mean pessimism. *Foreign Affairs* 90 (2): 80–91.

Hamelink, C. (1997). World communications: business as usual? In M. Baillie & D. Winseck, eds., *Democratising communication? Comparative perspectives in information and power* (pp. 407–25). Cresskill, NJ: Hampton.

Hardt, M., & Negri, A. (2000). *Empire.* Cambridge, MA: Harvard University Press.

Harvey, D. (2005). *The new imperialism.* Oxford: Oxford University Press.

Hobson, J. (1902). *Imperialism: A study.* London: George Allen and Unwin.

International Monetary Fund. (2010). World economic outlook database. October. Retrieved 14 February 2011, from http://www.imf.org/external/pubs/ft/weo/2010/02/weodata/index.aspx.

Internet Corporation for Assigned Names and Numbers (ICANN). (2011). *Board of directors.* Retrieved 29 April 2011, from http://www.icann.org/en/general/board.html.

Kemp, T. (1967). *Theories of imperialism.* London: Dennis Dobson. Kraidy, M. (2005). *Hybridity, or the cultural logic of globalization. Philadelphia: Temple University Press.*

Lee, C.-C. (1980). *Media imperialism reconsidered.* Beverly Hills, CA: Sage.

Liebes, T., & Katz, E. (1990). *The export of meaning: Cross-cultural readings of* Dallas. Oxford: Oxford University Press.

Louw, P. E. (2011). Revisiting cultural imperialism. In H. Wasserman, ed., *Popular media, democracy and development in Africa* (pp. 32– 45). Abingdon: Routledge.

Magdoff, H. (1972). Imperialism without colonies. In R. Owen & B. Sutcliffe, eds., *Studies in the theory of imperialism* (pp. 144–70). London: Longman.

Mann, M. (2003). *Incoherent empire.* London: Verso.

Mattelart, A. (1979). *Multinational corporations and the control of culture: The ideological apparatuses of imperialism.* Brighton, UK: Harvester.

Maxwell, R. (2003). *Herbert Schiller.* Lanham, MA: Rowman & Littlefield.

McGregor, R., & Dombey, D. (2011). Defense: a question of scale. *Financial Times, 6 March.* http://www.ft.com/cms/s/0/695f48d8- 4823-11e0-b323-00144feab49a.html-axzz1FvhvUx4v.

Miller, D. (1995). The consumption of soap operas: "The young and the restless" and mass consumption in Trinidad. In R. Allen, ed., *To be continued . . . soap operas around the world* (pp. 213-33). London: Routledge.

Morley, D. (2006). Globalisation and cultural imperialism reconsidered: Old questions in new guises. In J. Curran & D. Morley, eds., *Media and cultural theory* (pp. 30-43). London: Routledge.

Ndlela, N. (2009). African media research in the era of globalization. *Journal of African Media Studies* 1 (1): 55-68.

News Corporation. (2009). *Annual report.* New York: News Corporation. Panitch, L., & Gindin, S. (2004). *Global capitalism and American empire.* London: Merlin Press.

Pearson plc. (2009). *Report and accounts.* London: Pearson.

Rothkopf, D. (1997). In praise of cultural imperialism? *Foreign Policy* 107:38-53.

Schiller, H. (1970). *Mass communications and American empire.* New York: Augustus M. Kelley.

Schiller, H. (1976). *Communication and cultural domination.* White *Plains, NY: M. E. Sharpe.*

Schumpeter, J. (1951). *Imperialism and social classes.* Oxford: Basil Blackwell.

Sinclair, J. (1999). *Latin American television: A global view.* Oxford: Oxford University Press.

Smith, A. (1980). *The Geopolitics of information: How Western culture dominates the world.* London: Faber.

Straubhaar, J. (2007). *World television: From global to local.* London: Sage.

Tomlinson, J. (1991). *Cultural imperialism.* London: Pinter.

Tunstall, J. (1977). *The media are American: Anglo–American media in the world.* London: Constable.

Tunstall, J. (2008). *The media were American: US mass media in decline.* Oxford: Oxford University Press.

Viacom. (2010). *Transition report persuant to Section 13 or 15 (d) of the Securities Exchange Act of 1934.* New York: Viacom.

Walt Disney Company. 2010. *Annual reports pursuant to Section 13 or 15(d) of the Securities Exchange Act of 1934.* Burbank, CA: Walt Disney Company.

第 9 章 / “去西方化”与世界主义的媒介研究

De-Westernization and Cosmopolitan Media Studies

西尔维奥·卫斯博德

詹姆斯·柯伦与朴明珍主编的《“去西方化”媒介研究》问世，适时疾呼，从地理上和知识上拓展传播与媒介研究的疆界，旨在通过“考量非英美国家的经验，以拓宽媒介理论和对媒介的理解”（Curran & Park，2000，p.11）。该书包括十几个篇章，提出一个规范性的论断，解释媒介研究领域须更具包容性与世界性。这是新进推动媒介研究走向“国际化”的一个著例（Thussu，2009）。我们并不缺乏英文的研究成果，考察世界各国在媒介制度（Fox & Waisbord，2002；McCargo，2008；Romano & Bromley，2005；Sakr，2007；Voltmer，2006）、新闻实践（de Burgh，2005）、媒介政治（Lilleker & Lees-Marshment，2005；Stromback & Kaid，2008），以及新闻伦理（Ward & Wasserman，2010）等方面的最新变化。20 世纪 90 年代，“一切都要全球化”，学术界亦不例外，柯伦与朴明珍主编的这本书力陈我们为何必须打破学术的偏狭。“去西方化”意味着考虑世界各地的案例，以开阔的视野分析，而以前大家由于语言障碍或者缺乏兴趣，对这些案例并不了解。柯伦与朴明珍的目的是激发英美研究者对于世界上其他地区的好奇心。

媒介研究领域从头就带有浓郁的西方（尤其是英美）口音。在两次世界大战期间，这个领域诞生于西方社科传统的理论与问题交汇（Katz et al.，2003）处。分析焦点与理论一直都是西方的，尤其是美国的理论。媒介研究以西方为中心，不足为奇。主导该领域的研究问题，有媒介效果、新闻实践以及媒介与舆论等，主要折射了美国与西欧学者们的研究重心，毕竟是他们为本领域奠定了基础。同样，理论框架也深植于西方政治学、心理学、社会学理论的各种认识论预设与分析传统中。本领域虽以交叉学科、跨学科的交汇地自居，其实大致还是集中了美国关切的问题，基本上依凭西方的社会思想。西方中心主义，不独以媒介研究为然，近年来这种批评也见诸其他社会科学与人文学科。在多元文化主义、解构主义和庶民研究的影响下，学者们开始批评社会分析中的西方焦点与知识范畴（Rudolph，2005）。

正当各学科都在辩论这个问题时，柯伦与朴明珍提出了媒介研究"去西方化"的目的、策略与学术政策等问题。"去西方化"的目的何在？是为了丰富以英文发表研究的总量，为了质疑这种研究的偏狭性，还是为了以更多案例去推进理论建构？需要何种方法与分析策略才足以"去西方化"？是要在西方学术界中把非西方研究制度化，还是要研究分析全球性的问题？谁需要"去西方化"？西方学者与非西方学者能否声气相通？这个辩论只攸关西方学术界，还是同样适用于"全球南方"的学术界？这些问题的答案都并非不言自明。

本章旨在讨论"去西方化"媒介研究的目的与策略。基于我自己对媒介研究的特殊兴趣，我的分析将聚焦于媒体与政治研究。本章提出如下观点："去西方化"应当为世界主义的研究提供养分。世界主义研究的特征是，对比较性、全球性的问题与取径深具敏感，并积极介入全球化的论争。"去西方化"不应像"区域研究"那样，把世界各地区"巴尔干化"（balkanization）。反之，它应该使理论与研究议程"去中心化"（decentralization），以突显全球化的视角与问题。"去西方化"不只要照顾国际性的研究与视角，更要彰显从各种媒介与政治制度中提出的问题与论断，从而使研究变得全球化。世界主义媒介研究的依归，在于理论和经验问题能否跨越地理与学术的边界。

〉》一、由区域研究抵达“去西方化”的媒介研究为何行不通?

有人会说，应该毫不犹豫地接受媒介研究的“去西方化”。“去西方化”当然是既美好又可取的，谁会说漠视世界其他地方是有益于学术生活呢？唯有敞开心灵，才能界定知识工作与学术想象力（Bourdieu，1988；Mills，1959），这正是世界主义最近几十年为人称道的原因（Appiah，2007；Held，1995）。康德理解的世界主义，就是一个懂人情世故的、好学的、有好奇心的心灵，并友好对待外国人。所以，地方主义是一个贬义词，学术心灵不当如此。所以理论家们坚信，国际教育对于培养世界主义的心灵至关重要（Hansen，2008；Nussbaum，1996）。忽视世界上多数媒介制度，就违背了知识的开放性，但认为研究非西方媒介就必然是好的也不足取。西方的媒介研究史已充分证明，研究非西方社会的目的是模糊的。研究非西方媒介的动力不同，甚至截然相反：有的要将西方新闻 / 媒介制度的理想正当化并加以宣扬，有的要批判地审视西方的预设，有的要探索其他社会及其媒介制度。

“去西方化”的目的模糊不清，有必要加以廓清。“去西方化”要使西方媒介研究减少一点偏狭，并且欢迎世界各地的研究。我们可以支持非西方媒介的知识生产，也可以不去了解或不在乎全球性的观点与发现，两种学术心态并存；它们可以平行发展，既不开展有意义的对话，也不挑战对方预设或分析的焦点。即使西方得到更多非西方的案例，或越来越接纳非西方社会的研究，也未必使人抛弃地方主义，未必促人反思流行的范式。

因此，以区域研究为策略，将世界各地的研究整合到学科或领域中特定的地区，并不能解决媒介研究“去西方化”的主要挑战。在“冷战”岁月，西方社会科学和人文学科但凡涉及非西方世界的，都打着区域研究的旗帜。区域研究是围绕地理标签组织起来的（如“南亚”和“中东”），假定邻国之间必有共性，于是“拉美研究”将美国以南的国家当作一个群体来分析，假定它们在政治史、经济、文化等方面有着共同的特征。[①]

以区域研究组织“非西方”知识，这个方式颇成问题。问题主要不在“软的”经验研究（即“区域研究”）与“硬的”理论（即“美国”研究）的差别（Bates，1997；Franco，1988；Graham & Kantor，2007）。若把“国际研究”具体化为区域研究，会带来几个问题。研究者们会以西方的地理范畴，复制他们如何构思学术知识的形式（Krastoska，Raben，& Schulte Nordholt，2005；Nugent，2010；Simpson，1998；Szanton，2004；Yudice，2003）。区域的划分沿袭了西方对世界地区（如“拉美”和“东南亚”）的建构，这些地区因为地缘政治和战略原因联系在一起，与学术分析无关。“区域研究”建立的分析范畴各自为政，阻碍了不同地区之间的对话与合作。最后，“区域研究”进一步建构“非西方”为“他者”（Harbeson，1997；Rafael，1994）。

这些批评揭示了学术的孤岛性与碎片化——建构出了分隔的地理界限。区域研究得出的结论是，即便区域专家感兴趣，对研究领域也可能无关宏旨。区域专家把学术研究塞进明晰的地理范畴，却缺乏理论或方法的特点。通常，研究必须提出问题，以了解某些国家或地区的媒体制度，新闻实践，新闻报道的原因、特征与后果。即使这些问题再重要，如果没有与广泛的讨论联系起来，也与整个领域可能并无直接关系。对个案的“深描”（Geertz，1973）主要只是区域专家们感兴趣，他们强化了以地理、政治、社会与文化边界为基础、画地自限的分析。这种取向对整个领域的影响很有限。

这些局限性见诸写有非西方案例的著作中，它们所讨论的问题虽然有趣，却未能提出与整个领域相关的理论，因为以区域研究为名，它们主要关注在地的现象，不太参与广阔的理论讨论。结果，一大批丰富的国际文献，聚焦于“西方”议题的理论或概念论争却影响甚微。区域专家只跟区域专家对话。吊诡的是，纵

① 可以说，在过去半个世纪，美国的区域研究完全没有达到政治学、历史学和文学等其他学科中媒介研究的国际化水平。这个问题超出了本章的分析范围，但值得进一步关注。应对下列三个原因进行考察：传播 / 媒介研究与社会科学和人文学科相比起步“晚”、重点大学中各个学科之间悬殊的实力、基金会和政府机构在“二战”后拿去发展区域研究的公共和私人资金数额。

使他们对同样的理论问题感兴趣，譬如新闻框架的力量、不同类型的议程设置效果、商业媒介对政治知识的影响，彼此却活在不同的学术世界之中。结果，地理分野无助于元理论的讨论以及知识的异花授粉。

这种问题见于某些著作中，虽然展示了世界各地多元的案例，却未能充分联系到共同的主题或问题。它们对国际化的贡献在于，提供了许多以英文发表的案例，但本身却未必深究西方学术的论旨。在皮帕·诺里斯看来，除非它们围绕广泛而共同的问题做出理论贡献，否则这些研究不过是世界“豪华游”罢了（Norris，2009）。研究各国案例本身倒不是问题，问题是如何将这些研究和发现联系到更广泛的理论或经验辩论中。区域研究所聚焦的问题和论旨，也许关乎某些地区，却并未增加整个领域的知识体系。

“区域研究”还有其他挑战，它假定国家之间具有共性，故归成一类来研究，其实我们必须批判检讨这种假定。它采取本质化的看法，把内在的共性归诸地理区域，这些区域不过是政治与学术建构起来的，它忽视了区域之内以及区域之间的深刻异同。事实上，无数国别/区域研究已显示，地理区域内部有重要差异，致使制作分组标签成为问题。南非应当跟非洲其他地区合为一组吗？莫桑比克、肯尼亚和塞内加尔有不同的殖民者，遗留的媒介不同，应与非洲其他地区合为一组吗？俄罗斯应该与委内瑞拉比较吗？中东最开放的媒介制度（黎巴嫩）应该与君主制国家（摩洛哥和沙特阿拉伯）的媒介制度比较吗？印度尼西亚与其他穆斯林占多数的国家应该被归为一组吗？巴西市场化媒介的传统强大，新闻实践深受美式专业主义影响，其他拉美国家没有这些条件，它们应该合在一组吗？

质疑地理分组的逻辑，不啻是盘问“西方”与“非西方”的二元划分标准。如果继续建立西方与非西方的差异，是否有把国家、区域与学术本质化的危险（Godrej，2009）？到底何谓“非西方”？将几十个国家统归为“非西方”，既是因为它们所处的地理位置，也是因为它们与西方的共同关系。但维持这种分野的理由并不充分。当然，不论是“西方”传统和地缘政治的捍卫者，还是“西方文明”的批评者，都使用了这种二分法。主导社会科学半世纪的分析和意识形态范畴（譬如第一/第三世界、中心/边缘）如今已备受质疑，难道我们不应该慎用或干脆弃用“西方 / 非西方”的二分法吗？

我们如何回答这些问题，就看媒介研究将什么理论挑战摆在优先位置。就算共同的媒介历史、语言、殖民历史与政体使区域分组合理化，维持地理分析的边界仍是问题。执着于整齐的地理划分，反而使我们忽略了一点：必须用理论问题驱动研究议程。在地与区域的发展必然产生经验问题，诸如媒介与政权过渡的关系、右翼民粹主义崛起的媒介角色、新媒体对于政治认同的影响，这些问题都源自特定国家的具体发展，与这些国家的媒介 / 政治制度的关系自然更紧密。然而，区域研究仅仅根据经验相关性来处理问题，而不考虑它们在媒介研究领域的重要性。区域分割使区域学者关起门来对话，研究并未惠及地理边界之外的其他学者。

区域研究的另一个问题，是维护“方法民族主义”（Beck，2007；Beck & Sznaider，2010），也就是聚焦现代国家边界的“国内”问题。贝克认为，全球性的意识与行动抬头，“国内”问题不是最迫切要解决的或最重要的。“方法民族主义”忽视了一点：必须从全球化的角度，重新思考问题。从“在地 / 国内”移向“全球”，研究者研究的问题必须超越政治地理的边界。

贝克不必要地淡化了以“民族”和“国家”为分析单位的持久意义。全球问题出现，并不能否认一系列在地 / 国家层面的问题的重要性。例如，尽管全球化加快，媒介政治以及媒介—政治模式（Hallin & Mancini，2004）大致仍以在地和国家的动态为主轴。这不是“非此即彼”的问题，而是需要关注多个层次的问题。但贝克呼吁要有“全球性”思维，倒中肯地说明媒介研究的视角有待拓展，不啻及时矫正了区域研究的地理偏狭性。区域研究学者不太从全球发展与趋势角度思考问题，而是倾向于分析那些与在地和国内相关的问题。

概言之，有些学者视区域研究为媒介研究“去西方化”的道路，有强化学术孤岛性与碎片化的风险。他们假定了某些共性，却未检讨地理分割的基础，维持和鼓励互不通气的讨论。案例凸显理论问题在不同场景如何演绎，这当然很重要，不过将具有地理差异的“案例知识”碎片化与固态化，却遏制了跨区域与全球性的论辩。

最后，倘若我们此时沿着区域研究的方向，去谋求媒介研究的“去西方化”，那将是极其错误的。区域研究忽略了媒介研究和政治传播的基本挑战，至今尚未在众多案例基础上建立起有力的经验通则与广阔的理论视野。文献中奠基性的与当代的理论，大多出自英美的案例研究。媒介研究要拓宽分析基础，才能确定西方命题在跨媒介、跨政治制度之后具有多大力度。总之，区域研究除了“本质主义”和“地缘政治”的预设，还强化了学术的孤岛性与互不交叉的讨论。

》 二、世界主义的媒介研究

为了克服区域研究的局限性，我提倡用世界主义观，以促进媒介研究的“去西方化”。这里，世界主义指一种超越地理界限的多元视角与发展之开放性分析态度。

学术的世界主义观，建基于近年来社会科学和人文学科的“世界主义”转向（Caney，2005；Dallmayr，2003；Held，1995；Nussbaum，1996）。世界主义取自古典与现代哲学，通常与当前的规范理论连在一起，主张超越传统国家边界，而对正义、法律、人权与政治做出道德承诺。世界主义拥护世界性治理，假定全球社群都是世界公民，而且都是平等的成员。当今，人口、思想与物品空前流动，政治、经济与文化边界互相渗透，世界公民提供了对关键问题和迫切需求的回应。沿着这些思路，媒介学者（Chouliaraki，2006；Silverstone，2006）力陈，在培育世界主义意识和公民的过程中，媒介扮演着关键角色。

世界主义媒介研究要求研究整个世界，以挑战现有的知识预设、范畴与结论。它从全球化和彼此连接的世界现状出发，旨在带出世界主义的愿景（Fine，2007）。世界主义媒介研究不是总汇世界各地“案例研究”的同义词。它背驰明显的地理分割，地理分割只会把“他者”在“国际”和“全球”范畴中更加具体化。世界主义学术研究并没有沦落为热情好客的"国际性"研究，而是要从全球化的视角，批判地检视世界的差异，从而明察理论视野，并界定经验问题（也可参见 Miller，2009）。

世界主义的取向可以提升全球的异同意识（Ong，2009）。在一个彼此连接与多重流动的世界中，世界主义使学者们将分析视野拓展到国家边界之外。它增进全球的敏感度，以世界各地研究的分析性问题为指引，推动知识与对话的全球化，也鼓励以国界为别的专家在普遍性的理论与概念方面做出贡献。

世界主义媒介研究并不假定政治、经济、社会与文化差异的边界不重要。相反，它假定我们必须考虑这些边界，以求拓展研究议程，并根据异同提出论断。跨媒介和跨政治制度的对比，可提供证据检验结论。这样，世界主义学术当能克服主要以英美学术建构的理论局限。因为这些国家的媒介与政治各有独特的传统，撒一张更大的地理之网，是改进理论所不可或缺的。

世界主义学术也有助于改变知识的流向。媒介研究也跟其他社会科学一样（McFarlane，2006），长期受制于西方（尤其是英美学术）单向的"知识转移"。这种模式是有问题的，它维系由少数国家所制造的理论概念的至尊地位，不符合学术生产多中心化的现实。因此，世界主义学术提倡全球的平等交换与讨论，以矫正观念流动的一面倒。

我不是说"世界主义媒介研究"是一个理想的学术身份，我也不是说，国家边界已被全球化取代，沦为旧秩序的残余，因而媒介与政治研究已无关紧要。我的论断无关乎规范性的公民身份（"在学界生存的一种方式"），也不是把全球性问题放到绝对优势地位。我的提议是以世界主义学术为分析视角，将国际研究和全球对话的理论与批判思考摆在首位。这种取向有利于全球化的学术世界，也有利于应对当前全球化的挑战，我们有必要克服地理分割，使不同研究围绕共同问题与论据展开。

》三、如何"去西方化"与推动世界主义？

正如世界主义的哲学和政治主张一样，世界主义学术也提出了策略问题。世界主义何以可能？何种策略会刺激研究的全球化视角？

基本上，世界主义媒介研究是要将在地研究放到全球性讨论与发展的语境中，使之超越在地的兴趣与现象，而展开对话。它不仅将超越边界的研究问题摆在优先位置，而且要转换提出和解答问题的方式。

我在此要沿着世界主义路线，提出三种研究策略，以追求媒介研究的"去西方化"：处理西方文献中所缺失的问题，针对非西方案例开展比较研究，分析超越地理与区域边界的全球现象。

（一）分析被忽视的议题

第一种选择是以"全球南方"为宝藏，从中开掘案例，这一向是西方所忽视的议题。由于研究议程以西方为中心，全球南方的重要问题在西方排不到前列，甚至根本不被讨论。不出所料，"南方"研究大致只关心在地的或全国性的研究议程，结果，无论在经验上还是在理论上文献都有盲点，反映它们受到西方巨大的影响。

在此，我略举数例。在世界上许多地方，由于不时出现国家动荡，准国家的势力猖獗，传媒表现常处于一种无国籍状态（Waisbord，2007）。在世界各地，媒介与民粹主义的关系各有不同。商业主义对国家控制下的媒介制度的影响，与它在西方国家中对媒介制度的影响截然不同（Porto，2008；Sakr，2007；Zhao，1998）。一个国家如果具有漫长的民族或宗教冲突历史，媒介多元非但不能增进民主的表达，反而加剧分裂与暴力（Ismail & Deane，2008）。市民社会有不同的历史与哲学传统，因而参与媒体政策的机会也与西方相去甚远（Rodriguez，2001；Waisbord，2010）。

这些问题在英美乃至其他西方国家都不常见，英语文献很少去研究它们。这些研究之所以重要，不仅在于它们处理了全球南方某些关键问题，更在于它们揭示了重要的理论问题，帮助人们深刻理解媒介与政治的交汇关系。它们针对一些核心论断（例如表达自由与民主传播、记者的专业认同、媒介范例，以及媒介、国家与市场之间的交汇），提出了重要问题。

研究这些议题，不仅为了显示西方之外“情况不同”，更因为这些问题在西方罕见，烛照它们足以帮助我们反思论断，拓宽分析视野。回到上面的例子：媒介小报化是不是在任何政权和国家都会孕育民粹主义态度与运动？商业化对政府严控的媒介制度有正面效应吗？媒介多元主义必然会促进民主表达，还是会培植宗派主义与两极分化？世界各地行动者推动媒介改革，前景会迥然不同吗？倘若是，为什么？

（二）开展比较研究

媒介研究“去西方化”的另一个策略，是本着世界主义学术的精神做比较研究。自从布鲁默和古雷维奇（Blumer & Gurevitch，1975）的宏文发表，这几十年来，他们对媒介与政治比较研究的兴趣与日剧增。他们后来又发表了另外一篇文章，说明开展系统比较的重要性，因为人们需要“了解不同语境下（譬如由不同类型的国家政权、政治机构、文化地区、发展水平或媒介制度所衍生出来的）如何形塑政治传播的过程”（Gurevitch & Blumler，2004，p.327）。最近，学者们重燃对比较研究的兴趣（Esser & Pfetsch，2004；Hallin & Mancini，2004；Voltmer，2008），摆脱过去以意识形态来区分媒介 / 新闻模式的取向（Siebert，Peterson & Schramm，1956；有关批评参见 Nerone，1995）。这些比较研究共同的前提是，欲求概念与理论严谨，结论必须源自比较分析（也可参见 Norris，2009）。同时，比较研究的动机是打破文献中的“美国中心论”。文献中的中心论断和理论，都反映美国媒介与政治的特性，故有必要探究它们的普适性。

跨国比较研究的主要贡献，不仅使研究不那么狭隘，更是如同其他学科所讨论的，比较方法可以产出更强的命题和普遍理论（Skocpol & Somers，1980）。它最大的长处不在于关注不同的语境，或刺激求知欲，而是能提供更坚实细致的理论结论。

最近的媒介与政治研究文献中进行的比较研究可分为两类。一类是隐性比较，考察从一个国家（或媒介 / 政治制度）获得的结论是否适用于另一个国家（或媒介 / 政治制度），但不做国与国的比较。另一类是显性比较，对发生在两个以上国家的某些现象（如新闻内容、竞选活动、媒介对政治知识的影响）做比较。隐性比较主要检验从研究美国得来的结论在其他场景中是否适用，例如新闻框架对政治态度和政治参与的影响（Aarts & Semetko，2003；de Vreese & Semetko，2002）、政治精英对新闻内容的影响（Archetti，2008；Sheafer & Wolfsfeld，2009）、媒介制度的特性对公民信息的影响（Curran et al.，2010）、政治传播制度对投票率的影响（Baek，2009），以及议程设置与政策制定的动态变化（Baumgartner，Green-Pederson & Jones，2006；Walgrave & Van Aelst，2006）。相对来说，显性比较则检视两个以上国家的媒介与政治，解释其异同，近例包括：关于战争与和平的新闻报道（Dimitrova & Stromback，2005；Peng，2008）、移民（Benson，2010）、媒介模式（Hallin & Mancini，2004），以及总统传播（Hallin & Mancini，1984）。比较新闻报道、媒介制度以及媒介制度与政治制度的互动，目的是根据多个案例提出有证据支持的理论论断。

这两种比较研究提供洞见，改善原有的论断。例如，它们质疑了美国研究最初建立的关于新闻、犬儒主义与参与之间的必然联系，其实在不同的媒介与选举环境下，悲观的新闻框架未必会抑制参与，也未必加剧政治犬儒主义（de Vreese & Semetko，2002）。它们力证，媒介制度的公共或商业性质会影响新闻品质和公民的信息水平（Curran，et al.，2010）。同样，分析移民、战争、反战运动和丑闻的新闻报道（Canel & Sanders，2006）显示，媒介制度与政治制度的特性及其互动确实会影响到新闻内容（Dimitrova & Stromback，2005；Peng，2008）。制度层面的差异在跨国比较研究中体现得最清楚，因此，国际研究最能提供具普遍性的理论，说明新闻中介化的政治话语如何生产。

政治传播中新近的比较研究主要聚焦于西方，检验美国的论断是否适用于欧洲，或比较欧洲各国的发展与趋势。这是不足为奇的，因为美国在传播 / 媒介研究（尤其是政治传播）中占据卓越地位，而地理上的邻近、地区性学术网络以及资助机构，也在鼓励欧洲的跨国研究；还有，许多欧洲学者能用英文流利写作，欧洲各大学也提供诱因，鼓励他们以英文发表文章或出版著作（Lillis & Curry，2010），这些都刺激了比较研究的蓬勃发展。

然而，倘若仅归因于泛欧学术网络和美国学界的全球地位，却又是不对的。有理由相信，以西方为焦点的新近比较研究之所以蓬勃发展，其实是因为美国 / 西欧更适合做比较研究。它们似乎满足跨国比较研究的关键条件，即约翰 · 斯图尔特 · 密尔（John Stuart Mill）在《逻辑学体系》（*A System of Logic*，1843）中提出的"异同法"。举凡"政党—传媒"平行主义、公共广播制度、小报媒介以及议会制度，都使得欧洲国家成为跨国比较的一方沃土。此外，北大西洋两岸既有同（如稳定的民主制度和共同的哲学传统），也有异（如媒介制度与政治制度），这也促进了美国与欧洲国家的比较。

比较西方与非西方，挑战更大，因为必须解释的差异更多，而有意义之"同"却更难发现。比较研究应该选择足够相似而又不同的案例，而不是聚焦差异太悬殊的案例（Przeworski & Teune，1970）。国家之间的差异太大，就难以控制差异，难对因果关系得出精准的论断。显性比较比隐性比较更难解决这个挑战。若不同国家之间的媒介、政治历史与动态差异巨大，就很难解释造成异同的因素。隐性比较（即"X 国的结论适用于 Y 国吗？"），更能有效解决这个挑战。

将隐性比较应用于非西方语境，有望为由西方所支配的媒介与政治研究带来新洞见。在所有民主制度中，新闻媒介都会激发政治兴趣和政治参与，并促进"良性循环"吗？（Norris，2000）各国政治精英针对各种议题新闻（Bennett，2005），会行使相同的权力吗？以精英为主的新闻，会持续缩小公共议题和公民发出声音的范围吗？软新闻会激起年轻公民的政治兴趣吗？新媒介（从有线电视到"社交媒体"）会加剧政治极化现象吗？何种因素会影响媒体报道恐怖主义？新社会运动如何利用新兴信息技术表达需求，推进政治目标？不同的媒介会促进还是抑制政治参与？“后广播”媒介（Prior，2007）会强化政治信息获取的不平等吗？为何美国新闻业的危机反而不如全球南方国家严重？公民团体如何制造新闻？市民社会如何形塑媒介改革的进程？

概言之，新近的案例研究检验了在其他政治与媒介环境中产生的主题的适用性，以及欧洲所开展的比较研究，彰显了两种有效的“去西方化”策略。这两种研究的共同点是；解释了媒介与政治互动时“语境”是否重要以及如何重要，它们显示了案例研究和小样本的比较对改善理论结论的好处。

（三）分析跨边界与全球性的问题

去西方化的第三种途径，是分析超越国家与地区边界的经验问题。在地/国家的案例研究中学者极少关注这些问题。研究全球的现象或过程，可以突显异同，考察原因、特征及后果。

一条可能的研究路径是：研究经意或不经意超越在地边界的“全球媒介事件”。“计划的”全球媒介事件（Dayan & Katz，1992），例如奥运会、世界杯、美国总统就职典礼、加冕礼、国葬，预计会有多得不得了的观众，正好可以提出媒介全球化的态势、受众阐释、在地与全球的纽带、新闻报道的政治性等有趣的问题。相反，“非计划的”媒介事件则超越一个国家的政治/媒介边界，成为世界各国报道与讨论的对象。例如，“穆罕默德漫画风波”（Eide，Kunelius & Phillips，2008），从最初的在地新闻事件迅速演变成了全球事件。全球性的新闻报道显露了全球新闻伦理、国际新闻、公共外交等重要问题。任何媒介内容都可能在互联网中“病毒般扩散”，直至扩散到全球各地，这样的新闻事件可能成为全球化媒介政治的常规特征。

另一套“全球性问题”涉及整个地球的发展，不囿于某一个国家或地区的趋势与现象。新近的例子包括：新闻实践与范例的全球化（Cohen et al.，1996）、政治的现代化/美国化（Scammell，1998；Swanson & Mancini，1996）、政治媒介化（Canel & Sanders，2006；Stromback，2008）、政治的个人化（McAllister，

2007)、政治的专业化(Esser, Reinermann & Fan, 2001; Holtz-Bacha, et al., 2007)、媒介民粹主义(Mazzoleni & Schulz, 1999)、世界各地的叛乱团体采纳类似的传播策略(Bob, 2005)、使用手机和其他新信息平台从事公民参与(Aday & Livingston, 2008)。这些发展超越了政治和媒介制度的国家边界，必须跨边界地研究。倘若它们并非某一国的媒介和政治制度所独有，就有理由假定是由全球化力量所引起的。

这一条研究路径表明，同质化和异质化两股力量同时起作用。媒介和政治制度的类似发展可能有类似原因，却未必会产生相同的结果。它们反映了全球事件与趋势，经由跨国机构与技术而传播，影响在地与国内的动态。诸如商业化、政党危机和新闻低俗化等趋势促进了世界范围内类似进程的兴起，但它们也融入了以在地媒介和政治机构的逻辑为基础的具体过程中。

总之，本节提出的三条研究路线，是媒介研究“去西方化”、提倡世界主义学术的策略。

〉》四、全球化与世界主义媒介研究

然而，学术政治可能不会大力支持世界主义学术。学界虽对世界主义与学术全球化有一腔热情，但世界主义的视角未必能轻易契合学术习惯。向世界主义的转向未必带来知识论的重要转变，也未必会导致对媒介研究的严肃质疑。毫无疑问，全球化增进了世界各地的传播与学术联系；全球学术知识网络，包括信息技术、专业机构、国际会议等，增加了连接，却未必促进贝克构想的分析与研究的重大改变。这些发展虽带来了新动力，增添了学术议程的新问题，却还远远未能促使学者们反思研究和理论取向。世界主义媒介研究无法顽抗学术现实，在地 / 国家研究仍有持续的吸引力。

"在地性"继续为选择题目、采用视角、架构学术研究，提供强大的激励力量。地理接近性、研究机会、语言以及既有的专业网络，都使学者们倾向于选择在地与国家的问题进行研究。"民族国家"是现代社会思想最重要的分析单位（Gerring，2007），在这个基础上做"案例研究"仍然十分引人注目。世界主义学术能否取代"国家"学说，或者会不会使研究问题的概念化产生重要却有限的变化，尚存疑。全球化的学术界是全世界学者的社群，与在地/国家问题的优势地位并行不悖。

另一个挑战则是全球学术知识生产的失衡，满书架都是首先偏向美国、其次才是欧洲的媒介政治研究。英语是全球学界的通用语，美国的学术产量惊人，由来已久自北而南的信息流动，都突出了美国的媒介与政治研究。只要西方研究媒介与政治的专家们认为，研究西方的发展足以产出有价值的知识，他们就不觉得有必要使研究兴趣全球化，或省察分析取向。尽管学术正在走向全球化，研究议程可能仍透着浓郁的英美味道，限制着世界主义学术的影响力。在地因素对决定研究议程有举足轻重的作用，以前的学术知识流动也持续存在，"去西方化"的呼吁可能引起西方和其他地方媒介学者的强烈共鸣，也可能导致研究重点发生转变。

我们必须通过学术生产与研究议程的平台，激发世界主义的视角，以应对这些挑战。专业协会、资助机构、学术课程、期刊以及丛书，都需要以有助于加强媒体理论的方式来激发全球化的讨论与研究。我并不是说只有全球性问题才能拓宽研究视野，产出更好的理论。地理范围不能决定稿件的品质或理论价值。为了探究与充实理论命题，确定语境在媒介化政治中是否重要、如何重要，"案例知识"仍是相当关键的。然而，在此关键时刻，我们有必要以世界主义的观点，促进媒介研究的"去西方化"。研究具有普遍性理论意义的案例，开展跨国比较研究，分析全球性的发展与趋势，有望使研究领域更具包容性，提出更细致的命题。

》五、结论

毋庸置疑，过去二十年，媒介研究已经没有那么美国中心主义了。欧洲研究者们重燃兴趣，颇有助于检查最初在美国发展出的结论。专业或私人网络中的持续合作，欧盟机构和基金会的支持，推动这个趋势，前景可期（例如Koopmans & Statham，2010）。同时，“国际研究”的书籍与期刊稳定出版，增加了以英语撰述的“非西方”案例。进一步的跨地区对话与合作很有必要，在全球化的世界，“区域研究”无助于多边对话，反而巩固“向内看”的论辩。世界主义学术提供另类出路，这将进一步分散研究领域，并增进围绕共同理论与经验问题的合作。但世界主义媒介研究所要求的制度条件，尚未发展充分。此外，资助来源、语言障碍和地理距离也限制了全球化研究潜力的发挥。当务之急在于，讨论以什么方式使媒介研究不但接受而且参与全球论断，也接受全球视角。

（黄顺铭/译，宋韵雅/校）

参考文献

Aarts, K., & Semetko, H. A. (2003). The divided electorate: Media use and political involvement. *Journal of Politics* 65 (3): 759–84.

Aday, S., & Livingston, S. (2008). Taking the state out of state–media relations theory: How transnational advocacy networks are changing the press–state dynamic. *Media, War & Conflict* 1 (1): 99–107.

Appadurai, A. (2001). *Globalization.* Durham, NC: Duke University Press.

Appiah, A. (2007). *Cosmopolitanism: Ethics in a world of strangers.* New York: W. W. Norton.

Archetti, C. (2008). News coverage of 9/11 and the demise of the media flows, globalization and localization hypotheses. *International Communication Gazette* 70 (6): 463–85.

Baek, M. (2009). A comparative analysis of political communication systems and voter turnout. *American Journal of Political Science* 53 (2): 376–93.

Bates, R. H. (1997). Area studies and the discipline: A useful controversy? *PS: Political Science and Politics* 30 (2): 166–69.

Baumgartner, F. R., Green-Pedersen, C., & Jones, B. D. (2006). Comparative studies of policy agendas. *Journal of European Public Policy* 13 (7): 959–74.

Beck, U. (2007). The cosmopolitan condition: Why methodological nationalism fails. *Theory, Culture & Society* 24 (7–8): 286–90.

Beck, U., & Sznaider, N. (2010). Unpacking cosmopolitanism for the social sciences: A research agenda. *British Journal of Sociology* 61:381–403.

Bennett, W. L. (2005). *News: The politics of illusion.* New York: Longman.

Benson, R. (2010). What makes for a critical press? A case study of French and U.S. immigration news coverage. *International Journal of Press/Politics* 15 (1): 3–24.

Binderkrantz, A. S., & Green-Pedersen, C. (2009). Policy or processes in focus? *International Journal of Press/Politics* 14 (2): 166–85.

Blumler, J. G., & Gurevitch, M. (1975). Towards a comparative framework for political communication research. In S. H. Chaffe, ed., *Political communication: Issues and strategies for research* (pp. 165–95). London: Sage.

Bob, C. (2005). *The marketing of rebellion.* New York: Cambridge University Press.

Bourdieu, P. (1988). *Homo academicus. Trans.* P. Collier. Cambridge: Polity Press.

Canel, M. J., & Sanders, K. (2006). *Morality tales: Political scandals and journalism in Britain and Spain in the 1990s.* Creskill, NJ: Hampton Press.

Caney, S. (2005). *Justice beyond borders: A global political theory.* New York: Oxford University Press.

Chouliaraki, L. (2006). *The spectatorship of suffering.* London: Sage Publications.

Cohen, A. A., Levy, M., Roeh, I., & Gurevitch, M. (1996). *Global newsrooms, local audiences: A study of the Eurovision news exchange*. London: Libbey.

Curran, J., & Park, M.–J., eds. (2000). *De–Westernizing media studies*. London: Routledge.

Curran, J., Salovaara–Moring, I., Coen, S., & Iyengar, S. (2010). Crime, foreigners and hard news: A cross–national comparison of reporting and public perception. *Journalism* 11 (1): 3–19.

Dallmayr, F. (2003). Cosmopolitanism: Moral and political. *Political Theory* 31 (3): 421–42.

Dayan, D., & Katz, E. (1992). *Media events: The live broadcasting of history*. Cambridge, MA: Harvard University Press.

de Burgh, H., ed. (2005). *Making journalists: Diverse models, global issues*. New York: Routledge.

de Vreese, C. H., & Semetko, H. A. (2002). Cynical and engaged: Strategic campaign coverage, public opinion, and mobilization in a referendum. *Communication Research* 29 (6): 615–41.

Dimitrova, D. V., & Stromback, J. (2005). Mission accomplished? Framing of the Iraq War in the elite newspapers in Sweden and the United States. *International Communication Gazette* 67 (5): 399–417.

Eide, E., Kunelius, R., & Phillips, A. (2008). *Transnational media events: The Mohammed cartoons and the imagined clash of civilizations*. G 鰐 eborg: Nordicom.

Elenbaas, M., & De Vreese, C. H. (2008). The effects of strategic news on political cynicism and vote choice among young voters. *Journal of Communication* 58 (3): 550–67.

Epstein, D., Boden, R., Deem, R., Rizvi, F., & Wright, S., eds. (2007). *Geographies of knowledge, geometries of power: Framing the future of higher education*. New York: Routledge.

Esser, F., & Pfetsch, B. (2004). *Comparing political communication: Theories, cases, and challenges.* New York: Cambridge University Press.

Esser, F., Reinemann, C., & Fan, D. (2001). Spin doctors in the United States, Great Britain, and Germany: Metacommunication about media manipulation. *Harvard International Journal of Press/Politics* 6 (1): 16–45.

Fine, R. (2007). *Cosmopolitanism.* London: Routledge. Fox, E., & Waisbord, S. R. (2002). *Latin politics, global media.* Austin: University of Texas Press.

Franco, J. (1988). Beyond ethnocentrism: Gender, power, and the third–world intelligentsia. In C. Nelson & L. Grossberg, eds., *Marxism and the interpretation of culture* (pp. 503–15). Urbana: University of Illinois Press.

Geertz, C. (1973). *The interpretation of cultures.* New York: Basic Books.

Gerring, J. (2007). The case study: What it is and what it does. In C. Boix & S. Stokes, eds., *The Oxford handbook of comparative politics* (pp. 90–122). Oxford: Oxford University Press.

Giddens, A. (1990). *The consequences of modernity.* Stanford, CA: Stanford University Press.

Godrej, F. (2009). Response to “what is comparative political theory?” *Review of Politics* 71 (4): 567–82.

Graham, L., & Kantor, J.–M. (2007). “Soft” area studies versus “hard” social science: A false opposition. *Slavic Review* 66 (1): 1–19.

Gurevitch, M., & Blumler, J. G. (2004). State of the art of comparative political communication research: Poised for maturity? In F. Esser & B. Pfetsch, eds., *Comparing political communication: Theories, cases, and challenges.* New York: Cambridge University Press.

Hallin, D. C., & Mancini, P. (1984). Speaking of the president: Political structure and representational form in U.S. and Italian television news. *Theory and Society* 13 (6): 829–50.

Hallin, D. C., & Mancini, P. (2004). *Comparing media systems: Three models of media and politics.* New York: Cambridge University Press.

Hansen, D. T. (2008). Curriculum and the idea of a cosmopolitan inheritance. *Journal of Curriculum Studies* 40 (3): 289–312.

Harbeson, J. W. (1997). Area studies and the disciplines: A rejoinder. *Issue: A Journal of Opinion* 25 (1): 29–31.

Held, D. (1995). *Democracy and the global order: From the modern state to cosmopolitan governance.* Stanford, CA: Stanford University Press.

Holtz–Bacha, C., Mancini, P., Negrine, R., & Papathanassopoulos, S. (2007). *The professionalization of political communication.* Bristol, UK: Intellect.

Ismail, J. A., & Deane, J. (2008). The 2007 general election in Kenya and its aftermath: The role of local language media. *International Journal of Press/Politics* 13 (3): 319–27.

Katz, E., Peters, J. D., Liebes, T., & Orloff, A., eds. (2003). *Canonic texts in media research: Are there any? Should there be? How about these?* Malden, MA: Polity Press.

Koopmans, R., & Statham, P., eds. (2010). *The making of a European public sphere: Media discourse and political contention.* New York: Cambridge University Press.

Kratoska, P. H., Raben, R., & Schulte Nordholt, H., eds. (2005). *Locating Southeast Asia: Geographies of knowledge and politics of space.* Athens: Ohio University Press.

Lee, F. L. F., & Chan, J. M. (2008). Professionalism, political orientation, and perceived self–censorship: A survey study of Hong Kong journalists. *Issues and Studies* 44 (1): 205–38.

Lilleker, D. G., & Lees–Marshment, J. (2005). *Political marketing: A comparative perspective.* New York: Palgrave.

Lillis, T., & Curry, M. J. (2010). *Academic writing in a global context: The politics and practices of publishing in English.* London: Routledge.

Mazzoleni, G., & Schulz, W. (1999). "Mediatization" of politics: A challenge for democracy? *Political Communication* 16 (3): 247–61.

Mazzoleni, G., Stewart, J., & Horsfield, B. (2003). *The media and neo–populism: A contemporary comparative analysis.* Westport, CA: Praeger.

McAllister, I. (2007). The personalization of politics. In R. J. Dalton & H. D. Klingemann, eds., *The Oxford handbook of political behavior* (pp. 571–88). Oxford: Oxford University Press.

McCargo, D. (2008). *Tearing apart the land: Islam and legitimacy in southern Thailand.* Ithaca, NY: Cornell University Press.

McFarlane, C. (2006). Knowledge, learning and development: A post–rationalist approach. *Progress in Development Studies* 6 (4): 287–305.

Mill, J. S. (1843/1956). *A system of logic*. New York: Longmans, Green.

Miller, T. (2009). Media studies 3.0. *Television and New Media* 10 (1): 5–6.

Mills, C. W. (1959). *The sociological imagination.* New York: Oxford University Press.

Nerone, J. C., ed. (1995). *Last rights: Revisiting four theories of the press*. Urbana: University of Illinois Press.

Norris, P. (2000). *A virtuous circle: Political communications in postindustrial societies.* New York: Cambridge University Press.

Norris, P. (2009). Comparative political communications: Common frameworks or Babelian confusion? *Government and Opposition* 44 (3): 321–40.

Nugent, D. (2010). Knowledge and empire: The social sciences and United States imperial expansion. *Identities* 17 (1): 2–44.

Nussbaum, M. (1996). Patriotism and cosmopolitanism. In J. Cohen, ed., *For love of country?* (pp. 3–18). Boston: Beacon Press.

Ong, J. C. (2009). The cosmopolitan continuum: Locating cosmopolitanism in media and cultural studies. *Media, Culture & Society* 31 (3): 449–66.

Peng, Z. (2008). Framing the anti–war protests in the global village: A comparative study of newspaper coverage in three countries. *International Communication Gazette* 70

(5): 361–77.

Porto, M. P. (2008). Democratization and election news coverage in Brazil. In J. Stromback & L. L. Kaid, eds., *The handbook of election news coverage around the world.* New York: Routledge.

Prior, M. (2007). *Post–broadcast democracy: How media choice increases inequality in political involvement and polarizes elections.* New York: Cambridge University Press.

Przeworski, A., & Teune, H. (1970). *The logic of comparative social inquiry.* New York: Wiley–Interscience.

Rafael, V. L. (1994). The cultures of area studies in the United States. *Social Text* 41:91–111.

Rodr í guez, C. (2001). *Fissures in the mediascape: An international study of citizens' media.* Cresskill, NJ: Hampton Press.

Romano, A. R., & Bromley, M. (2005). *Journalism and democracy in Asia.* New York: Routledge.

Rudolph, S. H. (2005). The imperialism of categories: Situating knowledge in a globalizing world. *Perspectives on Politics* 3 (1): 5–14.

Sakr, N. (2007). *Arab television today.* New York: I. B. Tauris.

Scammell, M. (1998). The wisdom of the war room: US campaigning and Americanization. *Media, Culture & Society* 20 (2): 251–75.

Sheafer, T., & Wolfsfeld, G. (2009). Party systems and oppositional voices in the news media: A study of the contest over political waves in the United States and Israel. *International Journal of Press/Politics* 14 (2): 146–65.

Siebert, F. S., Peterson, T., & Schramm, W. (1956). *Four theories of the press: The authoritarian, libertarian, social responsibility and Soviet communist concepts of what the press should be and do.* Urbana: University of Illinois Press.

Silverstone, R. (2006). *Media and morality: On the rise of the mediapolis.* Cambridge: Polity Press.

Simpson, C. (1998). *Universities and empire: Money and politics in the social sciences during the Cold War.* New York: New Press.

Skocpol, T., & Somers, M. (1980). The uses of comparative history in macrosocial inquiry. *Comparative Studies in Society and History* 22 (2): 174–97.

Sparks, C. (2008). Media systems in transition: Poland, Russia, China. *Chinese Journal of Communication* 1 (1): 7–24.

Stromback, J. (2008). Four phases of mediatization: An analysis of the mediatization of politics. *International Journal of Press/Politics* 13 (3): 228–46.

Stromback, J., & Kaid, L. L. (2008). *The handbook of election news coverage around the world.* New York: Routledge.

Swanson, D. L., & Mancini, P. (1996). *Politics, media, and modern democracy: An international study of innovations in electoral campaigning and their consequences.* Westport, CT: Praeger.

Szanton, D. L. (2004). *The politics of knowledge: Area studies and the disciplines.* Berkeley: University of California Press.

Thussu, D. K. (2009). Why internationalize media studies and how? In D. K. Thussu, ed., *Internationalizing media studies.* London: Routledge.

Vliegenthart, R., Schuck, A. R. T., Boomgaarden, H. G., & De Vreese, C. H. (2008). News coverage and support for European integration, 1990–2006. *International Journal of Public Opinion Research* 20 (4): 415–39.

Voltmer, K. (2006). *Mass media and political communication in new democracies.* New York: Routledge.

Voltmer, K. (2008). Comparing media systems in new democracies: East meets South meets West. *Central European Journal of Communication* 1 (1): 23–40.

Waisbord, S. (2007). Democratic journalism and “statelessness.” *Political Communication* 24 (2): 115–29.

Waisbord, S. (2010). The pragmatic politics of media reform: Media movements and coalition–building in Latin America. *Global Media and Communication* 6 (2): 133–53.

Walgrave, S., & Van Aelst, P. (2006). The contingency of the mass media's political agenda setting power: Toward a preliminary theory. *Journal of Communication* 56 (1): 88–109.

Ward, S. J. A., & Wasserman, H. (2010). *Media ethics beyond borders: A global perspective.* New York: Routledge.

Yudice, G. (2003). Rethinking area and ethnic studies in the context of economic and political restructuring. In J. Poblete, ed., *Critical Latin American and Latino studies* (pp. 76–102). Minneapolis: University of Minnesota Press.

Yusha'u, M. J. (2009). Investigative journalism and scandal reporting in the Nigerian press. *Ecquid Novi: African Journalism Studies* 30 (2): 155–74.

Zhao, Y. (1998). *Media, market, and democracy in China: Between the party line and the bottom line.* Urbana: University of Illinois Press.

第 10 章 / 在地经验， 全球视野：国际传播研究的文化性

Local Experiences, Cosmopolitan Theories: On Cultural Relevance in International Communication Research

李金铨

君子和而不同，小人同而不和

——《论语》

今天的世界实际上是个混杂、迁徙与跨界的世界。

——萨义德（Edward W. Said）

从特殊性出发，我们可以拾级攀登到普遍性；但从宏大理论出发，我们再也回不去直觉地了解特殊性了。

——兰克（Leopold von Ranke）

〉》一、前言

一位著名英国学者问我："在美国中西部大学教国际传播这么多年有什么心得？"我半开玩笑地回道："美国学生老把他们的国家摆在'国际'的对立面，而不是将它看作'国际'的一部分。因此，'国际'学生是'外国'学生，'国际'传播自然就是'非美国'传播了。"北美职业棒球队的年终赛号称"世界杯"，仿佛美国就是世界，世界就是美国。"国际传播学会"之为"国际"，不外乎是每四年选一个"海外"大都会的希尔顿或喜来登酒店开一次年会罢了。该学会一向以美国人为主，如今外籍会员已攀升，占 42%（会员增长最迅速的是中国），而且隔年就选在海外开年会，但我仍然怀疑这是"收编"更多外国人做美式研究，而不是酝酿一场认识论与方法论的静默"革命"。唐宁（Downing，2009）调查了美国大学的导论教材及课程内容，获得的结论是"愈走愈偏狭，而不是朝国际化的方向走"。布尔迪厄（Bourdieu，2001）批评以西方价值当作全球标准是一种"普适性的帝国主义"。这个"以西方为全球"的霸道模式，其实起源于西方的特殊语境，我模仿布尔迪厄，称之为"特殊性的偏狭主义"。

有些学者疾呼"传媒研究必须国际化"，他们尚未完全被美式主流研究同化，又有"跨文化"或"多文化"的经验与身份认同。唐宁（Downing，1996）质疑，传媒研究大抵来自少数政治稳定、经济富裕的民主国家——它们有得天独厚的条件，深具新教背景，又有海外殖民的纠葛，岂能概括第三世界的经验？科伦和朴明珍（Curran & Park，2000）最早提倡传媒研究"去西方化"，以纠正"西方传媒理论仅仅关注自己而眼光偏狭"的弊病。科伦（Curran，2005）左右开弓，攻击美国新闻研究只顾向内看，又批评以欧洲为中心的传媒和文化理论妄称有普适性。屠苏（Thussu，2009）与汪琪（Wang，2011）编辑的论文集相继做了一些"去西方化"的努力，可惜这两本书中收录的论文的水平参差不齐。大致上，发出"去西方化"微音的，多半是非主流学者（也有例外，如科伦），只有位处边缘，才愿意跨界去交叉连接不同的知识领域。

冷战结束后，美国的胜利意识高涨，志得意满，与“国际传播国际化”的呼声形成尖锐对比。美国宣称注定要领导“世界新秩序”（Nye，1990），一意要把象征新自由主义的“华盛顿共识”延伸到全世界。“全球化”的口号高喊入云，非但没有促进国际或跨文化的对话，反而变成美国维护外交利益的潜台词，为其“天命论”披上一层浪漫的理论外衣。例如福山（Fukuyama，1992）声称，20世纪里自由主义击败了法西斯主义，自由主义成为“历史的终结”。岂料二十二年后他却转个大弯，宣称“政治衰退”与“民主退潮”（Fukuyama，2014）。冷战期间，亨廷顿（Huntington，1993）倡导现已破产的“现代化理论”，冷战结束后他又提出“文明冲突论”，论点简单化约，极尽夸大西方与儒家、伊斯兰文明冲突之能事，仿佛这些文明既铁板一块，又一成不变。亨廷顿关注的不是如何化解文明冲突，而是担心文明冲突会给美国利益与西方价值带来潜在威胁。“全球化”的进行曲震天价响，但国际传播却不太“国际化”。

在本章文字里，我首先要论证：极端的实证方法论忽视“文化性”，把文化特殊性扭曲为抽象的普遍性，将西方的世界观强加于全世界，成为普遍的实践标准。接着，我愿意以个人的知识生涯为例，检讨美国国际传播范式的问题。然后，我呼吁重新审视韦伯式的现象学，探讨它对国际传播研究有何启示，从而使人们认真对待文化意义这一问题，而非仅将文化视为社会或心理因素的前因、后果或残余变项。

在进入正题以前，我必须说明几点：第一，我们不全盘接受西方支配性的观点，也反对抱残守缺的本土观点。萨义德（Said，1995，p.347）说，文化与文明是混种的、异质的，“彼此紧密关联，相互依赖，无法简单刻画它们的个性”。在一端，类似福山（Fukuyama，1992）与亨廷顿（Huntington，1993）占据话语霸权，以致封闭了另类思想与平等对话。另一端有李光耀的“亚洲价值”等盘踞，都自以为是，是抗拒自由民主的逆流。过犹不及，两种立场都不可取。第二，普遍性与特殊性间有辩证关系，一味抹杀特殊性会造成霸道的学术殖民；但一味诉诸特殊性，又毫无普遍意义，必然一事无成。文化解释赋予特殊性以丰富的生命，使特殊性与普遍性积极互动；而凸显特殊性，正可以使普遍性更加生动活泼。第三，社会科学在西方两百年不到，中国于 19 世纪末引入社会科学以后，社会动荡与政治干扰频仍。传播学在中国尚在襁褓之中，有待摸索它的语言与范式，思考它的认识论与方法论。我们当然应该鼓励中西交流，但必须取精用宏，无损于文化根基。

〉》 二、美国主导性范式的陷阱

20 世纪 70 年代初，我有缘接触到一系列“发展传播”显学的名著，于是一脚踏入年轻的国际传播领域。引领这个范式的学者勒纳（Daniel Lerner）、施拉姆（Wilbur Schramm）和罗杰斯（Everett M. Rogers），都以现代化理论为圭臬，试图解释传媒在国家发展中的角色与功能。“现代化理论”是美国社会科学家在政府的鼓励下所构建的，认为经济发展是促进政治民主化的关键，完全符合美国战后外交政策的思路（Diamond，1992）。二战结束后，美国推动“马歇尔计划”，拉拔欧洲各国从废墟中重新站起来。东西冷战开始以后，美国在全球的扩张达到巅峰，在第三世界推动“国家发展”项目。

（一）勒纳：《传统社会的消逝》

施拉姆与罗杰斯坦承受惠于勒纳的理论，施拉姆的研究（Schramm，1964）是影响深远的二手研究，我打算聚焦于勒纳与罗杰斯，并从勒纳（Lerner，1958）的著作《传统社会的消逝》开始。此书在国际传播领域被公认是经典之作，左右了学术方向和问题意识至少二十年，但在社会学现代化理论群中的地位却不突出。在本节我将集中讨论勒纳如何“索证”以自圆其说。

20 世纪 50 年代，美苏两国在中东宣传战中角逐，哥伦比亚大学做问卷调查，证明美国轻易胜出。勒纳（Lerner，1958，p.46）根据调查资料再分析，提出一个现代化的模型：

工业化程度愈高，都市化程度也愈高；都市化程度高，将带动识字率提高；识字率提高，接触传媒机会上升；接触传媒机会上升，可望提高公众在政经生活的参与度。

勒纳的论旨很简单：一个社会要告别传统，步入现代，人们必须摆脱传统宿命论的桎梏；要摆脱宿命论，就要培养所谓的“移情”（empathy，或译同理心）能力，也即“精神的流动性”（psychic mobility）。这是一种现代化人格，令人敢于想象宿命以外的角色与情境。传媒无远弗届，正是移情的“魔法扩散者”，洵是社会变迁的关键触媒。只要人人具备移情能力，整个国家自然就从传统踏入现代化的门槛了。

学界对勒纳理论的批评，过了这么多年，大致已经耳熟能详，举其要者包括：第一，严格地将传统与现代分离，而不是培养一种创造性的综合；第二，他运用简单的社会心理学概念（移情能力）解释宏观的社会变迁，以致漠视社会结构僵硬的因素、全球霸权、帝国主义与后殖民情境；第三，他错以为西方现代化的路径适合全世界；第四，“后进”的第三世界与“先进”的欧美国家在现代化进程中，面临不同的结构条件（Lee，1980，pp.17–24）。

勒纳相信，现代化进程是直线的，美国只不过走在中东前头，中东将来必步美国后尘。他断然宣称：“一言以蔽之，中东追求现代化，就是希望变成美国那样。”（Lerner，1958，p.79）美国经验不仅适用于地理上的“西方”，更投射成为全球行之有效的模式。当新兴国家有人怀疑美国经验是否适合，因而呼吁建立另类模式时，勒纳毫不妥协，痛斥“种族中心的窘境”是“现代化的重大障碍”（Lerner，1958，p.ix）。然而，他的现代化直线发展论毕竟是背驰史实的：历史社会学家穆尔（Moore，1967）揭示，西方现代化的历史（英、美、法、德、俄）其实是崎岖而殊途的；蒂利（Tilly，1975）指出，西欧民族国家不是自然而然形成的，而是经历了榨取、镇压与强制的血淋淋过程，今天得到这个好结局是始料未及的，这种好运未必能够再复制。

回到方法论上，我最关心的是他如何举证，自圆其说。他属意在“多样性中寻求统一原则”，此话何解？“透过说明事物的规律，我们记录现代化的过程；透过指出偏差，我们可以将各国放到适当的阶段。”（Lerner，1958，p.77）换言之，他为了建立普遍性，不惜抹杀差异性，把“例外”消解于普遍规律之中，这是实证主义一般处理问题的方法。在哲学上，他的举证方式是一种“目的论”，充满了循环逻辑，先有结论，再找证据。他模拟一个金字塔式的“现代化”（也就是西化）指标，土耳其与黎巴嫩高居塔尖，埃及与叙利亚夹在中间，而约旦及伊朗则垫在塔底。为了“证明”这个先验模型的正确性，他分头对六个国家的个案进行了叙述，文笔雄健，故事生动，著名政治学家拉斯韦尔（Harold Lasswell）在书的封底赞誉其叙述“引人入胜”。作者所写的每一个国家的案例，其实混合了史实、奇闻逸事及二手资料分析，他用这个方式“建构现代化理论，刻画所有中东民族必经之道”。

在方法论方面，我要提出三点评论。首先，作者显然先入为主，有了结论，再在各章节穿插各种有趣生动的例证。但例子通常充满片面性，容易以偏概全，纵然巧为既有立场自圆其说，却无力证伪。一般读者未必看得出这一层的问题。其次，作者承认，在比较各国经验时采取“相当的自由度”，他选的个别议题因国而异，这样做旨在“讨论传播、经济与政治行为间的显著关联”（Lerner，1958，pp.103–104）。每个国家的故事单独看都精彩，但六个国家合起来一道比较，无论选择的事实、强调的题目以及证据的解释都甚为随意，这样得出的“显著关联”实欠严谨。重读此书，我强烈感觉到他的假设就是结论，结论就是假设，理论殿堂建设在动摇的经验基础上面。最后，作者一味追求“多样性的统一”，以常态象征现代化，不合解释体系的“异例”则被归为“未现代化”的国家。然而，与其轻易抹杀这些“反证”和“异例”，何不引为重新思考理论的契机？作者从不承认他的理论是有瑕疵的、片面的，甚至错误的。如果他肯仔细思考“反证”和“异例”，也许就不敢硬撑“现代化直线发展”的假设与结论了。

（二）罗杰斯：《创新扩散》

有学者以“无形的学府”为喻，研究“创新扩散”学术群体的形成与互动（Crane，1972），可见这个范式曾经产生了重要影响。《创新扩散》一书流传广泛，在四十年的学术生涯里，罗杰斯连续增订五版。他建立一套“通则库”（propositional inventory），说是为经验证据与理论概念搭桥。在第一版，罗杰斯整理了405篇文章，以美国与欧洲学者的研究为主。在第二版，罗杰斯归纳了1 500篇研究，提炼了103个命题；随着20世纪60年代发展中国家的研究显著增加，作者自信满满，此版被加上了“跨文化取径”的副标题（Rogers & Shoemaker，1971）。在第三版，作者从3 085篇案例中筛选出91个命题，其中30%的研究文章来自发展中国家，作者宣称他的书越来越没有文化偏见（Rogers，1983）。到了第四版（Rogers，1995），该版收录文章繁多，不及细载，只能估算为4 000篇。在他辞世以前出的第五版，收录文章估计达到5 200篇（Roger，2003）。

“通则库”的结构风格独特，保留在前后五个版本中。我最初接触到此书第二版（Rogers & Shoemaker，1971），书中每个命题都附有“评分表”（其他版本取消了），令我印象深刻。例如在该书第五章中：

> 早采纳（创新）的人比晚采纳（创新）的人更可能是意见领袖（共42篇，76%支持；另13篇不支持）。
>
> 早采纳（创新）的人比晚采纳（创新）的人，其所从属的制度可能更具有现代规范（共32篇，70%支持；另14篇不支持）。

当时我刚进入研究所的门墙，接触到这些意简言赅、貌似科学的推论，立即被吸引到国际传播的领域（后来罗杰斯一度成为我的业师）。若干年后，我才逐渐接触到其他学者的批评。有学者（Downs & Mohr，1976）批评罗杰斯那些命题晦涩难解，因为经验支持太不稳定。罗杰斯（Rogers，1983，p.132）回复道，比起其他社会科学研究，创新扩散的稳定性毫不逊色。这个辩护也许不无道理，但我不禁怀疑，他参考的文献来自各个领域，在综合的过程中是否会有意无意磨平经验证据的矛盾，以提高命题的稳定性。又有学者（McAnany，1984）指责罗杰斯的命题太琐碎粗糙，无助于理论建构，这个批评更伤筋动骨。就本文所关注的方法论范围而言，我倒是想问：如果一个通则出现高达百分之三十或更多的"异例"，是被当作一般的"例外"打发掉，还是应该以此为鉴，借机批判或反省理论假设的有效性？

尽管创新扩散的许多研究源自发展中国家，但整个文献既缺乏"比较的"视野，也不是真正意义的"跨文化"研究，而是径自在海外前哨复制美国的理论预设、框架及世界观。例如，罗杰斯（Rogers & Svenning，1969）由美国国际开发总署资助，采用相同问卷的译本，在巴西、尼日利亚、印度与哥伦比亚做调查，探讨传播对农民所造成的影响。他们假定国家脉络间没有文化意义的差异，就是有也无关宏旨，否则怎么会在异地散发相同的问卷？罗杰斯在《创新扩散》各版中曾小幅修正他的理论：第一，他批评主流范式忽略"创新扩散"的负面功能，以个人为单位，没有注意到结构的制约作用（Rogers，1983）；第二，他提出汇合模式，以取代线性扩散模式（Rogers，1995）；第三，他增添新议题（如网络、艾滋病、恐怖主义等）的扩散过程（Rogers，2003）。这些技术性的修修补补，实在无补于大局，"现代化理论"的诘难者未免感到隔靴搔痒，完全没有回答他们提出的问题。

在方法论上，"比较研究"必须通过三个考验（Smelser，1976，p.166）：首先，不同的社会能否比较？其次，抽象的概念在不同社会是否同义？最后，用以衡量概念的经验指标在不同的社会是否同义？任何研究都必须照顾到概念与经验的效度和信度，但比较研究必须更进一步考虑不同的社会文化脉络如何影响到理论与经验的联结。以此标准衡量，"创新扩散"的过程俨然是单一的，是放诸全球而皆准的，不因社会脉络而改变。论者可能辩说：罗杰斯（Rogers，2003）的书搜集不同文化的许多案例，怎能说是漠视文化差异？然而，如同勒纳对个别国家的描述，罗杰斯的这些案例即使再盎然有趣，也都带有高度的选择性；作者只会选择符合既定立场的故事，不会选择相左的例证，更不会从“跨文化”的高度省察理论或方法的预设。

总而言之，知识一般由中心扩散到边陲，由发达国家扩散到发展中国家，从西方扩散到东方。学术霸权不能单靠强制胁迫，而要靠制约“跟从者”一些核心信念及预设，使之心悦诚服，或视为当然；一旦“跟从者”把信念或预设内化甚至制度化以后，就会形成知识上的依赖，再也无法产生有意识的反省、抵抗或挑战。“创新扩散”的影响力在国际传播交流中日渐式微，但在市场营销、公共卫生与农业推广等领域仍然持续不衰。此外，它在全球中心的影响日渐消退，但在边陲国家却仍颇具权威。第三世界如此缺乏自信与警觉，正是彰显了学术霸权根深蒂固的影响。倘若问“后现代转向”有何积极意义，那就是“去中心化”与“多极中心”未尝不可能，哪一天边陲也可能成为中心。因此，维持学术警觉及文化自觉，就显得特别迫切而必要了。假如海外研究只一味替美国中产阶级的世界观背书，“跨文化”研究还有什么价值？

》三、韦伯式的现象学研究取径

综上所述，勒纳量身打造中东各国的案例以圆其说，罗杰斯抽绎的结论率皆“一方面……另一方面……”模棱两可。他们都映照了美国主流的意识形态，理论框架里“跨文化”的意义是枯竭的。为了纠偏补弊，我以为国际传播应该回头多重视韦伯式的现象学路径，以获取知识论和方法论的灵感。这个路径先由社会演员（社会行动者、当事人）入手，解释他们所创造的“跨文化”意义，描写深层的动机及复杂多端的结果，并充分考虑到不同的跨文化诠释者所建构的多重现实。

（一）“意义之网”：因果与意义

实证社会科学以自然科学为张本，旨在将复杂的社会现象化约成少数变项，建立其间的因果关系，组成精简的结构，企图以最少的因素解释最多的现象，若能用数学公式呈现出来尤其高妙（Luckmann，1978）。解释性社会科学受到人文学科的启发，旨在以“深描”（Geertz，1973）的方法照明威廉斯（Williams，1977）所说的“感知结构”的复杂意义。怀海德（Alfred N. Whitehead）形容实证主义是“追求简约，然后怀疑之”，意思是：既要寻找那个最精简的结构，又戒慎恐惧，不断自我否定，生怕找错了那个结构。凯瑞（Carey，1992）把这句话俏皮地翻转为：“寻求复杂，并赋予秩序。”人间事物不止因果关系，还牵涉意义的问题；而文化意义千头万绪，复杂万端，不但不能简单化约，还应该细致刻画并剥解其层层的意义，使其井然有序地呈现丰富的意义结构。韦伯式的现象学试图平衡科学与人文，为国际传播“国际化”在认识论和方法论上提供重要的基础。

韦伯的方法论不是刻意发展出来的，而是在与其他学派辩论时被逼出来的。我们讨论韦伯的方法论，当然不能跟他的实践截然割离，[①] 但这篇文字只能粗略涉及韦伯方法论对国际传播的重要启迪。将近七十年前，社会学家希尔斯（Shils，1949）即指出，社会科学已发展出一系列精确的、具体的观察技术与分析方法，在韦伯那个时候连最乐观的人都不敢预见。但他说，学界的兴趣泛滥

① 韦伯的《基督新教伦理与资本主义精神》（Weber，1930）是旷世宏著，但他对中国儒家与印度教的分析则充满争议。韦伯（Weber，1951）认为，儒家无法发展出如卡尔文教派的“入世禁欲主义”，因而阻碍资本主义的发展。余英时（Yu Yingshi，1987）根据文本解读，认为“入世禁欲主义”是中国宗教伦常的一部分，而且在思想上明清两代的儒商关系逐渐改变，两者未必对立，也不分高下，甚至后来弃儒从商也不罕见。他认为中国无法发展出资本主义，未必如韦伯所说归咎于儒家，可能是因为政治与法律体系并未经历理性化的过程。由此可见，恰到好处地运用韦伯的理念类型并非易事。

无归，无法形成核心的知识体系，因此呼吁以韦伯所提的“价值关联”（value-relevance）为选题标准，为社会科学带来一种秩序。这番话在今天尤有现实意义，因为学术日趋行政化，铺排成一条生硬的论文生产线，使得学术“碎片化”的潮流更加势不可当，许多人抱个琐碎的小问题纠缠到底，形成学界各说各话的局面，没有从容交流对话的基础。此时更需要提倡以“价值关联”选题，促进学术多元化，从不同角度在重大问题上互相争鸣。

韦伯式的研究的第一步，从了解社会演员解释他们的“生活世界”开始——用社会科学的术语来说，就是人类学家格尔兹（Geertz，1983）说的“在地知识”（local knowledge）、现象学家伯格和凯尔纳（Berger & Kellner，1981）说的“相关结构”（relevance structure），以及英国文化研究巨擘威廉斯（Williams，1977）说的“过往和活生生的经验”（lived and living experience）。第二步，学者运用有洞察力和概括力的学术概念，协助社会演员在更大的脉络下重释“生活世界”的意义，这是主观解释的客观化，现象学称之为“类型化”（typification）。换言之，社会演员解释“内在于”生活世界的第一层意义，学者把它转化为“外在于”生活世界的第二层意义，当中的桥梁是概念、逻辑和理论架构（Berger & Kellner，1981）。

必须强调的是：韦伯企图平衡“因果充分性”（causal adequacy）与“意义充分性”（meaning adequacy），一方面以“同理心”去理解社会行动的前因后果，一方面阐明社会行动蕴含丰富而复杂的意义。韦伯也讲因果关系，但不像实证主义那么斩钉截铁，而是灵活因应具体脉络而变化；韦伯不追求抽象的“普遍通则”，而是在历史架构内追溯具体之因与具体之果（Ringer，1997；Weber，1978b）。虽然现象学和实证主义都以经验证据为基础，但现象学反对“实证主义”式的因果化约，而力图照明证据里幽暗的多重意义。现象学的双重解释与实证主义的单层解释是迥然异趣的。

在这里，我要提出三点意义来讨论。第一，我们必须谨防“普世性的帝国主义”（Bourdieu，2001），切莫接受自外强加的模式为预设或结论。举凡现代化理论、科技决定论或经济决定论，都可以活络我们的思想，但切切不能取代逻辑推理或剥夺经验证据。例如，德国海德堡大学的一群汉学家（Wagner，2007），硬套哈贝马斯的宏大理论，宣称晚清和民初上海报业已营造了“公共空间”，把中国带入“全球共同体”。我以为，他们以后设的概念曲解历史，没有还原早期上海报纸的历史时刻和语境，以至于一厢情愿，过度诠释公共空间（Lee，2011b）。第二，选题最好以韦伯的“相关结构”为依归，以文化的内在理路和历史经验为主导。我服膺米尔斯（Mills，1959）揭橥的“社会学的想象力”，力图将困惑个人的难题与社会结构的公共议题联系起来，并置个别问题于历史和全球的时空坐标中检视。第三，实证主义者假设，宇宙现象的背后暗藏一套客观规律，科学家的任务便是“发现”这套已经存在的规律。现象学家认为，人文与社会的“意义之网”复杂、矛盾而又统一，略如《论语》说的“毋意、毋必、毋固、毋我”，所以无法以“自然化”的途径直接理解；唯有透过“主客交融”或“互为主观”的方式“建构”与诠释，方能显豁“意义结构”的丰富性，譬如“横看成岭侧成峰”的多元景象。说到这里，不同的诠释社群建构“多重现实”，赋相同事以不同的意义，琢磨切磋，求同存异，也是应有之义了。韦伯不是为国际传播“国际化”提供最坚实的知识论和方法论吗？

我绝非提倡一条鸵鸟式保守或偏狭的学术路径。“在地”不是“偏狭”的同义词，“在地”必须与“全球”随时保持互动。从内在理路发展出来的问题，达到某一点时，自然而然会从具体联系到普遍：我们在适当的时候必须接触浩瀚的文献，或商议之，或诘难之，从而善用世界性的概念，重构更具世界性意义的论述。但以优先顺序来说，宁可从特殊性向普遍性移动，而不可从普遍性向特殊性移动。唯有经过批判、评价、修正，并吸收相关文献，反思具体经验以后，我们才迈步走向普遍性。特殊性与普遍性是一组辩证关系，愈了解自己，也愈会理解别人，这样才会出现有意义的文化对话，而这个对话总是有相关脉络与语境的。19 世纪德国史学泰斗兰克说：“从特殊性出发，我们可以拾级攀登到普遍性；但从宏大理论出发，我们再也回不去直觉地了解特殊性了。”（转引自 Ringer，1997，p.11）国际传播融合在地观点与全球视野，与其用具体经验去迎合抽象理论，不如善用抽象理论来烛照具体经验。经验是马，理论是拖车，要是把拖车绑到马的前面，必本末倒置，得不偿失。试问我们放弃文化传承，难道只为了提供异国风味的材料，以验证那些以科学为名的西方“真理”？

（二）对比两种“依赖”论述

法兰克（Frank，1972）是激进的政治经济学家，遵循实证主义的方法，企图建立一套形式化的理论，他在意识形态上固然与“现代化理论”对立，但他使用的方法却是“现代化理论”的水中倒影。提出“依赖发展”观点的卡多索（Cardoso & Faletto，1979）是历史社会学家，后来当选巴西总统。卡多索从韦伯式路径出发，反对视“依赖发展”为形式化的理论，而认为其只是一种具体分析巴西（以至于第三世界）的“方法论”。法兰克采取从普遍到特殊的框架，卡多索走由特殊到普遍的路径，这种分析更细致，并落实到具体的历史语境中。卡多索（Cardoso，1977）抨击美国学者知其一不知其二，只透过法兰克的实证视角简单理解“依赖”理论。

提出“依赖发展”观点的学者认为，若干拉丁美洲国家的经济是“依赖”与“发展”同时并进的，一方面继续依赖第一世界，一方面继续发展工业。他们用结构与历史分析法，以关键概念阐释在全球的架构里和“依赖的具体情况”下，“对立的势力拉着历史向前走”。“当解释者提出坚实的概念及其范畴，能照明（支配的）根本关系时，……历史就变得清晰可解了”。（Cardoso & Faletto，1979，p.xiii）“依赖发展”不仅聚焦外部的剥削关系，更深入刻画国家机器、国内阶级结构，以及国家与国际资本主义体系间的多组复杂互动。这种细致入微的分析，激发了巴西、韩国与中国台湾地区“依赖发展”的个案研究，但应用到传媒研究倒不多见，仅有少数例外（如 Salinas & Palden，1979）。过去二十年，依赖理论已不时髦了，倒不是解释力已呈疲态，也不是无关现实，而是冷战结束，“新自由主义”体制及意识形态抬头，学术猎狗转而追逐更鲜美的新猎物，那就是后现代主义与全球化论述。

〉》四、跨文化研究

国际传播迄今仍不太“国际化”或“跨文化”。国际研究不能将西方观点单向强加于世界边陲，我提出直率的批评，不是故意对往生的前辈不敬，而是学生时代的教训使我不断检视走过的轨迹。我愿意反省向西方所学到的东西，但我也响应文化学者张隆溪（Zhang，2004，2010）的呼吁，拒绝封闭保守的“文化民族主义”，反对东西二元对立。汉学家应该赶紧跳出文化的封闭圈，出来与广大的知识社群良性对话。“区域研究”应该转型为“以区域为基础的研究”[area-based studies，借用普威特（Prewitt，2002）创造的词]，庶几将丰富的区域知识整合为有意义的理论框架。

社会学家默顿（Merton，1972）呼吁局内人与局外人的观点应该互相学习，彼此渗透。他借用杰姆斯（William James）的两种知识分类：“熟悉知识”（acquaintance with）与“系统知识”（knowledge about）[芝加哥学派帕克（Park，1940）也曾借用这组概念分析新闻与知识的关系]。“熟悉知识”指个人接触的第一手经验，例如日常生活中的现象和事物，局内人当然有凭直觉就能理解的优势；但局内人习焉不察，熟悉导致忽视，犹如身在庐山看不到庐山真面目，所以局内人不能仅凭先天特征（不论是种族、国家、性别或文化）宣称有知识垄断权，仿佛他们独有特殊通道了解真相，外人不得其门而入。另一种是“系统知识”，指经过长期研究与深入探索，获得的条贯分明、逻辑严谨的抽象知识。要获得这种知识别无快捷方式，端赖严格训练，接受客观学术规范，有治学能力，知道问些什么问题，知道如何搜集和评估相关证据。“系统知识”不让局内人或局外人独占，只开放给那些长期耐心垦殖、系统探索的人。

局内人与局外人的观点应当相互滋养，没有理由彼此排斥，容我引申四点。第一，社会科学把我们训练成专业上的“多重人格”的人，穿梭于两个经验区，对于某些问题有局内人的直觉洞见，对于其他问题则必须靠冷静分析和系统理解。这两种知识交叉重叠，我们既要相信直觉，又要否定直觉。学术活动其实就是把“熟悉知识”转化为“系统知识”。第二，如果联系到韦伯式的现象学，学者的任务不啻把社会演员的“熟悉知识”转变为学术的“系统知识”。第三，国内传播与国际传播的辩证关系，也当作如是观；国内传播帮助我们思考国际传播，但国际传播矫正国内传播的局限。第四，默顿说，局内人未必有掌握“系统知识”的特权，但若以韦伯的知识论和方法论为国际传播“国际化”的基础，岂不又优待了特殊社群（例如中华文化圈）的文化权？我以为，“文化社群”不以种族或国籍为界或为依归，“研究”中国文化和华人社会的美国学者，在各方面都是不折不扣的美国人，但在专业认同上不可能完全自外于中华文化社群，反之亦然。关键还在于文化社群有没有能力把“熟悉知识”转化为“系统知识”。

（一）牛顿的苹果：捍卫个案研究与比较研究

斯梅策（Smelser，1976）写了一本《社会科学比较研究法》，以托克维尔的《论美国的民主》个案研究首开其端，接着比较介绍韦伯的现象学方法和涂尔干的实证主义方法，最后归宗于涂尔干。他认为实证主义比托克维尔和韦伯的方法好，因为实证主义可以用严谨的统计方法，剔除错误的因果变项。多变项的统计分析需要大量数据，很少国际传播研究和跨文化研究做得到，何况若要照顾丰富的脉络与文化意义，则难上加难。话说回来，国际传播研究一旦抽离文化意义，往往简单、化约而乏味，结论也常模棱两可。

尽管斯梅策的分析精练老到，他的学术偏好和标准未必颠扑不破。换个角度，倘若学术旨趣在求知识洞见，不是因果关系，实证主义的方法就失灵了，必须借助格尔兹（Geertz，1973）的“深描法”，刻画、剥解、分疏层层意义，烘托出各种社会形态、结构、过程、动机与互动关系。即使一个多世纪以后，严肃的民主论述都还绕不过托克维尔在《论美国的民主》中（初版 1835/1840 年，再版 1945 年）立下的基准。将近一百年以来，李普曼（Lippmann，1922）对美国媒介与公共舆论的经典论述，人们无论是赞成，反对，都无法回避，也是这个道理。我在这里无法也无意对李普曼做出全面评价，但《公共舆论》引起杜威（Dewey，1927）在政治哲学上针锋相对的反驳，更启发了传播研究量化实证开山祖师拉扎斯菲尔德及其门生（Lazarsfeld，Berelson，& Gaudet，1944；Katz & Lazarsfeld，1955），发展出“两级传播”和“意见领袖”等概念。光提这两个例子，就知道李普曼的影响不可谓不大。然今之学人，有的受过“严格社会科学方法”训练以后，形成“技术至上”的傲慢与偏见，便本末倒置，排斥李普曼不够“学术”而漠视之。其实，几十年来累积的大量技术精确的公共舆论实证研究，究竟超越李普曼的见解多少，倒是一个值得公开讨论的议题。

总之，我觉得，社会科学尽可仰慕科学的成就，却无须盲目模仿科学的“硬”法则。我们能借镜于人文学科的不少，包括对核心价值的恒久关注，长期累积的丰富洞见，以及各种诠释方法。韦伯（Weber，1978b）执客观主义（科学因果）与主观主义（人文意义）的两端，开辟了一个可行而有效的中间立场，为国际传播“国际化”提供了知识论和方法论的基础。他的学术业绩（Weber，1978a）斐然，与涂尔干、马克思并列为现代社会学三座大山。

以文化角度研究传媒的名家凯瑞（Carey，1992；Munson & Warren，1997），从未涉足国际传播领域，但他的国内分析足可为国际研究提供典范。有人（Waisbord，2014）批评“深描式”个案研究，认为只能取悦偏狭的区域专家，有世界视野的学者不屑光顾。是耶，非耶？我以为凯瑞“深描”的美国传媒历史、文化及其技术形成，理论层次高，感兴趣的其实是跨学科的人文与社会科学学者，区域专家反而无动于衷。卡多索的韦伯式分析，不也如此？个案研究（特别是“比较性”个案研究）的特长不在于提供“经验的概括性”（empirical generalization），而在于提供“概念的概括性”（conceptual generalization）。喻诸牛顿的苹果，目的不在解剖苹果的颜色或味道，而是要从苹果揭露地心引力的奥秘。最出色的个案研究总是提出解释力强的概念，从小见大，联系到历史和全球的比较性架构，令人看世界的眼光一新，见树又见林。

前文提到格尔兹（Geertz，1963）首创“内眷化”（involution，或译“内卷化”，意义稍异）的概念。“内眷化”可以延伸理解为“向内看”的趋势，内部细节精心雕琢，一味炫耀巧技，以致忽略概念创新、大胆尝试以及开放性变革。有人赞扬期刊文献的引用日臻“自足”，是学科成熟的象征。我不以为然，毋宁相信这是典型的学术“内眷化”，心态上自我陶醉，概念上近亲繁殖，这对新兴领域（如国际传播）的发展极其不利。只顾在琐碎的问题上精耕细作，徒给自己一种虚假的安全感，这是躲在学术高墙下面高枕无忧，对大问题不闻不问，不主动参与，更不积极争鸣的表现。总之，“内眷化”的概念其来有自，是美国著名人类学家在遥远的印度尼西亚群岛做个案研究后提出的，而其影响力不限一隅一地，早已超越学科和文化的藩篱。可见，问题不出在个案研究，而在做个案研究的学者能否提出具有解释力的概念。

我再以两个相关的传播研究为例，说明个案研究的价值。麦克阿瑟在朝鲜战争中僭越权限，被杜鲁门总统解职。麦克阿瑟回到美国，在各大都市巡回接受人们的欢迎。当时芝加哥大学有一对年轻的社会学博士生朗氏夫妇（Lang & Lang，1953）独具匠心，利用这个事件做了个案研究，后来成为传播学的经典之作。在麦克阿瑟从机场到进城的沿途，朗氏夫妇布置了三十一位观察员，采集四十二个观察点的记录，发现沿途群众稀稀落落，麦克阿瑟的车队呼啸而过，很多人根本不知道发生了什么事。但他们分析当晚电视报道的内容时，却见屏幕上热情的群众人山人海，不断疯狂地向美国的战争英雄欢呼。作者称之为电视“奇观”，这是因为电视必须捕捉戏剧性的镜头才能吸引人，技术剪裁和故事编排使得电视报道和真正发生的事实大相径庭。朗氏夫妇指出，电视不是简单反映社会现实的一面“镜子”，而是提供隔了一层的“第二手真实”（second-hand reality）。后来，达阳和卡茨（Dayan & Katz，1992）把这类事件命名为“媒介事件”。

塔克曼（Tuchman，1978）更进一步从现象学的角度阐释“真实的社会建构”（social construction of reality）。她说，媒介机构为了驾驭有限资源，发挥最大效能，必须建立“常规化”的机制，为混沌不明的外在环境赋予空间和时间的稳定秩序。以空间来说，塔克曼比喻新闻采访有如一张疏漏有洞的网子，而不是一张密实的毯子。这张“新闻网”撒出去时必须捕捉大鱼，因此记者总是被派去采访最显著的新闻源。空间的“常规化”，大致根据三个标准来确定：一是划分地理领域的责任区，并决定其重要性；二是以专门机构或组织（如市府、警察局）的重要性为着眼点；三是以突出的题材为重点，例如政治新闻总比软性的人情趣味新闻更重要。[①] 另外，塔克曼说，新闻组织必须谋划时间，善加利用，以配合工作节奏，一方面遵守中央性机构的办公作息，一方面规定内部的截稿时间。新闻组织不可能捕捉每时每刻发生的大小事件，于是往往把事件“类型化”（typification），按照时间的性质分为不同的新闻类型——软性新闻，硬性新闻，突发新闻，发展中的新闻，继续中的新闻——以便灵活调派记者，加以适当处理，例如有些例行性的庆典新闻或讣闻的生平介绍，可以预先筹划准备。总之，新闻机构要应付日常世界所发生的复杂事件，在空间上集中精力注意中央性机构，在时间上将事件“类型化”，才能有效调派资源，以维持正常的新闻作业。何为真实，何为新闻，都不是自然决定的，而是由社会条件所建构的意义。

必须强调，朗氏夫妇不过是根据芝加哥发生的单一事件，塔克曼则在美国东部的少数新闻机构做深入参与式观察，都是典型的“小样本”个案研究。但他们的洞见绝不仅适用于芝加哥或美国东部地区，而是为各国各地学者打开了一扇窗，生动而有趣，解释力强，使我们在了解新闻运作的潜规则时豁然开朗，甚至恍然大悟。所谓“麻雀虽小，五脏俱全”，哈佛商学院特别重视个案分析的训练，就是这个道理。一般做“大样本”的人对个案研究有很多偏见或误解，应该是不攻自破的。在我看来，只有个案研究做得“好不好”的问题，没有“要不要”做个案研究的问题。两种研究各有优劣，可以彼此渗透，但也须因情况与需要制宜，不应该在“先验上”分高下。有鉴于此，我们应该审视传媒的个案研究，从这些文化资本中，提炼有解释力的概念，带出国际传播的意涵，例如李普曼（Lippmann，1922）的“刻板印象”（stereotype），塔克曼（Tuchman，1978）的“客观性的策略仪式”（strategic ritual of objectivity）与“新闻网”（news net），哈林

① 例如各国新闻机构决定派驻外特派员，总是以大国为优先。再说，他们若将特派员派驻美国，主要还是集中派到华盛顿和纽约；在华盛顿，采访对象首先是国务院和本国大使馆，在纽约首先采访联合国；新闻机构看重的新闻以政治、经济、外交题材为主。国内或市内的新闻运作可以类推。

（Hallin，1986）的“有认受性的争论区”（sphere of legitimate controversy），威廉斯（Williams，1977）的“收编”（incorporation），皆属之。

（二）跨文化研究的普遍意义

人文社科研究是否需要有普遍意义？史学家为此争论不休，传播社会学者多数是持肯定态度的。国际传播既是比较性的，也是普遍性的；比较的视野来自文化社群之内，也来自各种文化社群之间。以色列社会容纳从全球各地回归的犹太人，他们带回来不同的价值观与经验，展现了一幅缤纷的文化马赛克图。卡茨和他的同僚（Liebes & Katz，1993）透过深度焦点访谈，发现各地移民社群在以色列落户生活，但其原来的文化价值观仍然根深蒂固，因此对美国进口电视剧《朱门恩怨》（*Dallas*）的解读简直南辕北辙。以往有些激进的左派政治经济学家提出“文化帝国主义”，总是先分析跨国媒介资本的所有权，然后把资本的所有权等同于媒介内容的控制权，再把媒介内容的控制权等同于资本主义的意识形态的效应，一连串逻辑推论完全漠视受众如何解读内容（Tomlinson，1991）。卡茨和他的合作者发现，受众根据他们拥有的不同的次文化解读媒介内容，得到的是复杂矛盾的“多元歧义”（polysemy）。这个视角赋予受众以发言权，挑战原来简单化的“文化帝国主义”，重启了一场重要的辩论。

“跨文化”研究可以聚焦于国内的次文化群，也可以扩展到国家间的文化群体。前面提到的“创新扩散”研究，通常把美国的问题搬到外国“再生产”。但韦伯式的跨国界研究是反对这样做的，它必须深入当地的文化肌理，所要求的语文历史文化素养高，难怪学者一般说得多做得少。（多年来，屡有出版社邀我撰写比较东亚媒介制度的书，自问无力承担，不敢答应。即使东亚学者在一起开会，讲的是英语，他们分析东亚媒介制度的英文论文也不多，够分量的更少。有些东亚学者缺乏文化自觉，连选题都跟着西方亦步亦趋，知识霸权之顽强，这是鲜活一例。）因此，要做好“跨文化”研究，最可靠的还是与志同道合的跨国学者通力合作。近年来成功的范例是：哈林和曼西尼（Hallin & Mancini，2004）比较西欧与北美十八个国家的媒介制度，从中总结若干论据加以分类；接着以这些论据为基础，他们（Hallin & Mancini，2012）邀请六位非西方国家学者，各自提出比较个案，回应西方经验的论据，以验证其解释力和概括力。从研究设计来说，西方国家代表“最大相似性”（许多面相类似），非西方国家代表“最大相异性”（愈不同愈好），互相对话交流，为“跨文化”研究开拓一条有意义的途径。

容我举两项拙作为例，进一步说明。其一，我们针对香港回归，深度访问来自中国［包括内地（大陆）、香港、台湾］、英国、美国、澳大利亚、加拿大和日本的七十六位记者，并搜集数千篇他们做的文字及电视报道，从事细致的话语分析，以联系新闻报道的真实建构如何受国家利益、文化价值影响，最终制作出冷战结束后一幅重大国际意识形态阵营对垒及媒介话语斗争的画卷（Lee，Chan，Pan，& So，2002）。其二，选题要抓社会“主要矛盾”，我们聚焦于当前中国传媒如何运作（Lee，He & Huang，2006，2007）。我们没有现成的理论凭借，只能先听取各级编辑、记者和管理层的阐述，再根据平日理解，结合相关文献进行研究。

萨义德的《东方主义》（Said，1978）对我最有启发。阅读相同的西方文学经典，他却读出不同的味道，借威廉斯（Williams，1978）的话来说，萨义德在英法美帝国的支配性意识形态以外，读出“另类”和“敌对”的文化意义。他是乐评家兼业余钢琴演奏者，顺理成章从古典音乐汲取灵感，以“对位”的方式解读西方文学经典，并联系到欧美帝国主义的政治、经济与文化脉络。之后，萨义德（Said，1993）延伸到第三世界，剖析它们如何抵抗、颠覆或挑战帝国中心的文化霸权。他强有力地挑战西方的主流观点，截然改变了解释学的路径，并丰富了整个比较文化、政治与意识形态的论述。特别值得注意的是：自始至终，他的解读除了“去西方化”，从来没有脱离“启蒙”和“解放”的宏大叙事。受他鼓舞而发展起来的“后殖民”观点，实应构成许多国际传播研究的起点。他的“对位阅读法”不妨广泛而系统地运用，当有助于去芜存菁，以修正、发展、延伸甚至淘汰国际传播和跨文化传媒研究文献中的理论概念。

（三）“跨文化”交流的典范

余英时（Yu Yingshi，1988，pp.331-351，2007，pp.279-290）笔下对王国维（Wang Guowei，1877—1927）和陈寅恪（Chen Yinke，1890—1969）融汇中西、创造转化的过程，有非常深刻的描述。王国维在年轻岁月浸淫于德国哲学，包括康德、叔本华以及尼采，而且遍读西方社会科学各领域的著作，从心理学到社会学，从法学到逻辑，无不涉猎，代表当时中国人了解西学的最高峰。这些早年的经验构成后来宝贵的知识养分。当他回头研究中国的中古史地，固然得益于新出土的考古文物以及欧、日汉学界的成果，但最重要的是他接续乾嘉之学，加以发扬光大，将它带到一个新高峰，学风所及，影响了以后数代学人。等到王国维的思想到了成熟时期，他的作品几乎不提康德的名字，仿佛全然不懂康德似的。余英时说，王国维因为早年接受这种西学的训练，而且将其精神内化，才能提出这么具有原创性的问题，做出这么严格精辟的分析。

陈寅恪是百科全书式的史学家，与王国维“风义平生师友间”，清华园的王国维纪念碑碑文就是陈寅恪写的。余英时追述陈寅恪的史学研究有三变。第一变，陈寅恪受到欧洲“东方学”的影响，以其通晓十几种欧洲、边疆和西域语文的优势，研究“殊族之文，塞外之史”，于史实考证和音韵训诂，发人所未发。第二变，中年以后“捐弃故技”，转而专治隋唐政治史与制度史，由于早年游学外国时经历过“学习世界史”的自觉阶段，能够自如运用重要概念，使史实复活，对中古史提出崭新的、系统的整体解释。第三变，陈寅恪则发挥飞跃而入情入理的历史想象力，通过明清兴亡的故事，以及三百年前人物的种种活动与“心曲”，撰写他个人的“心史”。王国维和陈寅恪，学贯中西，融会贯通，把中国史学最好的传统加以现代化，攀登学术的顶峰，是学界典范。

》 五、结语

国际传播学者若要从文化对话相互理解，就必须虚心聆听交响乐的主题与变奏，并深刻体会交响乐是由各种刺耳乐器组成的和谐曲。萨义德（Said，2000，p.583）对亨廷顿与基辛格之流嗤之以鼻，劝他们多多聆听梅湘（Oliver Messiaen）与武满彻（Toru Takemitsu）的作品，感受各种音乐交融在一起的妙谛。

八百多年前，管道升写给赵孟頫一阕隽永的《我侬词》：

> 你侬我侬，忒煞情多，情多处，热如火。把一块泥，捻一个你，塑一个我。将咱两个，一齐打破，用水调合。再捻一个你，再塑一个我。我泥中有你，你泥中有我。我与你生同一个衾，死同一个椁。

这阕词打消了赵孟頫纳妾的念头，夫妻私情原不足为外人道也，但它的意象与比喻相当生动而丰富，权且借来说明一点：国际传播的“国际化”，就像泥土重塑，需要“我”的形象，也需要“你”的形象，最终我能进入你的，你能进入我的。用太极的智慧语言表述，阳是阳，阴是阴，但阳中有阴，阴中有阳。这正是中西学术互相渗透、彼此学习、共同滋长的最高境界。有你无我，何益于沟通交流？然而，国际传播的现状正是“我”被“你”掩盖，西方一面压倒东方。为了建立“我”的形象，我们只能从文化制度、媒介再现到日常生活方式各方面，展示出色的个案，进行比较和跨文化研究，否则要求文化对话有如缘木求鱼。我们离建造完理论华厦还有漫长的时间，但至少应该开始添砖加瓦了，第一步得建构理论和文化意义丰富的个案和比较研究。在我看来，国际传播的本质就是要理解与对话，韦伯式的现象学也支持这一点。

我曾应英文期刊《新闻学研究》主编的邀请，撰文介绍我和同事的研究旨趣与成果（Lee，2011a）。末了，容我野人献曝，引用拙文，表达我对中国传媒研究的一些浅见，以结束这篇文章：

我深恶以“西方为全球标准”的霸权，但也痛绝“文化民族主义”的闭门造车；我不相信有“本质化”的亚洲或中国传媒理论，更认为与假大空的“中国例外论”毫无瓜葛。研究中国传媒，固然因为我们受文化中国的熏陶，但这不是唯一原因；更不是因为我们属于文化中国，就只能研究中国传媒。研究中国传媒，在知识上不许自足或孤立，应当与国际传播保持互动，更当随时从人文与社会科学的活水源头汲取理论与方法的新生资源。我们想建立的，是具有中国文化特色的普遍性理论，选题和解释根植于中华文化的特殊性，也彰显中华文化的特殊性；除此，还应该更进一步从深刻的文化反省中，汲取洞见，发展出具有普遍意义的广阔视野，以了解世界是如何运作的。哪天能够建起这种普遍性观点——具有文化特色，包容内部差异，又超越理论的偏狭——我们便能立于不败之地，以开放的心灵，平等的姿态，回应西方文献中的观点。这是世界主义的精神，是国际传播的指路明灯。

参考书目

余英时 . 知识人与中国文化的价值［M］. 台北：时报文化出版社，2007.

余英时 . 中国近世宗教伦理与商人精神［M］. 台北：联经出版事业公司，1987.

余英时 . 陈寅恪晚年诗文释证［M］. 台北：三民书局，1998.

张隆溪 . 走出文化的封闭圈［M］. 北京：生活 · 读书 · 新知三联书店，2004.

Berger, Peter, and H. Kellner (1981), *Sociology Reinterpreted*. New York: Anchor.

Bourdieu, Pierre (2001), “Uniting to Better Dominate?” *Issues and Items*, 2, 3–4: 1–6.

Cardoso, F. H. (1977), “The Consumption of Dependency Theory in the United States,” *Latin American Research Review*, 12, 3: 7–24.

Cardoso, F. H. and E. Faletto (1979) *Dependency and Development in Latin America.*

Berkeley, CA: University of California Press.

Carey, James (1992), *Communication as Culture: Essays on Media and Society*. New York: Routledge.

Crane, Diana (1972), *Invisible Colleges*. Chicago: University of Chicago Press.

Curran, James (2005), "Introduction," in Hugo DeBurgh, ed., *Making Journalists*. London: Routledge, pp. xi–xv.

Curran, James, and M.-J. Park, eds. (2000), *De-Westernizing Media Studies*. London: Routledge.

Dayan, Daniel, and Elihu Katz (1992), *Media Events: The Live Broadcasting of History*. Cambridge, MA: Harvard University Press.

Diamond, Larry (1992), "Economic Development and Democracy Reconsidered," *American Behavioral Scientist*, 35, 4–5: 450–499.

Downing, John D. H. (2009), "International Media Studies in the U.S. Academy," in Daya Thussu, ed., *Internationalizing Media Studies*. London: Routledge, pp. 267–276.

Dewey, John (1927), *The Public and its Problems*. New York: Holt.

Downing, John D. H. (1996), *Internationalizing Media Theory*. London: Sage.

Downs, G. W. Jr., and L. B. Mohr (1976), "Conceptual Issues in the Study of Innovation," *Administrative Science Quarterly*, 21, 4: 700–714.

Evans, Peter B (1979), *Dependent Development: The Alliance of Multinational, State, and Local Capital in Brazil*. Princeton, N. J.: Princeton University Press.

Frank, Andre Gunder (1972), *Lumpenbourgeoisie, Lumpendevelopment: Dependence, Class, and Politics in Latin America*. New York: Monthly Review Press.

Fukuyama, Francis (1992), *The End of History and the Last Man*. New York: Free Press.

Fukyuama, Francis (2014), *Political Order and Political Decay: From the Industrial Revolution to the Globalization of Democracy*. York: Farrar, Straus and Giroux.

Geertz, Clifford (1963), *Agricultural Involution: The Process of Ecological Change in Indonesia*. Berkeley, CA: University of California Press.

Geertz, Clifford (1973), *The Interpretation of Cultures: Selected Essays*. New York: Basic Books.

Geertz, Clifford (1983), *Local Knowledge: Further Essays in Interpretive Anthropology*. New York: Basic Books.

Hallin, Daniel C. (1986), *The㊅Uncensored War㊆: The Media and Vietnam*. New York: Oxford University Press.

Hallin, Daniel C., and Paolo Mancini (2004), *Comparing Media Systems: Three Models of Media and Politics*. New York: Cambridge University Press.

Hallin, Daniel C., and Paolo Mancini, eds. (2012), *Comparing Media Systems Beyond the Western World*. New York: Cambridge University Press.

Huntington, Samuel (1993), “The Clash of Civilizations,” *Foreign Affairs*, 71, 3: 22–49.

Katz, Eliu, and Paul Lazarsfeld (1955), *Personal Influence*. New York: Free Press.

Lang, Kurt, and Gladys Engel Lang (1953), “The Unique Perspective of Television and its Effect: A Pilot Study,” *American Sociological Review*, 18, 1: 3–12.

Lazarsfeld, Paul, Bernard Berelson, and Hazel Gaudet (1944), *The People's Choice: How the Voter Makes Up his Mind in a Presidential Campaign*. New York: Columbia University Press.

Lee, Chin–Chuan (1980), *Media Imperialism Reconsidered: The Homogenizing of Television Culture*. Beverly Hills, CA: Sage.

Lee, Chin–Chuan (2001), “Beyond Orientalist Discourses: Media and Democracy in Asia,” *Javnost–The Public*, 8, 2: 7–20.

Lee, Chin–Chuan (2010), “Bound to Rise: Chinese Media Discourses on the New Global Order,” in Michael Curtin and Hemant Shah, eds., *Reorienting Global Communication*. Urbana, IL: University of Illinois Press, pp. 260–283.

Lee, Chin–Chuan (2011a), “Voices from Asia and beyond: Centre for Communication Research at City University of Hong Kong,” *Journalism Studies*, 12, 6: 826–836.

Lee, Chin–Chuan (2011b), “Overinterpreting the ‘Public Sphere,’” *International Journal of Communication*, 5: 1009–1013.

Lee, Chin–Chuan, Joseph Man Chan, Zhongdang Pan, and Clement Y. K. So (2002), *Global Media Spectacle: News War over Hong Kong*. Albany: State University of New York Press.

Lee, Chin–Chuan, Zhou He, and Yu Huang (2006), "'Chinese Party Publicity Inc.' Conglomerated: The Case of the Shenzhen Press Group," *Media, Culture and Society*, 28, 4: 581–602.

Lee, Chin–Chuan, Zhou He, and Yu Huang (2007), "Party–Market Corporatism, Clientelism, and Media in Shanghai," *Harvard International Journal of Press / Politics*, 12, 3: 21–42.

Lerner, Daniel (1958), *The Passing of Traditional Society: Modernizing the Middle East*. New York: Free Press.

Liebes, T. and Elihu Katz (1993), *The Export of Meaning: Cross–cultural Readings of Dallas*. Cambridge, U. K.: Polity.

Lippmann, Walter (1922), *Public Opinion*. New York: Harcourt Brace.

Luckmann, Thomas (1978), "Philosophy, Social Sciences and Everyday Life," in Thomas Luckmann, ed., *Phenomenology and Sociology*. London: Penguin, pp. 217–256.

McAnany, Emile G. (1984), "The Diffusion of Innovation: Why Does it Endure?" *Critical Studies in Mass Communication*, 1, 4: 439–442.

Merton, Robert K. (1972), "Insiders and Outsiders: A Chapter in the Sociology of Knowledge," *American Journal of Sociology*, 78, 1: 9–47.

Mills, C. Wright (1959), *The Sociological Imagination*. New York: Oxford University Press.

Moore, Barrington (1967), *Social Origins of Dictatorship and Democracy*. Boston, MA: Beacon.

Munson, E. S., and C. A. Warren, eds. (1997), *James Carey: A Critical Reader*. Minneapolis, MN: University of Minnesota Press.

Nye, Joseph S. (1990), *Bound to Lead: The Changing Nature of American Power*. New York: Basic Books.

Park, Robert E. (1940), "News as a Form of Knowledge: A Chapter in the Sociology of Knowledge," *American Journal of Sociology*, 45, 5: 669–686.

Prewitt, K. (2002), "The Social Science Project: Then, Now and Next," *Items and Issues*, 3, 1–2: 5–9.

Ringer, F. K. (1997), *Max Weber's Methodology: The Unification of the Cultural and Social Sciences*. Cambridge, MA: Harvard University Press.

Rogers, Everett M. (1962, 1983, 1995, 2003), *Diffusion of Innovations*. New York: Free Press.

Rogers, Everett M., and L. Svenning (1969), *Modernization Among Peasants: The Impact of Communication*. New York: Holt, Rinehart and Winston.

Rogers, Everett M. and Floyd F. Shoemaker (1971), *Communication of Innovations: A Cross–cultural Approach*. New York: Free Press.

Said, Edward W. (1978), *Orientalism*. New York: Vintage Books.

Said, Edward W. (1993), *Culture and Imperialism*. New York: Knopf.

Said, Edward W. (2000), *Reflections on Exile and Other Essays*. Cambridge, MA: Harvard University Press.

Salinas, R., and L. Palden (1979), "Culture in the Process of Dependent Development: Theoretical Perspectives," in Kaarle Nordenstreng and Herbert I. Schiller, eds., *National Sovereignty and International* Communication. Norwood, NJ: Ablex, pp. 82–98.

Schramm, Wilbur (1964), *Mass Media and National Development*. Stanford, CA: Stanford University Press.

Shils, Edward A. (1949), "Foreword," in Max Weber, *The Methodology of the Social Sciences*. Edward A. Shils and H. A. Finch, Trans., New York: Free Press.

Smelser, Neil J. (1976), *Comparative Methods in the Social Sciences*. Englewood Cliffs, N J:

Prentice-Hall.

So, Clement Y. K. (苏 钥 机)(1988), "Citation Patterns of Core Communication Journals: An Assessment of the Developmental Status of Communication," *Human Communication Research*, 15, 2: 236-255.

Thussu, Daya K., ed. (2009), *Internationalizing Media Studies*. London: Routledge.

Tilly, Charles (1975), "Western State-making and Theories of Political Transformation," in Charles Tilly, ed., *The Formation of National States in Western Europe*. Princeton, N. J.: Princeton University Press, pp. 3-83.

Tocqueville, Alexander de. (1945), *Democracy in America*. New York: Knopf.

Tomlinson, John (1991). *Cultural Imperialism*. Baltimore, MD: Johns Hopkins University Press.

Tuchman, Gaye (1978), *Making News*. New York: Free Press.

Wagner, Rudolph G., ed. (2007), *Joining the Global Public: Word, Image, and City in Early Chinese Newspapers, 1870-1910*. Albany, N Y: State University of New York Press.

Waisbord, Silvio (2014), "De-westernization and cosmopolitan media studies," in Chin-Chuan Lee, ed., *Internationalizing International Communication.* Ann Arbor, MI: University of Michigan Press.

Wang, Georgette (汪琪), ed. (2011), *De-Westernizing Communication Research: Altering Questions and Changing Frameworks*. London: Routledge.

Weber, Max (1930), *The Protestant Ethic and the Spirit of Capitalism*. London: HaperCollins.

Weber, Max (1951), *The Religion of China: Confucianism and Taoism*. New York: Free Press.

Weber, Max (1978a), *Economy and Society*. Berkeley, CA: University of California Press.

Weber, Max (1978b), "The Logic of Historical Explanation," in W. G. Runciman, ed., *Weber: Selections in Translation*. New York: Cambridge University Press, pp.

111–131.

Williams, Raymond (1977), *Marxism and Literature*. New York: Oxford University Press.

Zhang, Longxi (张隆溪) (2010), "The True Face of Mount Lu: On the Significance of Perspectives and Paradigms," *History and Theory*, 49,1: 58–70.

第 11 章 / 把“媒介生产”理论化为准自主场域：中国新闻研究再评价

Theorizing Media Production as a Quasi-Autonomous Field: A Reassessment of China News Studies

朱迪 · 波伦鲍姆

25 年前，查尔斯 · 伯格（Charles Berger）和史蒂芬 · 查菲（Stephen Chaffee）主编了《传播科学手册》（*Handbook of Communication Science*）（Berger & Chaffee, 1987c，以下简称《手册》），试图描述他们心目中传播学领域的轮廓。他们在《手册》的导论中指出，有关传播的研究已经汇流到专门的学系、学刊和研究流派，以前这个比较松散的领域“已获得了象征学科建立的地位”（Berger & Chaffee, 1987a, p. 15）。这与再往前 25 年威尔伯 · 施拉姆（Wilbur Schramm）的评价形成了对照，施拉姆认为传播学远未获得独立的学科地位，“只是一个学术十字路口，过客者众，常驻者寡”（Schramm，1963，p. 2）。伯格和查菲认为，这个知识领域制度化程度日益提高，但尚不成熟，因此呼吁此时应该建立理论的连贯性了。

“传播”与“科学”两个词汇组合，说明伯格和查菲划定了相当窄的学科边界，排除某些研究形式，抬高其他研究。他们说，“科学”（显然讲的是自然科学模式）与“非科学”的区别在于：能否形成“可测试的理论”（testable theories），以追求可概括性解释。这个定义明白地排斥了“媒体批评”或“行动主义”（activism）的研究，也拒绝那些不能推动宏大理论原理发展的“个体传播事件”研究（Berger & Chaffee，1987a，p. 17）。他们认为，科学的根本目标包括“解释，……预测和控制”——不是“控制”社会结果，而是就狭义的方法论来“控制”研究的条件；至于研究带来的是“正面”还是“负面”影响，虽是公民的合理关切，但他们不认为这是科学家考虑的事（Berger & Chaffee，1987b，p. 100）。

诚然，我们不应低估《手册》的价值，其中综述性论文提供了历史标记和持久洞见，有些文章更是大师之作。毋庸置疑，《手册》的主编是传播学领域的巨匠——查菲在英年早逝前已是传奇。《手册》在分析层次上尤其清晰易懂，也考察了相当广泛的传播模式和语境，继续为传播学领域带来活力。话虽如此，从21世纪的视角来看，《手册》主编对这个领域的定义是画地自限的，未免显得出奇小气，也适得其反。

“实证主义”已成为流行的称谓，指的是采纳自然科学模式来研究社会科学，但它过度简化了问题，更不消说挑起无谓的学术对抗。理论预设、指导性的问题和方法论的选择往往会限制研究结果；但如果数据收集过程透明，它们对有心检验的人应该是有用处的；纵使事后的分析无关最初的研究设计，还是可以重审这些数据。自然科学家虽然质疑理想化的科学方法，但并不妨碍不同取径的学者互相借用经验上的发现。

然而，在传播学领域，自然科学模式过时，也过分限制了研究视野。比如，从僵硬的科学视角来看，“国际传播”或“比较传播”不过是复制（美国研究）的场所。《手册》把国际传播化约为最后一章“跨文化比较”（Gudykunst，1987），分明是排斥特殊性研究意思。轻视“国际传播”或“比较传播”，也凸显传播学者对外部世界兴趣索然。迄今，见解迥异的学者都认识到，“多样性”和“共通性”对人类生存同等重要。这不是说放弃追求可移植的解释，但在某种程度上必须先找出重大差异，才能获得这种解释。不过，这些差异的重要性可能体现在其他方面。

归根结底，本章呼吁：在理解什么是“重要”的传播学理论建构时，应当宽大为怀，同时对国际传播研究也应该有更广阔的视野。本着这种精神，我将聚焦当代中国新闻生产研究，勾勒一条有望推进国际媒体生产研究的路径。改革开放时期，中国新闻传媒研究已积累不少，我试图整合最新的经验研究结果，加以融会贯通，既照顾普遍性，也尽量尊重特殊性。

如同本书其他章节，我的讨论也从“去西方化”媒体研究运动①（Curran & Park，2000）吸取灵感，批评一贯以西方或美国语境为标准来衡量其他研究的方法。批评并不意味着要抛弃西方思想者创造的一切理论。我和其他作者一样，发现西方社会的理论对指导国际传播研究很有价值，在西方研究中也有很多有益的范例。我要特别感谢罗德尼·本森（Rodney Benson），他在本书以及其他著述（如，Benson，1999，2006）中阐释了皮埃尔·布尔迪厄（Pierre Bourdieu）的“文化生产场域”概念。我还要感谢李金铨（例如本书第十章），他主张要做扎根的、文化上细致入微的研究，重视而非漠视多样性。实际上，本章旨在补充（也是致敬）他们的研究。

〉》一、作为行动竞技场的场域

我一开始就反思社会科学传统式定义和目标，我的看法绝不是原创。20 世纪 70 年代初，社会科学转向阐释社会学、反思性人类学（reflexive anthropology），以及其他替代主流经典的方案，对实证主义的批评达到最高潮。这方面的优良传

① 译者注：“去西方化”媒体研究运动要求改变全球学术知识生产和传播中的权力关系。詹姆斯·科伦（James Curran）和朴明珍（Park Myung-Jin）主编的 *De-Westernizing Media Studies*（《去西方化媒体研究》）是最早呼吁“去西方化”的文献。参见 WAISBORDS，MELLADOC. De-westernizing communication studies：a reassessment [J]. *Communication theory*，2014，24（4）：361-372.

统在今天继续发扬，学术氛围比以前更浓，也较少争论。同样，传播学文献中也充满了来自各方面的警讯，包括20世纪70年代讨论的“领域中的躁动”[①]，文化研究的跨洲影响，以及英美寻找媒体和新闻的兴趣替代品。然而，即使在今天，这些趋势通常也被看成批评，可见自然科学的模式根深蒂固。

吉登斯最著名的著作——《社会的构成》，是拒斥自然科学模版最激烈的著作之一，他主张放弃寻找人类领域不变的定律甚至通则。在他看来，社会理论的分析模式应该以“人的存在与行为、社会再生产和社会转型的概念”为中心（Giddens，1984，p. xx）。吉登斯的“结构化”概念，旨在取代建立和验证通则的路径，而主张要分析人的能动性与社会结构的互动。“结构化”理论是关于世界如何运作的概念性假设，而不是有待检验的命题；这个理论是起点，而不是终点。也许有人质疑为什么我们称它为理论，而不是路径、框架或指导性的前提？吉登斯感兴趣的，是社会行动者如何在权力机制中维护行动的自主性，他也重视行动场域的经验研究，这些都能够启发我们研究媒体生产。

布尔迪厄（Bourdieu，1993）提出的“生产场域”概念，涉及文化生产者运作的社会空间。场域是“可能性的空间”（a space of possibles）（Bourdieu，1993，p. 176），专门的行动者和机构在其间互动，以维持或改变既定秩序。当外部结构对这些场域施加影响时，空间本身允许它们有不同程度的自主性。在场域外部，经济或政治力量、历史事件或技术进步都可能扩大或缩小可能的弹性空间；在场域内部，不同位置的行动者有不同利益需求和不同资源，相互影响，或巩固既定的可能性，或促进初露头角的创新，或产生新的创造。

我认为，吉登斯和布尔迪厄使用不同语言，但他们对个人层面上的社会行动者有着相似的理解。在吉登斯看来，“平常人”是学术研究的对象，而不是研究者；布尔迪厄认为，他研究的专业生产者既有策略又有目标。他们阐释了人的能

---

① 译者注：Ferment in the field 是 1983 年发表于 *Journal of Communication*（第 33 卷第 3 期）上的评述传播学研究的专刊主题。35 年之后，该刊（2018 年第 68 卷第 2 期）又以 Ferment in the Field: The Past, Present and Future of Communication Studies（“领域中的躁动：传播研究的过去、现在和未来”）为主题，组织了 20 篇论文。

动性，考虑有意识和无意识的行为，也考虑预期和非预期的结果。

“场域”（field）围绕着特定的利益和结构化的位置，占据不同位置的人有不同的资源和倾向，参与了界定和重构利益的策略斗争。场域有不同程度的自主性，边界是流动的，一个场域和其他场域相互依存（Warde，2004）。布尔迪厄的“惯习”（habitus）与吉登斯的“常规”（routine）产生共鸣，都是社会体制的再生产、日常实践的必要部分。他们都坚信，社会体制规制了行动的可能性，而行动反过来创造并调节社会结构。

赫斯姆德哈尔格（Hesmondhalgh，2006，p. 216）认为，布尔迪厄为“创造性自由和创新的幼稚观念”提供了替代方案，吉登斯也是如此。“结构化”（structuration）的信念是：人类事务的动力涉及各层次活动的互相让步，从个人的心智活动到最宏观的社会力量皆然；分析生产场域，必须关注不同层次和不同场域的勾连（articulation）。正如莱夫所说（Ryfe，2006，p. 207，引自 Benson），新闻业的独特性在于扮演了其他场域的中介角色，因此，新闻生产的场域也容易受到相邻场域的影响。

这些观点为研究新闻生产提供了有益框架，它必须根植于特殊性，和人类学关注语境的准则吻合。格尔兹（Geertz，1973）认为，文化就是语境；他劝大家拉近镜头，对准研究现象的微景，说明精准地解释“包容文化”（an enveloping culture）的意义何等重要。目标不在于因果规律，而是扎根式的解释。这种模式所探究的是：在时空交汇处，一群行动者在特定制度结构内“怎么样”和“为什么”之类的问题，由此可见跨越地理学、史学和传记的重要性。它还呼吁，考察有边界但可渗入的社会体制内部变革的形态——追踪过去那样，现在怎么这样，而移动部分内部、移动部分之间发生了什么变化，以重估结局。

这一框架有益于研究问题和研究设计（如 Kunelius & Ruusunoksa，2008），也有助于我们重新分析既有的研究。我们若承认场域内部有自主性，并且特别关注多层次、多方向的赋能机制（enabling mechanisms），那就得考察媒体工作的社会空间是如何扩大或缩小的。近年来，对中国媒体制作的许多实证研究都揭示了这一问题。

》二、纵览中国的新闻场域

以前研究中国大众媒体的视窗极为狭小，但自从20世纪80年代以来，随着学术机会的增加，相关文献在数量和水准上都不断提高（参见 Polumbaum，2010）。

不论理论取径或目标是什么，学者们大多对社会变革感兴趣，并且普遍认为国家、市场、媒体职业和受众影响是变革的潜在来源。他们的研究方法有差异，其中以田野调查方法研究记者及其新闻实践的成果最丰硕，但用内容分析方法推断新闻实践通常不太明智，虽然偶有佳作。田野调查一贯将议价（或协商）、临场发挥甚至狡诈看作新闻生产过程的重要动力。至于哪些行动者发挥积极性，产生实质影响，谁又从中获得短期和长期利益，学者的意见不一。遍检文献，谨记差异，有助于我们确定可能的范围，标出进一步研究的方向。

在许多考虑结构与能动性互动的研究中，潘忠党（Pan，2000）认为记者是“创业型行动者”（entrepreneurial actors），他们临场发挥和创新，因地制宜，重构制度空间。阿哈万－马吉德（Akhavan-Majid，2004）指出，官方和非官方行动者在国家政策方面有协同利益，使非官方行动者得以“创造性地再议价和扩张”，助推大众媒体的改革。在她看来，官方以实用主义代替意识形态，当局操作的重点从“意识形态监督”转向“创业型协作”（entrepreneurial collaboration），以及在日益商业化的体制下，媒体盈利能力方面的共同利益，都有利于不同类型的参与者。

学者们认为，从媒体与国家的关系中，衍生出各种利益。黄成炬（Huang，2003，2007）强调，媒体在强大的结构性决定因素中做出调适；吸收私人和外来资本，适应管理上的需要，这些务实的举措使媒体转向“公司”模式，但国家仍在政治和财政上监督媒体机构。不过，他坚信，媒体市场日趋结构多样和开放，将会促进新闻专业意理，遏制腐败。

很多经验研究有助于解释更大的问题，就是新闻场域如何与政治、经济、法律和技术等场域互动；也有助于阐明，一旦相邻的场域发生变化，会如何影响、渗透、改变、争夺或干扰新闻生产场域，以至于改变新闻实践和媒体产品，调整意义的公共建构（Benson，1999；Peterson & Anand，2004）。不出所料，随着互联网普及率提高，电子通信模式的数量增加，多样性和显著性增强，研究者越来越关注媒体技术。但是，迄今仍少有中国语境的研究揭示技术如何影响新闻生产。

何舟和祝建华（He & Zhu，2002）用“生态”和“虚拟社区”的概念，研究中国报纸早期的网络版。他们根据社会因素、电信基础设施以及新通信技术特征，预测网络报纸的前景。当时，互联网基础设施薄弱原始，分布不均，消费成本过高，加上政治和社会的制约，他们判断报纸的网络版尚不可行，也以此解释印刷版和网络版内容的高度雷同。中国互联网发展的速度已超越了他们的发现速度，但他们树立了好榜样：他们努力把技术纳入更大的图景中。

辛欣（Xin，2010）研究传统新闻媒体如何与博客和其他非正式渠道的“市民新闻”互动，她的结论符合预期：网民账户是主流媒体日益重要的新闻源，也是替代性的信息渠道。更值得关注的是网络的互动性，这对理解新媒体环境中技术如何改变受众与生产者的互动，以及新闻生产场域如何重构，至为重要。

普格斯利（Pugsley，2010）提出，不要高估草根媒体行动的力量。他研究2008年中国国内重大新闻事件报道，提醒人们不应高估市民记者的作用，因为他们“建立持续而可靠的新闻采编网络的能力”十分有限。

伊恩·韦伯和卢嘉（Weber & Lu，2007）研究中国互联网合资企业，虽未涉及新闻媒体本身，但他们的发现仍然有助于理解媒体生产场域的变化。网络娱乐领域快速增长，服务于他们所称的国家媒体“策略性商业化”——通过吸引消费者，获得最大回报。这些策略包括：联合制作和文化内容进口，鼓励国内互联网门户与全球媒体公司合作，共同开发网络服务和产品。他们研究数家合资企业的案例，说明合作成功的关键在于有针对性地提供娱乐，以技术协调内容需求。

全球化研究的一个主要问题是文化的完整性——也就是民族文化抵制美国或西方文化冲击的能力。奈特写过一篇文章，分析全球化对中国的影响，颇有洞见。他呼吁要精准理解文化权威的来源。因此，政治建构的脆弱民族文化更容易受全球化的侵蚀，而附着于特定地点和社区的文化反而比较不会，因为地方和文化之间的联系还是很强的。全球化的影响在不同层次上有差异（Knight，2006，p. 4）。

祝建华（Zhu，2001）以追求普遍性和特殊性的标准，区分了中国大众传播研究的“理论化”和“本土化”取径，主张应该整合两种取径。李金铨（Lee，2004）呼吁从中国文化的内在理路发展理论视野。他们有力地呼吁：在地研究应该结合人类社会运作的通解。我们还认识到，因为中国与跨国流动（包括货物、人员、观念、信息、资金）日益紧密交织，加上其他推动全球化的因素，再也不能孤立看中国；这适用于内陆农村，也适用于大城市。建立媒体生产场域与更大一组外部条件的经验联系，无疑是国际传播学者面临的最大挑战之一。

〉》三、保持扎根、灵活度和好兴致

我尝试说明吉登斯的“结构化”概念和布尔迪厄的媒体生产场域理念启发媒体研究，帮助我们厘清中国新闻工作语境下广泛的经验研究，并有利于拟定未来的研究议题。我表达了与其他学者的共同目标，强调紧密地聚焦扎根的研究。为了推动这项课题和做出总结，我为国际传播研究再提供两个指导性概念：境况（circumstances）和机缘巧合（serendipity），最后我还要提供一个随你任选但强烈推荐的原则：奇思妙想（whimsy）。

激发这种三维构想的文献并非来自传播学，也不是来自社会理论，而是来自管理和组织研究。大约四十年前，迈克尔·科恩（Michael Cohen）、詹姆斯·马奇（James March）和约翰·奥尔森（Johan Olsen）三位组织理论家，发表《组织选择的垃圾桶模型》[①]一文。他们反驳以人类制度的规律性和理性为假设的研究，此文堪称经典。他们的目的是解释组织决策的特征：流动式的参与、转变的科技和变动的目标，“是任何组织的部分特征”，但“在公共机构、教育机构和非正规组织中尤为突出”（Cohen，March，& Olsen，1972，p. 1）。

他们提出，在组织内部，众多因素以不可预知的方式结合，形成了决策。这些因素包括“流线”——具体而言，是决策选择、问题、解决方案以及介入程度不同的参与者的流动。他们写道，“从这个视角来看，组织是这样的组合：‘选择’在寻找‘问题’，议题和情感在寻找可能得到表达机会的决策情境，解决方案在寻找它们能够解答的议题，决策者在寻找工作”（Cohen，March，& Olsen，1972，p. 2）。

垃圾桶的比喻不是贬义，而是为一群混乱的现象提供易懂的隐喻。三位作者的结论是：尽管垃圾桶模型在解决问题方面不太成功，却能让人在模棱两可和多变的环境中做出抉择，使问题得到关注。奥尔森（Olsen，2001，p.193）后来总结说，这个模型“视组织生活为高度情境化的，主要受时间和机缘巧合的驱动”。

此后，他们的研究（如，March & Olsen，1989，1995）延伸到更宏观的制度领域，诸如治理、民主、军事，以及国家、地区和国际政治秩序的性质，推广“新制度主义”。有些媒体学者已采用新制度主义，解释新闻生产现象，比如新闻机构的内容同质性（Cook，2006）或异质性（Ryfe，2006）。

与制度层面的关切相比，研究单一组织内部决策所提出的古怪解释可能相形失色，但垃圾桶模型表达的基本姿态却经久不衰：理解人类事务的最佳路径，不是把它们当作理性计算和有序过程的结果，而应把它们当作历史偶然和社会的产物。从这个角度来看，独特的社会文化理解支配着行动，社会建构的规则本身通

① 译者注：在垃圾桶模型中，问题、解决方案和参与者 / 决策者是三条互相独立的“流线”，在流动过程中互不关联。只有当第四条“流线”——选择机会出现的时候，这三条“流线”才会相交。选择机会堪比一个垃圾桶，以便这三条“流线”汇入。垃圾的组合（也即三条“流线”）能否汇入一个垃圾桶（即选择机会），取决于可用的垃圾桶的组合、每个垃圾桶所粘贴的标签以及哪种垃圾在生产之中。参见 COHEN M D，MARCH J G，OLSEN J P. A garbage can model of organizational choice [J]. Administrative science quarterly，17（1）: 1–25.

过互动和经验不断被改变，体制结构在多重利益、资源变化和历史曲折的相互作用中被创造、维持和转化。

垃圾桶模型以“境况”和“机缘”为可操作的概念，加上它在制度主义的申论，能够启发媒介研究——包括比较研究和跨国媒体研究。这个研究始于某种场景（流动式的），加上某些因素（选择、问题、解决方案、参与者），展示了可识别、可描述的境况。关键因素之间的相互作用并没有产生特别有效或合理的结果，但碰到机缘便生机勃勃了——机缘不纯是机会或运气，而是一组混合的因素，为蓄势待发者找到机会（参见 Golin，1957；亦见 Zilber，Tuval-Mashiach，& Lieblich，2008）。

境况是“在地的事实”（facts on the ground），是社会行动者——从个人到整个结构——的实践和常规、行为和关系。境况是科学所描述的基本内容，也是任何社会结构的基本成分。记述科学发现时常常出现“机缘巧合”这个词，指的是境况如何互动，行动者即使未能控制这种结合，也能够利用从中产生的机会。这些词语本身并不是理论或模型，却为处理社会研究的挑战，提供了组织性的原则。它们应该有助于研究者关注具有文化启示意义的异象、例外和异类，这是一般社会科学不屑一顾的。最生动的夸张或过分偏离“常态”，都可能是显著的文化印记，其重要性不亚于常态曲线内的模式和流行的标准。

对自豪却不失幽默的学者，垃圾桶模型暗示了第三个原则——奇思妙想。在 1972 年的文章中，科恩、马奇和奥尔森显然已预料到人们会质疑他们是否认真，因此他们将模型转化为可供计算机模拟的定量形式（使用当时流行的编程语言 Fortran①），以证明他们的态度严谨和持重。但在主线叙事中，三位作者显然不在乎是否显得有点荒唐，居然用日常物体（垃圾桶）作为理论术语——我希望，他们是故意用轻浮来刺激讨论与发现。

在关于垃圾桶模型的最初的文章发表多年之后，奥尔森（Olsen，2001，p. 192）

① 译者注：Formula Translation（公式翻译）的缩写，是世界上最早出现的计算机高级程序设计语言，由 IBM 公司于 20 世纪 50 年代开发出来，并广泛应用于科学和工程计算领域，是后续许多其他计算机程序语言的基础。

撰文回应批评者（Bendor，2001），再次展现这种调调：他说批评者缺乏想象力，好比“没有幽默感的人偶然闯入热闹市镇发的牢骚”。归根结底，奇思妙想是学者性情的一部分，也呼吁我们谦逊地对待我们的研究结论和发现。

（陈楚洁 / 译，李红涛 / 校）

参考文献

李金铨．超越西方霸权［M］．香港：牛津大学出版社，2004.

祝建华．中文传播研究之理论化与本土化：以受众及媒介效果的整合理论为例［J］．新闻学研究，68，（1）：1–22.

Akhavan–Majid, R. (2004). Mass media reform in China. *Gazette* 66 (6): 553–65.

Bendor, J. (2001). Recycling the garbage can: An assessment of the research program. *American Political Science Review* 95 (1): 169–90.

Benson, R. (1999). Field theory in comparative context: A new paradigm for media studies. *Theory and Society* 28 (3): 463–98.

Benson, R. (2006). News media as a “journalistic field”: What Bourdieu adds to new institutionalism, and vice versa. *Political Communication* 23 (2): 187–202.

Berger, C.R., & Chaffee, S.H. (1987a). The study of communication as a science. In C.R. Berger & S.H. Chaffee, eds., *Handbook of communication science* (pp. 15– 19). Newbury Park, Ca: Sage.

Berger, C.R., & Chaffee, S.H. (1987b). What communication scientists do. In C.R. Berger & S.H. Chaffee, eds., *Handbook of communication science* (pp. 99–122). Newbury Park, Ca: sage.

Berger, C.R., & Chaffee, S.H., eds. (1987c). *Handbook of communication science*. Beverly Hills, Ca: sage.

Bourdieu, P. (1993). Principles for a sociology of cultural works. In R. Johnson, ed., *The field of cultural production: Essays on art and literature* (pp. 176–91). New York: Columbia university Press.

Chan, A. (2002). From propaganda to hegemony: *Jiaodian Fangtan* and China's media policy. *Journal of Contemporary China* 11 (30): 35–51.

Chan, A. (2007). Guiding public opinion through social agenda–setting: China's media policy since the 1990s. *Journal of Contemporary China* 16 (53): 547–59.

Chen, C.H. (2005). Framing *falun gong*: Xinhua news agency's coverage of the new religious movement in China. *Asian Journal of Communication* 15 (1): 16–36.

Chin, Y.C. (2011). Policy process, policy learning, and the role of the provincial media in China. *Media, Culture & Society* 33 (2): 193–210.

Cohen, M.D., March, J.G., & Olsen, J.P. (1972). A garbage can model of organizational choice. *Administrative Science Quarterly* 17 (1): 1–25.

Cook, T.E. (2006). The news media as a political institution: Looking backward and looking forward. *Political Communication* 23 (2): 159–71.

Curran, J., & Park, M.–J., eds. (2000). *De–Westernizing media studies*. London: Routledge.

De Burgh, H. (2003). Great aspirations and conventional repertoires: Chinese regional television journalists and their work. *Journalism Studies* 4 (2): 225–38.

Dickinson, R. (2007). Accomplishing journalism: Towards a revived sociology of a media occupation. *Cultural Sociology* 1 (2): 189–208.

Geertz, C. (1973). *The interpretation of cultures*. New York: Basic Books.

Giddens, A. (1984). *The constitution of society: Outline of the theory of structuration.* Berkeley: university of California Press.

Golin, M. (1957). Serendipity–big word in medical progress: Does "pure luck" deserve all the credit? *Journal of the American Medical Association* 165 (16): 2084–87.

Gudykunst, W.B. (1987). Cross–cultural comparisons. In C. R. Berger & S. H. Chaffee, eds., *Handbook of communication science* (pp. 847–89). Newbury Park, Ca: Sage.

Hassid, J. (2008). China's contentious journalists: Reconceptualizing the media. *Problems of Post-Communism* 55 (4): 52–61.

He, Z., & Zhu, J.J.H. (2002). The ecology of online newspapers: The case of China. *Media, Culture & Society* 24 (1): 121–37.

Hesmondhalgh, D. (2006). Bourdieu, the media and cultural production. *Media, Culture & Society* 28 (2): 211–31.

Hu, Z. (2003). The post-WTO restructuring of the Chinese media industries and the consequences of capitalisation. *Javnost-The Public* 10 (4): 19–36.

Huang, C. (2003). Transitional media vs. normative theories: Schramm, Altschull, and China. *Journal of Communication* 53 (3): 444–59.

Huang, C. (2007). Trace the stones in crossing the river: Media structural changes in post-WTO China. *International Communication Gazette* 69 (5): 413–30.

Huang, D. (2011). Power and right: "*yu lun jian du*" as a practice of Chinese media from an institutionalism perspective. *Journalism Studies* 12 (1): 106–18.

Knight, N. (2006). Reflecting on the paradox of globalisation: China's search for cultural identity and coherence. *China: An International Journal* 4 (1): 1–31.

Kunelius, R., & Ruusunoksa, L. (2008). Mapping professional imagination. *Journalism Studies* 9 (5): 662–78.

Lee, C.-C., He, Z., & Huang, Y. (2006). "Chinese party publicity inc." conglomerated: The case of the Shenzhen Press group. *Media, Culture & Society* 28 (4): 581–602.

Lee, C.-C., He, Z., & Huang, Y. (2007). Party-market corporatism, clientelism, and media in shanghai. *Harvard International Journal of Press/Politics* 12 (3): 21–42.

Lin, F. (2010). A survey report on Chinese journalists in China. *China Quarterly* 202:421–34.

Lin, J. (2004). China's media reform: Where to go? *Harvard China Review* 5:116.

March, J.G., & Olsen, J.P. (1989). *Rediscovering institutions: The organizational basis of politics*. New York: Free Press.

March, J.G., & Olsen, J.P. (1995). *Democratic governance*. New York: free Press.

Mertha, A. (2009). “Fragmented authoritarianism 2.0” : Political pluralization in the Chinese policy process. *China Quarterly* 200:995–1012.

Olsen, J.P. (2001). Garbage cans, new institutionalism, and the study of politics. *American Political Science Review* 95 (1):191–98.

Pan, Z. (2000). Spatial configuration in institutional change. *Journalism* 1 (3): 253–81.

Peterson, R.A., & Anand, N. (2004). The production of culture perspective. *Annual Review of Sociology* 30:311–34.

Polumbaum, J. (2010). Looking back, looking forward: The ecumenical imperative in Chinese mass communication scholarship. *International Journal of Communication* 4:567–72.

Pugsley, P.C. (2006). Constructing the hero: Nationalistic news narratives in contemporary China. *Westminster Papers in Communication & Culture* 3 (1): 77–92.

Pugsley, P.C. (2010). Transnational media showdowns in China’s Olympic year. In E. Morrell & M.D. Barr (eds.), *Crises and opportunities: Proceedings of the 18th biennial conference of the Asian Studies Association of Australia, Adelaide, Australia*. Canberra: ASAA & University of Adelaide (published online at http://asaa.asn. au/ asaa2010/reviewed_papers/).

Ryfe, D.M. (2006). The nature of news rules. *Political Communication* 23 (2): 203– 14.

Schramm, W. (1963). *The science of human communication*. New York: Basic Books.

Stockmann, D. (2010). Who believes propaganda? Media effects during the anti–Japanese protests in Beijing. *China Quarterly* 202:269–89.

Sullivan, J., & Xie, L. (2009). Environmental activism, social networks and the internet. *China Quarterly* 198:422–32.

Sun, T., Chang, T.–K., & Yu, G. (2001). Social structure, media system, and audiences in China: Testing the uses and dependency model. *Mass Communication and Society* 4 (2): 199–217.

Sun, W. (2006). A small Chinese town television station’s struggle for survival: How a new institutional arrangement came into being. *Westminster Papers in Communication & Culture* 3 (1): 42–56.

Sun, W. (2010). Alliance and tactics among government, media organizations and journalists: A description of public opinion supervision in China. *Westminster Papers in Communication & Culture* 7 (1): 43–55.

Tilt, B., & Xiao, Q. (2010). Media coverage of environmental pollution in the People's republic of China: Responsibility, cover–up and state control. *Media, Culture & Society* 32 (2): 225–45.

Tong, J. (2007). Guerrilla tactics of investigative journalists in China. *Journalism* 8 (5): 530–35.

Tong, J. (2009). Press self–censorship in China: A case study in the transformation of discourse. *Discourse & Society* 20 (5): 593–612.

Tong, J. (2010). The crisis of the centralized media control theory: How local power controls media in China. *Media, Culture & Society* 32 (6): 925–42.

Tong, J., & Sparks, C. (2009). Investigative journalism in China today. *Journalism Studies* 10 (3): 337–52.

Wang, H. (2010). How big is the cage? An examination of press autonomy in China. *Westminster Papers in Communication & Culture* 7 (1): 56–72.

Warde, A. (2004). *Practice and field: Revising Bourdieusian concepts*. Manchester: Centre for Research on Innovation & Competition, University of Manchester.

Weber, I., & Lu, J. (2007). Internet and self–regulation in China: The cultural logic of controlled commodification. *Media, Culture & Society* 29 (5): 772–89.

Xin, X. (2006). A developing market in news: Xinhua News Agency and Chinese newspapers. *Media, Culture & Society* 28 (1): 45–66.

Xin, X. (2010). The impact of "citizen journalism" on Chinese media and society. *Journalism Practice* 4 (3): 333–44.

Xu, M. (2010). *Globalization, cultural security and television regulation in the post–WTO*

China. PhD Diss., National University of Singapore.

Zhang, E., & Fleming, K. (2005). Examination of characteristics of news media under censorship: A content analysis of selected Chinese newspapers' SARS coverage. *Asian Journal of Communication* 15 (3): 319–39.

Zhang, X. (2006). Reading between the headlines: SARS, Focus and TV current affairs programmes in China. *Media, Culture & Society* 28 (5): 715–37.

Zhang, Y. (2000). From masses to audience: Changing media ideologies and practices in reform China. *Journalism Studies* 1 (4): 617–35.

Zhao, Y. (2000). Watchdogs on party leashes? Contexts and implications of investigative journalism in post–Deng China. *Journalism Studies* 1 (4): 577–97.

Zilber, T.B., Tuval–Mashiach, R., & Lieblich, A. (2008). The embedded narrative: navigating through multiple contexts. *Qualitative Inquiry* 14 (6): 1047– 69.

第 12 章 / 翻译、交流* 与东西间的理解

Translation, Communication, and East-West Understanding

张隆溪

人类生在世间，在特定的社会、历史和政治环境中，有特定的语言和文化，在我们之前或之后一直存在。预定的环境决定了我们的母语、社会习俗和文化价值观，也决定了我们的基本观点以及归属感或认同感。可以说，人类在开始时都是非常狭隘的，然而，人类的神奇恰恰在于，有能力超越个人层面的自我封闭，并超越社区和国家层面的社会界限。本位主义和世界主义、民族主义的倾向和跨文化的开放，都是不断斗争的力量，而人类生活始终是一个力图保持微妙平衡的协商过程。

人类生而天平向地方本位倾斜几乎是“自然的”，而培养世界主义精神和开放心智则要竭尽心力。跨越语言和文化藩篱是人类特有的行为，代表一个人的教育水平和能力，乃至相应的社会地位。能够翻译不同语言，从而帮助他人摆脱语言和文化束缚的人，是有特殊天赋的，在更早的时代甚至被认为具有某种神力。翻译总是令沟通成为可能。希腊吸收埃及的文化元素，希腊和罗马相互关联，阿

* 译者注：本章中的“communication”涉及东西方之间的交流，在此没有直译为“传播”，文中根据语境翻译成“交流”或“沟通”。

拉伯学问对拉丁美洲中世纪的发展和文艺复兴产生了重要影响，以及佛经从印度被引介到东亚，这些使我们了解到人类历史上早已有翻译行为发生。并且，在知识的扩张、对世界的理解和人类文明的发展中，翻译更一直发挥着重要作用。

随着人类知识的增长，世界观逐渐变化。古代的世界观，在地理、语言和文化上，都是有限的。在我们现在所称的东亚地区，“天下”的概念是一个以中国为中心的世界，以中国语言和文化为主要参照，几乎对欧洲没有了解或接触。另一方面，早期欧洲人的世界概念，大致受到《圣经》的影响，所理解的世界是洪水灭世之后诺亚及其后代移居到不同地区形成的世界。中世纪的欧洲世界地图，即 T–O 形地图，对世界只有非常粗略的概念，认为左侧是欧洲，右侧是非洲，T 字的顶部则是亚洲，而亚洲就是指模糊印象中的印度。直到 13 世纪末，马可·波罗（Marco Polo，1254？—1325？）发表著作，记载旅行见闻，并提供许多东方的地名及其位置，欧洲人对世界的了解才有所扩展。例如，著名的加泰罗尼亚地图（1375 年）显然以马可·波罗的书为主要信源。约翰·拉尔纳（John Larner，1999，p. 105）说，马可·波罗给欧洲带来了“一份神奇的礼物，一部内容丰富而复杂的地理专著，无与伦比地打开了人们的视野”。马可·波罗年轻时离开威尼斯，跟随父亲和叔叔到中国经商。他看到的是忽必烈统治下的元朝，在这个蒙古帝国，他几乎没有机会接触占多数的汉人及其文化。难怪现代读者认为典型的中国事物——如儒家思想、毛笔和书法、饮茶、筷子、女人裹脚、长城——马可·波罗都没有观察，没有述评，甚或只字不提。因此，有人质疑他记述的真实性（Wood，1995；Yang，1999）。对欧洲人来说，正如拉尔纳所言，马可·波罗的重大贡献在于发现世界，包括东亚在版图之内，开阔了欧洲人的视野。

又过了三百余年，16 世纪末，另一位意大利人利玛窦[①]（Matteo Ricci，1552—1610），以天主教耶稣会传教士的身份来到中国，这时东西方文化接触才

① 译者注：利玛窦（Matteo Ricci），意大利耶稣会士，致力于中国思想文化研究，与晚明士大夫进行了深入的思想交流，在中国和西方之间充当了思想交流的中介。其中文著作有《交友论》《几何原本》《西国记法》等，并绘有《坤舆万国全图》。

开始热切起来。当利玛窦和其他耶稣会传教士抵达晚明时期的中国时，他们发现这个国家历史悠久，经济繁荣，文化成熟，知识传统丰富。他们意识到，不能简单地宣称中国人没有文化，不能教他们天启教的精神真理，不能一夜之间转化数以百万计的中国人成为基督徒。于是，他们在传教工作中，采用了所谓通融之道：他们先学会汉语，尝试从中国古典找到概念和术语，以翻译基督教思想；他们展现自己是西方饱学之士，并介绍欧洲最新的科学技术，以给中国皇帝和士大夫留下深刻印象。利玛窦用汉语写出基督教教义《天主实义》[①]，并与徐光启（1562—1633）合作，将欧几里得的《几何原本》（*Elements*）前六本翻译成中文。徐光启是大明高官，皈依基督教的最重要人物之一。传教士从事翻译活动，当然有宗教目的，最终希望将中国人受洗为基督徒；然而，与此同时，东方和西方第一次接触，试图寻找双方理解和交流的共同基础，这些努力对跨文化理解贡献甚大。

耶稣会士们介绍中国文化（尤其是儒家思想）到欧洲。借助耶稣会士的书信、书卷和小册子，中国广为欧洲知识分子知悉。传教士阐释儒家道德和政治哲学，在欧洲产生了强烈反响，引起了戈特弗里德·威廉·莱布尼茨（Gottfried Wilhelm Leibniz）和伏尔泰（Voltaire）等一流哲学家的关注。如果说马可·波罗为中世纪的欧洲"打开视野"，那么利玛窦及其追随者无疑进一步开阔了欧洲人的眼界，加深了欧洲人对中国和东方的理解。在物质方面，从中国进口的瓷器、丝绸、墙纸、家具、园艺，使 17 世纪和 18 世纪的欧洲掀起了一股中国商品热；欧洲人迷恋这种"中国风"。

中国被欧洲人所认识、了解，在文化和社会层面对欧洲产生了影响。耶稣会士正面呈现中国为以自然神学为基础的善治国家，促使许多欧洲启蒙运动时期思想家反思世俗文化、精英政治，以及科举考试的文官制度。儒家思想的世俗取向，为启蒙运动时期的哲学家暗示"政教分离"的概念，这正是现代民族

---

① 译者注：《天主实义》由利玛窦始撰于 1596 年，成书于 1603 年并出版，是用中文写就的对话体著作，共二卷八篇。它的出现影响了方以智、黄宗羲、戴震等明清思想家。可参考利玛窦著，法国学者梅谦立注的《天主实义今注》（谭杰 / 译校，商务印书馆 2014 年版）。

国家的重要概念。对欧洲知识分子来说，以考试制度选拔才俊，分配到政府部门，这是深具吸引力的，因为欧洲在贵族血统世袭制下，社会阶层流动受到严重限制。阿道夫·利奇温（Adolf Reichwein，1925，p. 26）多年前指出，18 世纪是中国和西方“形而上接触”的时期，莱布尼茨（Leibniz）和伏尔泰（Voltaire）等哲学家在中国和儒学中发现了“幸福生活的愿景，如同他们所梦想的”。利奇温（Reichwein，1925，p. 77）甚至宣称：“孔子成为 18 世纪启蒙运动的守护神。只有通过他，启蒙运动才能找到与中国的联系。”莱布尼茨（Leibniz，1994，p. 51）热切地提议，欧洲人“需要来自中国的传教士，他们可以教我们如何使用和实践自然宗教，就像我们向他们派出天启神学的老师一样”。可见当时欧洲对中国和儒家思想有多热情。对于莱布尼茨（Leibniz，1994，p. 45）来说，这几乎是一个神圣的计划，在世界的两端发展出这么不同又同样伟大的文明，“最文明和最遥远的民族开怀互相拥抱，可能将两端之间的民族逐渐带入更好的生活方式”中。基督教传教士和启蒙哲学家们的议程和意识形态截然不同，但他们都相信并促进了东西方的相互理解。

世界主义精神对 18 世纪的欧洲思想家产生了重要影响，相信即使是相距遥远的民族，文化和历史背景不同，也能够互相理解，并能融合在一起，形成共同的人性。启蒙运动中的哲学家们认为，中国是建立在理性而非宗教信仰之上的国家，这个积极形象对欧洲生活的世俗化具有重要影响。然而，天主教会把这种世俗化倾向视作威胁，也不赞赏耶稣会士正面介绍异教国家及其文化。利玛窦去世后不久，天主教会内部掀起一场名为“中国礼仪之争”的争论；坚持正统的教条者们批判耶稣会士的“通融之道”过分向异教民族的语言文化妥协。皈依的中国基督教徒能否继续进行“祭祖”仪式，或能否在孔庙敬孔，都成为热烈争论的议题。甚至连术语也有争论，争论汉语有没有对应的词汇翻译基督教的神、天使和其他精神真理等概念。法国汉学家雅克·谢和耐[①]（Jacques Gernet）研究礼仪之争，提

---

① 译者注：谢和耐（Jacques Gernet，1921—2018），法国 20 世纪下半叶著名的汉学家、历史学家、社会学家，法兰西学院名誉教授。专事中国社会和文化史研究，其著作《中国社会史》《中国与基督教》《中国 5—10 世纪的寺院经济》《中国人的智慧》《蒙元入侵前夜的中国日常生活》等均已有中译本出版。

出纯粹正统的观点，认为基督教的精神概念和术语确实无法翻译为中文，更根本的是无法为中国人所理解。皈依的中国基督徒不能真正理解基督教的真理，谢和耐（Gernet，1985，p. 33）引述圣方济会神父安东尼奥·德·卡巴列罗（Antonio de Caballero）的话说，“中国人似乎是在说我们的神和天使，但他们只是在模仿真理”。另一位反对利玛窦主张的正统论者龙华民[①]（Niccol ò Longobardi）声称，“中国人从来不知道任何物质以外的精神实质”（Gernet，1985，p. 203）。最终，耶稣会士的“通融之道”被认定不可接受，天主教禁用翻译神和其他类似概念的中国术语；谢和耐（Gernet，1985，pp. 31–32）说，“教宗克里蒙十一世在 1704 年和 1715 年谴责‘天’和‘天主’等术语”。中国礼仪之争的结果是，中国与欧洲形成二分对立态势，只看到彼此对立的概念、术语、范畴和价值。

诚如苏源熙[②]（Haun Saussy，1993，p. 36）所言，在“欧洲汉学的传教士开端期”创造的二分对立，仍然影响着现代西方人的中国观。比如，把中国礼仪之争视为文化冲突的雅克·谢和耐（Jacques Gernet，1985，p. 3），基本上同意天主教正统论者的观点，他认为传教士在中国遭遇的困难，都可以溯及中西方的根本差异：“不仅拥有不同的知识传统，还有不同的心理范畴和思维模式”。谢和耐认为中国的“思维模式”不同，可能是受到葛兰言[③]的《中国思想》（*Pensée chinoise*）（1934）的影响，该书描述“中式的思维方式”根本与欧洲思维方式不同；反过

① 译者注：龙华民（Niccolo Longobardi，1559—1654），号精华，明朝末年来华的天主教传教士。意大利西西里人，贵族家庭出身，1582 年入耶稣会，1597 年抵达澳门，一开始在韶州（即现在的广东韶光）传教，1609 年到北京，1610 年继利玛窦出任在华耶稣会会长。他反对利玛窦允许教徒参与祀孔祭祖仪式的做法，被称为“中国礼仪之争”的第一人。参见夏伯嘉的《天主教与明末社会：崇祯朝龙华民山东传教的几个问题》一文，发表于《历史研究》2009 年第 2 期，第 51–67 页。

② 译者注：苏源熙，耶鲁大学比较文学博士，现任美国芝加哥大学比较文学系教授。

③ 译者注：葛兰言（Marcel Granet，1884—1940），20 世纪法国著名的社会学家、民族学家和汉学家，社会学年鉴学派重要成员，师从爱弥尔·涂尔干、马塞尔·莫斯和沙畹。他将社会学方法运用到了汉学研究当中。主要学术成果有：《古代中国的节庆与歌谣》《古代中国的舞蹈与传说》《中国人的思想》《中国文明》《中国宗教》等。参考葛兰言（Marcel Granet）著的《古代中国的节庆与歌谣》，由赵丙祥、张宏明译，广西师范大学出版社 2005 年出版。

来，葛兰言又受到路西安·列维·布吕尔[①]（Lucien Lévy-bruhl，1857—1939）集体精神状态（collective mentalité）概念的影响，宣称世界上每个民族都有独特的"思维方式"。谢和耐不仅赞同正统论者的东西二分对立，而且从思想和语言层面为他提供了一个形而上学式的理由，因为他强调中西的本质差异，就在于中文和印欧语言的不同。谢和耐说，"简直无法想象一个与希腊语、拉丁语和梵语更不同的语言模式"。他认为中文没有适当的语法分别，因而无力表达抽象概念，因为"在中文里，没有表示'存在'的词汇，没有能够表达存在或本质的概念，而在希腊语中，名词'ousia'或中性名词'to on'可以很容易表达这些概念。结果，'存在'的概念，也就是永恒不变的现实，这个超越现象的范畴，中国人也许难以理解"（Gernet，1985，p. 241）。对谢和耐（Gernet，1985，p. 244）来说，语言和思维方式是互相关联的，而印欧语言与中文对比，"证实了本维尼斯特（Benveniste）[②]的分析：印欧语系的语言结构似乎帮助希腊语世界——之后是基督教世界——构思了一个超凡不变的现实，而不是感官所建立的短暂的现实"。

在此，我们发现许多主题后来被其他西方学者重提，当中以弗朗索瓦·于连[③]（François Jullien）为代表，他在很多著作中以不同的方式重申希腊与中国的二分对立。他认为，"中国提供了一个案例，通过它我们可以自外审视西方思想"（Jullien，2000，p. 9）。这是他不断重复而不变的论点，在书名 *Penser d'un Dehors*（*la Chine*）（《自外思考（中国）》）中体现得一清二楚。他宣称，欧洲人"走出希腊语框架"的唯一办法，就是来一趟"中国"之旅，因为中华文明是"唯一在浩瀚文本中得到记载的，其语言和历史谱系是完全非欧洲的"（Jullien &

---

① 译者注：又译路先·列维·布留尔或路西安·莱维·布律尔，法国社会学家、哲学家、民族学家，法国社会学年鉴派的重要代表。

② 译者注：埃米尔·本维尼斯特（Emile Benveniste），法国著名语言学家，1902 年出生于法国的阿莱城，1937 年起任法兰西学院比较语法教授，并且加入了布拉格语言学会结构主义的行列，是布拉格语言学派在法国的继承人和传播者。

③ 译者注：又译弗朗索瓦·朱利安，法国哲学家、汉学家。曾任法国中国研究协会主席（1988—1990）、巴黎国际哲学学院院长（1995—1998）。创作的主要著作包括：《过程或创造》《恬淡颂》《"势"的研究》《圣人无意——或哲学的他者》《迂回与直进》《道德的基础》《论时间》《大象无形》等。

Marchaisse，2000，p. 39）。史景迁[①]（Jonathan Spence，1998，p. 145）指出，以中国建立“相互强化异国情调的形象和感知”，似乎是法国人特殊的天赋。而美国学者理查德·尼斯贝特（Richard Nisbett，2003，pp. xvi–xvii）进一步发展心智和思维方式的概念时，将所有的西方人和所有的亚洲人做了鲜明对照：“人类认知并不是到处一样。第一，拥有不同文化的成员对‘形而上学’，也就是对世界本质的基本信仰是不同的。第二，不同群体特有的思维过程是大相径庭的。第三，思维过程与对世界本质的基本信仰首尾一贯，就是说，为了理解这个世界，人们使用似乎有道理的认知工具。”在这样的二分观下，所有“西方人”和所有“亚洲人”的想法南辕北辙，但在西方内部和亚洲内部，人们却以特定的方式统一思想。东西二分观的另一个特征是过分强调文化差异，同时把同一文化的内部差异降到最低。其荒谬处在于假设宏大概念——同质化的“西方人”和“亚洲人”——彼此对立，没有任何差异。当代西方学术界一般过分强调文化差异和独特身份，这个趋势在理论上造成的影响更大。我们想到雅克·德里达（Jacques Derrida，1976，p. 90）“延异”（différance）的概念，和他所声称的“逻各斯中心主义是完全西方的”，想到米歇尔·福柯（Michel Foucault，1973，p. xv）视中国为不可解的“异托邦”(heterotopia)。[②]这种知识环境使得东西方比较研究很难做，即使做出比较，大概会落在东西差异上，而非任何相似、共同的价值观或密切的联系上。

如同“中国礼仪之争”中的纯教条派，有些现代学者也认为中国人是没有灵性理解力的唯物主义者，思维模式具体而非抽象，观点是内在的不是超凡的。当然，并非所有的汉学家都信奉这种二分观，但也确有人笃信于此，显著地影响了

① 译者注：史景迁，美国历史学者，美国当代著名汉学家，以研究明清史见长。曾任 2004—2005 年度美国历史学会会长。创作的主要著作包括：《王氏之死：大历史背后的小人物命运》《中国皇帝：康熙自画像》《胡若望的困惑之旅：18 世纪中国天主教徒法国蒙难记》《皇帝与秀才：皇权游戏中的文人悲剧》《曹寅和康熙：一个皇室宠臣的生涯揭秘》等。

② 我在诸多研究中反对过这种对中国的异域化和东西方的二元对立。关于德里达批评逻各斯中心主义的讨论，请参见 Zhang，1992；关于福柯将中国视为“异托邦”的讨论，请参见 Zhang，1998，chapter 1。

现代西方对中国和中国人的理解。就像“中国礼仪之争”中的纯教条派，持东西对立观点的学者，强调概念和术语不可互译，文化价值观和观念难以通约。“噢，东方就是东方，西方就是西方，二者永不相会。”大英帝国诗人拉德亚德·基普林[①]（Rudyard Kipling）的诗句，有时被有些学者断章取义地引述来表达东西方文化的不可通约性。我们再次引用谢和耐（Gernet，1985，p. 239）的话，在中文里“很难表达抽象和一般事物与具体和特殊的事物的根本不同”，以至于“历史上试图将语尾变化的语言，例如希腊语、拉丁语或梵语，翻译成中文，总是自取其辱。因此，语言结构不可避免地造成了思维模式差异”。尽管数百年前梵语佛经已被译成中文，谢和耐还这么说，他大概认为梵文被翻译成中文造成了人们对原意的扭曲，佛教真谛已永远丧失。这个显著的例子说明，以东西对立立论的学者，无视历史和文本证据，一味否定翻译的可能性，也看不到东西二分观如何严重地影响了他们自己强加的“思维模式”。通常，“不可译性”观点罔顾历史事实和文本证据，否定沟通的可能，因为正统派坚持百分之百的纯度，并不关心文本是怎样被翻译出来的，也不关心有哪些词汇和术语是不可翻译的，他们只顾在概念层面上辩说理解和沟通是不可能的，心智或精神层面是不可通约的。

在现代批判理论中，托马斯·库恩（Thomas Kuhn）提出的不同范式具有“不可通约性”（incommensurability）的理论，可能是最著名的。这个提法给哲学、社会科学以及一般人文学科研究带来巨大冲击，他原本只是想讨论科学的历史演变（所谓科学革命）。库恩认为，科学革命是一种断裂，是完全的突破，新范式出现，取代老范式，而不同范式不能完全互通。在不同范式下工作的科学家们，不说同一种语言。库恩说，范式改变太剧烈，“革命之后，科学家就在新的世界工作了”（Kuhn，1970，p. 135）。在 20 世纪 70 年代和之后的很长一段时间里，人们借用库恩的极端“不可通约性”的概念来探讨文化和传统，其影响甚远。但这种借鉴的结果并非全然正面，因为它助长了二分观，如林赛·沃特斯（Lindsay Waters，2001，p. 144）所说的，“为部落主义的复兴提供了合理性”。在人文学

① 译者注：又译拉德亚德·吉布林，1865 年生于印度孟买，1936 年逝世，英国记者、小说家、诗人，1907 年获得诺贝尔文学奖，成为英国第一位获诺贝尔文学奖的作家。

科和社会科学中，库恩这一广为人知的观点，竟变成了“颠倒的不可通约性”，以致“把身份政治正当化，坚持跨越种族思考是不可能的”。最激进的“不可通约性观点合理化了一种狭隘的、绝对主义的、非多元化的相对主义”（Waters，2001，p. 145）。这些当然不是预期的社会后果，但即便就科学史而言，“不可通约性”显然也是言过其实了，因为在不同范式下工作的科学家，还是能够争辩重要的议题，例如托勒密的地心说和哥白尼的日心说，因为他们理解对方主张的宇宙中心是什么。辩论也是交流，而且预设的不同观点及其差异也可以用语言表达。

晚年，库恩放弃了他在《科学革命的结构》中提出的极端“不可通约性”概念，但他仍然坚信“不可译性”的概念。他承认，不同范式的科学家相遇时，使用的术语和语言大致相同，但他们对某些术语的理解可能大相径庭。一方面，库恩（Kuhn，2000，p. 36）允许有共同语言，理解的问题因而减少和受限。“只有涉及一小部分术语，以及包含这些术语的句子时，可译性的问题才会出现。”因此，“不可通约性”被降格成为语言学的问题，是“关于语言和转义的论断”。另一方面，术语的语义转变如此剧烈，库恩认为新旧术语无法互译（Kuhn，2000，p. 93）。他指出，“不可通约性因此成为一种不可译性”。然而，诚如希拉里·普特南（Hilary Putnam，1990，p. 127）所言，翻译之难“并不意味着没有一种‘共同语言’，可以说明两个理论的术语指什么”。“不可译性”纯粹是一个建构的概念，因为在现实中，无论翻译有多困难，多偏颇，或多不完美，它总能使人类沟通成为可能。

翻译不一定涉及两种语言，如乔治·斯坦纳（George Steiner，1975，p. 47）所言，以同一种语言进行理解已经是翻译了，而语际翻译不过是“交流的一个特例”。斯坦纳以广义的“翻译”说明认知或交流的行为。他说，“任何交流模式也是翻译模式，是纵向或横向传递意义的模式”（Steiner，1975，p. 45）。语际翻译可以提供借鉴，因为它最明显地体现了交流的问题。“在语际层面，翻译将导致浓缩的、明显棘手的问题的产生；在更隐蔽的、惯常被忽视的语内层面，这些问题也大量存在。……无论语际或语内，人类交流即翻译。”（Steiner，1975，p.

47）因此，纯化论者的“不可译性”概念否认交流是向狭隘观念倒退，退向惰滞和种族中心主义的“自然”趋势。如安托万·伯曼（Antoine Berman，1992，p. 4）所言，“翻译的确切目的——在写作中打开与‘他者’的关系，通过外来思想的调和以丰富‘自我’的思想”，“这是与每种文化的种族中心主义结构截然相反的，每个社会都想成为纯粹无杂的‘整体’”。“不可译性”的概念基础没有别的，只是文化和语言纯粹性的自恋欲求，一种种族中心主义的幻觉：认为自身的语言和文化是独一无二、高人一等、无与伦比的。

就狭义而言，我们都知道有些字词确实无法翻译，因为在一种语言中存在的东西，在另一种语言中可能不存在，或找不到近似的对等表达。从这个意义上讲，许多习语、双关语、固定短语、笑话和技术术语是无法翻译的，但这个技术问题通常可以通过音译和外来词来化解。事实上，这并非人们翻译时才会使用的方法，语言在自身的发展过程中也常常使用词汇借用，用已有的词汇指称新的、未命名的事物，这也是斯坦纳所谓的“意义的转移”。抽象概念尤其如此。在詹巴蒂斯塔·维柯（Giambattista Vico，1999，p.76）看来，“人的心智有这样的特性，当人们对遥远而陌生的事物一无所知时，他们就会根据当前和熟悉的事物来加以判断”。他进一步指出，“所有语言表达无生命之物时，大多借用人体及其部位的隐喻，或用人类感官和情感的隐喻”（Vico，1999，p. 159）。这似乎是所有语言增加语源和词义的共同原则，即根据已知和未知、熟悉和不熟悉之间的某种关系，借用熟悉的词语来表达陌生事物。在中国的《易经》中，我们也能找到非常接近的表述。《易经》说，上古皇帝伏羲通过观察天象地形、模仿鸟兽踪迹创造了八卦。“近取诸身，远取诸物，于是始作八卦，以通神明之德，以类万物之情。”这在后来被认为是创造中国文字的方式。换言之，语言基本上是隐喻性的，其经常靠借用，即将一个词的意义转移给另一个。词汇的借用不仅存在于语际（如翻译），也存在于同一种语言中。如前文所述，这也是乔治·斯坦纳强调“无论语内或语际，人类交流即翻译”的原因。理解、翻译、交流——这些认知行为，都是在一定距离之外理解原初之物，以我们的当下解释过往，也是用一种表达指称另一事物，而不是纯化派幻想的复制原作。

在一篇论翻译的名作中，瓦尔特·本雅明（Walter Benjamin，1973，p. 70）特别强调，“即使人们证明无法翻译语言创造物，也应该考虑具可译性”。本雅明是在形而上学层面而非在翻译实务的技术层面讲这番话的。本雅明的观点深植于犹太神秘主义和德国哲学唯心主义，本雅明认为，翻译不是对外语原作的简单传达，而是力图表达原作无法表达的东西，这是所有语言，即他说的“纯粹语言”的目的。伯曼（Berman，1992，p.7）评论说，在本雅明看来，译者的任务是“超脱经验语言的嗡嗡声，去寻找‘纯粹语言’，这是每种语言内在所承载的弥赛亚式共鸣。这个目标无关伦理的目的，是彻底形而上的，超越自然语言，寻找柏拉图式的‘真相’”。用本雅明自己的话说，正是“纯粹语言”把所有语言联系在一起。他指出，“语言之间并非形同陌路，而在先验上，它们所想表达的其实是互相联系的”（Benjamin，1973，p. 72）。所有语言想表达的是一种深层的意向，“即每种语言整体的根本意向——但是，没有任何语言可以达到这个意向，只有靠种种意向互补形成整体才能实现，这就是纯粹语言。虽然外语的所有单独元素——词语、句子、结构——彼此排斥，但这些语言在意向上却是互补的”（Benjamin，1973，p. 74）。明确地说，本雅明坚持语言的可译性，因为人类交流植根于所有语言的本质及其共同的意向性。认同“可译性”就是认同不同个人、社会群体和文化传统中的事物、价值和观念是本质上“可通约”的，跨越语言和文化障碍的理解和交流也是可能的。比较陌生和熟悉的事物，寻找对等表达，将外来事物带入我们的知识范围，翻译扩展了我们的思维，弥合了语言和文化的差异。

但是，当差异在东西方之间，翻译还可能吗？当然，我的答案是肯定的，但只要文化“不可通约性”的二元对立、文化差异被过分强调，影响学术话语甚巨，东西方研究就仍然面临巨大挑战。随着我们进入 21 世纪日益全球化的世界，事物迅速变化，东西方之间的物理距离和心理距离正在缩小，东西方研究正成为社会科学和人文学科蓬勃发展的新领域。对欧洲中心主义和任何其他种族中心主义的批判，为研究视野的真正开放提供了可能。正如奎迈·安东尼·阿皮亚（Kwame Anthony Appiah，2006，p. xvi）所说的，新的世界主义有强烈的道德承诺，“每个人都得对他人负责”。当下的社会和知识环境似乎变得有利于东西方研究。如前所述，翻译总在不同程度使人类交流成为可能，并且随着东亚经济和文化蒸蒸日上，东西方研究吸引了国际学界越来越多的注目，最终也许有机会获得更好的跨文化理解和沟通。要学会足够多的东西方传统的语言技能和知识，是令人生畏的挑战，这也构成了东西方研究的另一个挑战。任何一个学者想要获得语言技能和文化知识，以投入严肃的东西方研究中，绝非易事，但这实在是值得努力的事，这是值得我们自豪地为之做出重大贡献的新研究领域。

（袁梦倩/译，陈楚洁/校）

参考文献

杨志玖．马可·波罗在中国［M］．天津：南开大学出版社，1999.

周易正义［M］// 十三经注疏：卷第一．阮元，校刻．北京：中华书局，1980.

Appiah, A. (2006). *Cosmopolitanism: Ethics in a world of strangers*. New York: W. W. Norton.

Benjamin, W. (1973). The task of the translator (trans., H. Zohn). In H. Arendt, ed., *Illuminations* (pp. 69–82). Glasgow: Fontana.

Berman, A. (1992). *The experience of the foreign: Culture and translation in romantic Germany* (trans., S. Heyvaert). Albany: State University of New York Press.

Derrida, J. (1976). *Of grammatology* (trans., G. C. Spivak). Baltimore: Johns Hopkins University Press.

Foucault, M. (1973). *The order of things: An archaeology of the human sciences*. New York: Vintage Books.

Gernet, J. (1985). *China and the Christian impact: A conflict of cultures* (trans., J. Lloyd). Cambridge: Cambridge University Press

Honour, H. (1961). *Chinoiserie: The vision of Cathay*. New York: E. P. Dutton.

Jullien, F. (2000). *Detour and access: Strategies of meaning in China and Greece* (trans., S. Hawkes). New York: Zone Books.

Jullien, F., & Marchaisse, T. (2000). *Penser d'un dehors, la Chine: Entretiens d'Extrême-Occident*. Paris: Éditions du Seuil.

Kuhn, T. S. (1970). *The structure of scientific revolutions*. Chicago: University of Chicago Press.

Kuhn, T. S. (2000). Commensurability, comparability, communicability. In J. Conant & J. Haugeland, eds., *The road since Structure: Philosophical essays, 1970–1993, with an autobiographical interview*. Chicago: University of Chicago Press.

Larner, J. (1999). *Marco Polo and the discovery of the world*. New Haven, CT: Yale University Press.

Leibniz, G. W. (1994). Preface to the Novissima Sinica (trans., D. J. Cook & H. Rosemont). In *Writings on China*. Chicago: Open Court.

Nisbett, R. E. (2003). *The geography of thought: How Asians and Westerners think differently—and why*. New York: Free Press.

Putnam, H. (1990). The Craving for objectivity. In J. Conant, ed., *Realism with a human face*. Cambridge, MA: Harvard University Press.

Reichwein, A. (1925). *China and Europe: Intellectual and artistic contacts in the eighteenth century* (trans., J. C. Powell). New York: Knopf.

Saussy, H. (1993). *The problem of a Chinese aesthetic*. Stanford, CA: Stanford University Press.

Spence, J. D. (1998). *The Chan's great continent: China in Western minds*. New York: W. W. Norton.

Steiner, G. (1975). *After Babel: Aspects of language and translation*. New York: Oxford University Press.

Vico, G. (1999). *New science* (trans., D. Marsh). Harmondsworth, UK: Penguin.

Waters, L. (2001). The age of incommensurability. *Boundary 2*, 28 (2): 133–72.

Wood, F. (1995). *Did Marco Polo go to China?* London: Secker & Warburg.

Zhang, L.-X. (1992). *The tao and the logos: Literary hermeneutics, East and West.* Durham, NC: Duke University Press.

Zhang L.-X. (1998). *Mighty opposites: From dichotomies to differences in the comparative study of China*. Stanford, CA: Stanford University Press.

第 13 章 / 公共空间、场域与网络：去西方化世界中的西方概念？

Public Spheres, Fields, Networks: Western Concepts for a De-Westernizing World?

罗德尼·本森

就地缘政治的目标而言，媒体研究终于走向国际化了，可是这对学者理论化、分析和评估数据的工作有何（或者，应当有何）影响呢？对国际媒介研究所面临的真正挑战，业界至少有三种不同的主张：其一，为了超越英美和欧陆语境，提升经验上的变化性和复杂性，需要建立新的理论模式（Appadurai，1990；Thussu，2009）。其二，研究开始多向流动了——西方研究非西方，非西方研究西方，非西方研究非西方（"西方"和"非西方"的概念一直包含多重立场）——因而涌现了认识论的问题，知识形式的局限和偏见也备受瞩目（Smith，1999）。其三，西方对于什么要素构成了良好、公正和"民主"的社会的基本观点——事实上，民主是不是唯一有价值的目标——已经不能再被假定了。（Latour，2005；Silverstone，2006）。

有人辩称，这种挑战是深远而根本的，必须建立全新的非西方理论和模式，甚至更激进地说，"北方"（无论我们如何定义它）在认知上和道德上都没有资格研究或批评“南方”的事务，因此需要有新的研究者和新的研究机构。即使不全盘接受这些批评，我们也理当欢迎新的理论和新的研究社群。但现实的情况是，全球研究绝大多数仍是那些老面孔用旧理论在做。我的问题是：面对所涌现的各种非西方背景的挑战，这些西方理论如何在本体论、认知论和规范性等方面做出回应。

我将聚焦三个重要概念，即公共空间、场域和网络，它们正日益被用来描绘世界上复杂而互联的媒介环境。本章我会逐一分析这些词语，首先看主要的理论倡导者如何界定这些概念——包括哈贝马斯（Jürgen Habermas）和彼得斯（Bernhard Peters）的“公共空间”，布尔迪厄（Pierre Bourdieu）的“场域”，卡斯特（Manuel Castells）和拉图尔（Bruno Latour）的“网络”——接着再看国际媒介学者如何运用这些概念。大致而言，我认为，当人们从哈贝马斯、彼得斯和布尔迪厄这边，移向卡斯特（特别是移向拉图尔）那边，本体论的解释就变得更不固定，认识论的解释（就其阐述程度而言）变得更相对主义，而政治讨论则更自由开放。最后，我会讨论不同取径的问题，各种理论在何种程度是相辅相成、彼此对立的，或仅仅代表不同的选择。

〉》 一、公共空间

“公共空间”与哈贝马斯关系最密切，通常指市民展开讨论、试图影响政府的社会空间。长期以来，一直有人批评“公共空间”最初的概念（Habermas，1989）对制度说得不够具体（Benson，2004；Calhoun，1992；Peters，2008）。哈贝马斯为了建立一个具有“经验重要性”的公共空间模式，在广泛参考已故学生兼同事彼得斯（Bernhard Peters）的著作［已由 Wessler（2008）编纂并译为英文］以后，已承认当代公共空间有多重的复杂性。

在一篇奠基性文章中，彼得斯（Peters，2008）称民主社会是按照“中心”

和“边缘”的原则组织起来的。“政府体系的体制核心”有四大部门，即“议会、法院、政府（政治领导）和行政部门（‘非政治’或公务部门）”（Peters，2008，p.23）。外围边缘由生活世界中各种非正式组织构成（Peters，2008，p.20）。大众媒介与其他公共空间的组织共同扮演一个重要角色，形同居间的“闸门”，把先进的、解放性的观点由外围边缘带到中心。公共空间在政治体系内部的边缘，包括“大众媒介、民意调查、各种传播网络以及‘公众’，这些都围绕着时下话题，或围绕着出版物、行业关系，以及特殊的讨论语境”。“虽然中心或核心是解决问题相关的辩论或过程被浓缩并形成决策，但（这些）决策的合法性，却取决于外围意见和形成的政治意志”（Peters，2008，p.25）。

这个“中心—边缘模式”有多大能力解释欧洲和北美之外、超越单一民族国家的传播实践？索尼娅・塞拉（Serra，2000）分析巴西“滥杀流浪儿童”的激烈行动、媒体报道和政策制定三方面的关系，她力图以案例证明（新）哈贝马斯式的“公共空间”所起的作用。多年来，“边缘”的巴西宗教人士、左翼和人权活动人士，不断挑战政府的全国性政策——政府鼓励或听任警察滥杀贫困青少年，这些青少年多半犯过轻微罪甚至暴力罪（参见电影《上帝之城》）。但这些人的努力一直没有进展，直到被国际特赦组织和天主教会等国际非政府组织关注到，情况才有所不同——这些组织，《世界报》《卫报》《纽约时报》和 CNN 等媒体，充当了“闸门”的角色，将滥杀青少年的焦点，从巴西的边缘一方面转移到巴西政府的“中心”，一方面转移到西方 / 国际权力的“中心”，譬如联合国（及其相关组织：联合国儿童基金会，国际保护儿童组织）和美洲国家组织。美国和欧洲各国的关注，终于使巴西政府成立全国委员会处理这个问题，在“司法、军队、警察和商会中权势群体”的反对下，颁布了新法令，限制警察滥杀。（Serra，2000，p.162）

这个案例增加了哈贝马斯“中心—边缘模式”的复杂性：实际上，边缘组织通过动员，争取（与联合国相关的）国际组织的支持，挑战一个国家（巴西）的权力中心，这些国际组织的权力有多大，最终还要取决于它们与支配全球的国家权力中心（如美、英、法）联系如何。然而，正因为它们这种与美欧的权力联系，至少在这一案例中，我们看到国际“公共空间”的民主性与批判性有其局限。西方媒体乐于报道充满戏剧性的、令人痛心的故事，以此再次证实这是“第三世界野蛮之地的文化形象”，这是不足为奇的（Serra，2000，p.166）。非政府组织和西方媒体宣称，必须停止杀戮。但是，什么社会条件助长轻微犯罪和警察暴行？在鼓动、怂恿巴西制定经济政策，造成极端的贫富悬殊中，西方政府、企业和国际货币组织扮演了什么角色？“进步的”非政府组织和媒体绝口不提这些问题：实际上，这个报道真正的“中心”——西方和国际权力中心——丝毫未动摇，它们反而为自己的道德优越感和善意沾沾自喜。

塞拉承认这些复杂性和反讽性。她的研究一方面证明了哈贝马斯的新公共空间理论，在跨国、非西方研究中相当实用和灵活；但另一方面，也暴露出了哈氏协商民主政治的缺陷，它未能促使西方国家自我批判，也未能推动进步的经济改革。

以认识论和规范性而言，哈贝马斯模式产生于历史研究，他考察了西欧资产阶级公共空间如何兴起，以制衡国家的权力。他一直是西方启蒙运动的有力捍卫者。然而，他的“沟通行动”（communicative action）概念，即在相互理解的过程中产生知识，顾名思义，在认识论上似乎相当开放。以沟通行动为指引开展研究（其形式必然随文化场景改变），似乎是与“他者”建立密切联系的绝对必要条件，但如何实现这种联系，仍然（不可避免地）语焉不详。

更棘手的是哈贝马斯的规范性立场，他支持一种特殊的民主，即协商式民主，这可能不适用于所有社会。哈贝马斯新近的著作（Habermas，1996）承认（亦见于他在卡尔霍恩（Calhoun，1992）主编的书中的文章），需要容纳多种多样的沟通方式，确保狭义的“理性”公共协商不致强化教育、财富和父权制根深蒂固的特权。然而，不断进行开放式协商，既不合政治现实，也无法与某些非西方社会中固有的文化习俗产生共鸣。

〉》二、场域

“场域”的概念常与法国社会学家布尔迪厄（Pierre Bourdieu）联系在一起，尽管“新制度主义”理论家和研究人员也用这个概念［例如 Powell & Dimaggio，1991；Fligstein，2001；媒介研究方面，参见 Cook（1998）]，这个概念是社会心理学家库尔特·勒温（Kurt Lewin）（参见 Martin，2003）最早提出的。场域理论中的“场域”，指当代社会分化出的多重职业和创作空间，它们相互竞争，组织层级分明，但有部分自主性，且日益专业化。在场域之内和场域之间，权力关系从根本上建构了人类行为。布尔迪厄结合了费尔迪南·德·索绪尔（Ferdinand de Saussure）、马克斯·韦伯（Max Weber）、卡尔·马克思（Karl Marx）和埃米尔·涂尔干（Émile Durkheim）的研究，坚信“现实都是关系性的（relational）”，在社会层面和话语层面皆如此：经济力量与各种形式的文化权力根本对立，但它们同时可以相互转换，因此可以结盟。

在经验意义上，场域理论提供了灵活的模式，但也追求普遍有效性。布尔迪厄是比较研究学者，原则上否定“场域间存在跨历史规律”的主张，他认为，“我们必须分别考察每一个历史案例”（Bourdieu & Wacquant，1992，p.109）。然而，1989 年，布尔迪厄在日本东京大学演讲时说，他在阿尔及利亚和法国做的文化和权力深层结构与关系的分析，并不仅仅适用于这些地区，而是有更广泛乃至普遍的适用性：

> 我想如果我是日本人，我不会喜欢外国人写的有关日本的大部分东西……这是不是意味着我应该限在单一社会的特殊性中，而对日本不置一词？我不以为然。相反，我想，我报告的社会空间与象征空间模式，是从法国的特例构建出来的，但我还是要跟你们谈论日本（在其他情况下，我会谈论德国或者美国）（Bourdieu，1998c，p.1）。

布尔迪厄接下来所讲的，也值得大段引述，因为我们后面要提到的另一位理论家将驳斥他的观点：

> 我相信，我的取径看似民族中心主义，但我按照这种（关系性）逻辑构建起来的模式，应用到另一个社会世界，无疑更尊重历史现实（以及人民）；最重要的是，比起热衷异国情调者绘声绘色地描述差异的表面特征，它在科学术语上更有建树……研究者……想理解那些被本族人或外来者所忽视的结构与机制，（尽管原因有所不同），譬如社会空间的建构原则、该空间的再现机制；同时，（研究者）也力图通过一种追求普遍性的模式来表现它们。（Bourdieu，1998c，pp.1–2）

结构性、关系性的基本社会关系模式，有潜在的普遍意义，[①] 尽管它的具体形式在特定的社会场景中不同。我们可以提出一个假设，预测在此时的工业化世界，经济场域占据支配性地位。但与马克思观点相反，这不是任何历史必然性的结果，而是韦伯所说的，路径依赖的历史进程中发生的偶然结果。经济场域的支配度如何，文化生产自主性如何，经济和文化领域如何理解，都因国家而异。在工业化的西方，特别是西欧，主要是艺术、科学的“文化”场域与经济场域对峙；在其他很多国家，主要是宗教场域与经济场域对峙，宗教甚至是至尊的场域。在某些国家，军事性的政治场域，可能占据支配地位。可见，在布尔迪厄的场域理论中，被认定为具有普遍性的基本结构框架，有一部分至少需要开放式研究，以了解这些结构在特定社会领域的经验形式。

① 尼尔·弗雷格斯坦（Neil Fligstein）在一篇刊在《麦克希尔社会学评论》（*McGill Sociological Review*）（2010，第 59 至 65 页；网址为 http://www.mcgill.ca/msr/volume1/interview/）上的精彩的访谈文章中评价场域理论的目标：“我认为场域理论是一个巨大的突破。它横跨社会科学……约翰·李维·马丁（John Levi Martin）（社会学家和场域理论家）和我经常开玩笑说，我们正在研究‘一切的’理论（theory of everything）。所以当我们在一起时，称之为 TOE。那是个玩笑！但是我认为有了场域理论，你会回过头去了解人类是做什么的以及集体行动是如何发生的……人群和团体是如何互动的，并观察他人、参考他人然后取得位置，这是一个非常普遍的社会过程。”

场域理论已经被用于英美法轨道以外的各种研究（如 Kjær & Slaatta，2007；Hovden，2008；Hallin & Mancini，2004），也应用到一些比较研究中，成绩卓著。这些研究显示，各国的场域逻辑很强，超过所谓美国化的同质力量（如 Benson & Hallin，2007；Benson，Blach-Ørsten，Powers，Willig，& Vera Zambrano，2012；Benson，2013)。近年来，全球南方的学术研究也已经有效地应用场域理论。①

奥瑞布·纳吉亚（Orayb Najjar）运用场域理论，研究两个跨国新闻媒体的崛起，一个是卡塔尔半岛电视台（阿拉伯频道与国际频道），另一个是委内瑞拉南方电视台（Najjar，2007）。纳吉亚跳出政治经济解释的窠臼，转而以布尔迪厄的方式，强调资金（经济资本）和合法性（象征资本）的区别，以及以象征资源争取合法性背后的关系基础。场域理论坚称，场域关系超越国界，纳吉亚重视这点；正如布尔迪厄（Bourdieu，1998b，p.41）所言，新闻场域分析若要完整，就必须考虑"国族性媒介场域在全球媒介场域中所处的位置"。

纳吉亚研究半岛电视台和南方电视台，说明场域的结构是历史产物。就全球媒体而言，必须考虑全球南方对西方的悖反心理，它们一方面长期不满具支配性的西方通讯社的种族中心主义，另一方面又推崇美式新闻专业理念鼓吹的"独立"于国家的干预。了解场域的这种预存状态，有助于解释为什么半岛电视台和南方电视台为了增加受众、收益与扩大专业合法性范围，一边强调自己支持 20 世纪 70 年代联合国教科文组织挑战美国媒体霸权，一边又强调相对于主办国的自主性（前者是卡塔尔，后者主要是委内瑞拉，但也有阿根廷、乌拉圭、古巴和巴西）。（Najjar，2007，pp.7–8）

纳吉亚捕捉了象征资本的驱动力如何影响全球新闻场域的行为：

① 因为篇幅的限制，我在文中重点解读了纳吉亚的著作（Najjar，2007），但是诺哈·梅勒也大量运用了布尔迪厄（和哈贝马斯）作品中的观点。与纳吉亚不同，梅勒明确表示，"为了记述西方社会的变革而发展起来的西方理论，不能不加批判地用于分析非西方社会……但是场域理论可以作为基石"（Mellor，2007，p.4）。梅勒根据阿拉伯媒体及其观众的特点，对场域理论提出有趣的修正。例如，半岛电视台（和许多其他阿拉伯媒体）使用高尚的阿拉伯书面语，但中低收入 / 低教育的观众远多于高收入 / 高教育的观众。这挑战了布尔迪厄认为的媒体生产与消费者"相对应"的观点（Mellor，2007，p.4；Benson & Neveu，2005）。

> 南方电视台甚至在引入一个革命性的项目时，也无法背离全球新闻业的信条，无法摆脱人们对政府拥有媒体的负面看法。因为南方电视台最初由古巴总统卡斯特罗提议创办，在开播之前即已被批评者称为“查韦斯（按：委内瑞拉总统，卡斯特罗的盟友）电视台”，故不得不为“去除烙印”而努力，即远离由委内瑞拉总统资助的政治场域，转而寻求一个类似于半岛电视台那样的相对更加自主的新闻场域，即虽由统治者资助，却保持董事会的独立。（Najjar，2007，p.10）

美国政治、经济和文化的世界霸权逐渐式微，半岛电视台追求新闻工作者的专业化与多元化（半岛电视台国际频道在这方面广为人知），广泛提供多元视角，持续而不煽情地报道西方媒体所忽视的地区。这些努力使半岛电视台积累了象征资本，坐收丰硕的红利；《哥伦比亚新闻评论》（*Columbia Journalism Review*）盛赞半岛电视台的英文频道，即为明证（Editors，2011）。讽刺的是，美国政府不了解影响力依赖象征资本，居然公然以政府资助和控制“公共外交”的方式，对抗半岛电视台。正如纳吉亚（Najjar，2007，p.17）所言，这些方式“被认为是不正当的，因为它们属于政治场域，而非新闻场域”。

与哈贝马斯的公共空间理论不同，场域理论的前沿和核心问题是认识论问题，至少布尔迪厄版本如此。态度、品位、体态——布尔迪厄谓之“惯习”（habitus)——是人们在复杂的分层系统中所处的位置塑造的，部分也得看获得这个位置的环境：“谈惯习，也就是在宣称个体，甚至一己，主体是社会性的、集体性的。惯习乃社会化的主体性。”（Bourdieu & Wacquant，1992，p.126）当然，这对社会研究者和其他人都适用。但例如尼古拉斯·卢曼（Niklas Luhmann）的系统论，有经验上瘫痪的相对主义，场域理论又当如何摆脱它？一句话：反思性（reflexivity）。

对布尔迪厄而言，科学研究之所以为“科学”，与其说是因为它系统地检验假设和搜集事实，不如说在认识论上它与自然化的常识性知识范畴充分断裂。布尔迪厄深受法国认识论学者加斯东·巴什拉（Gaston Bachelard）的影响，他言简意赅地描述研究过程，“（经由与常识断裂），事实被征服、被建构，被证实”（Bourdieu et al.，1991，p.24）。人们在充分“客体化”特定社会世界之前，必须要“自我客体化”，也就是不仅要考虑阶级的轨道与位置、种族与性别，也要考虑“在远处和在上方”生产知识的“学术凝视”之特权地位：“必须要客观化的，不仅是研究者个人平生的惯习，还有他（她）在学术空间的位置，以及因‘越位’或‘出局’所带入视野的偏见。”（Bourdieu & Wacquant，1992，pp. 70–72）

如果说布尔迪厄的反思性从概念上解决了认识论的问题，观察者能够超越个人特性和机构位置的偏见，生产客观知识，那么如何落实这个过程则稍显神秘。我观察和阅读了许多受到布尔迪厄启发的研究，再根据我自己的研究，我认为：反思性要求我们不仅不能毫无怀疑地接受官方机构或过往学术研究的分析范畴，还要把自己的分析范畴当作暂时性的，不断进行批判性反思（比如，词语的预设是什么？它们隐约支持谁的利益？这样的词语排除谁或什么在外？），一方面倾听在场域中的个人的声音，了解他们从“主观”行动得到的分析范畴；另一方面搜集有关“客观”社会因素的数据（客观数据制约“行动”），两者所花的时间不分轩轾。布尔迪厄抨击自然化的分析范畴，无异于布鲁默、麦克劳德和罗森格伦（Blumler，Mcleod & Rosengren，1992，pp.3–18）辩护比较研究：比较研究“是世界化的，让我们将目光投向周遭时空脉络中无法关注到的传播模式与问题”。

场域理论隐含的规范性立场是什么，是其政治性吗？在布尔迪厄看来，国家和大众传媒的“象征性暴力”加剧了经济不平等，这是一个严重的问题（见 Bourdieu，1998c）。布尔迪厄一方面辩护艺术（尤其是科学）的自主性，一方面又宣称，批判已知的知识范畴和揭露权力关系的科学和社会正义工程是天然盟友（Bourdieu，1996）。尽管布尔迪厄曾经力批父权制（Bourdieu，2002），而且他的长期合作者阿卜杜拉 – 马利克·赛义德（Abdelmalek Sayad）是法国研究移民问题的重要学者，但他对“社会正义”的概念，却几乎完全只从经济公平、工人权利的角度着眼。他一直批评美国式的身份认同和种族政治，不仅因为美国自以为文化帝国主义可以移植到世界各地，他也无形中批评了美国的文化外销削弱了大家对经济正义问题的注意力。(Bourdieu & Wacquant，1999)。

然而，这些政治立场并不是场域理论所固有的。场域理论是社会关系的关系一结构模式，它承认在经济权力之外，还有多重（即便是有限的）权力（资本）形式。“新制度主义”的场域理论立场往往相对保守，起码是一般的“自由多元主义”：这些取径并不预设经济场域具有压倒性的权力，也不太关注深层文化模式的阶级分层（Powell & DiMaggio，1991）。

〉》 三、网络

对社会网络的分析具有多样的知识来源，早在火热的全球数字网络出现以前就有了。[①]我聚焦于两种网络理论分支，我认为它们与全球媒介研究关系最密切：曼纽尔·卡斯特（Manuel Castells）的“网络社会”模式（Castells，1996，1997，2000，2007）和与布鲁诺·拉图尔（Bruno Latour）相关的“行动者网络理论”（Latour，2005a；Callon，1986；Law，2007）。

卡斯特如今以网络分析理论广为人知，但2010年2月19日他在南加州大学安能堡传播学院会议上致辞时说，他最初为《网络社会》一书取的标题是“流”，出版商建议改为“网络社会”更动人，也更能精准抓住卡斯特所描述的互联网崛起。拉图尔和其他学者早在互联网出现之前，就已提出“行动者网络”的概念，以避免落入个体—社会二元对立，从而构建科学社会学研究方法论的蓝图。直到近几年，拉图尔才转而关注数字网络，也才引起媒介学者的注意（Turner，

---

① 参见芒戈和康特拉克特（Monge & Contractor，2003）对社会网络文献的完整回顾。不同网络理论的交流越来越多。2010年2月19日至20日，南加州大学传播学院召开国际网络理论大会，曼纽尔·卡斯特（Manuel Castells）、布鲁诺·拉图尔（Bruno Latour）、诺什·康特拉克特（Noshir Contractor）、彼得·芒戈（Peter Monge）、尤查·本科勒（Yochai Benkler）等人主讲，见证了这个趋势（打开 http://ascnetworksnetwork.org/ann-conference，了解报告摘要和演讲视频）。

2005；Hemmingway，2008）。我从卡斯特开始说起，因为他更早与媒介研究有联系，也因为他的框架介于哈贝马斯、布尔迪厄（宏观政治经济模式）和拉图尔（更微观、反结构主义、相对主义的认识论）之间。①

（一）卡斯特的网络社会

卡斯特三部著作中的第一部，当初被命名为“信息时代”，他承认当时相当犹豫，这说明书中内容涉及面很广，“网络”未必在中心位置。卡斯特强调的是，划时代的经济变革，即 20 世纪 70 年代以来从福特转向后福特“灵活积累”的资本主义秩序［这种分析与大卫·哈维（David Harvey）等人如出一辙］。他认为，伴随“新经济”而来的是“新社会”——“一个主要社会结构和活动围绕电子信息网络的社会”（Castells，2000，p.695）。在卡斯特看来，网络是“连接节点的集合……拥有灵活而又有适应能力的结构，在信息技术的驱动下，能够执行网络中任何的编写任务”。网络一直与“大型的、集中的组织”共同存在；互联网崛起，只不过为网络凌驾于其他社会组织形式之上提供了强大的技术助力（Castells，2000，p.695）。因此，卡斯特与大卫·哈维之类的地理学家不同，也与批判性政治经济学家不同，因为卡斯特强调科技，有时甚至接近麦克卢汉式的技术决定论（尽管他拒绝接受这个标签）。

对卡斯特而言，媒体正日益成为全球权力运行的中心。这是因为先前的媒体形式（广播、电视、印刷媒体）都融合到了互联网之中。卡斯特在他的一篇最简洁有力的文章中写道：

---

① 威廉·房龙（Van Loon，2000，pp.109–110）提供了类似的分析：“随着卡斯特《网络社会的兴起》（*Rise of the Network Society*）（1996）一书的出版，网络理论已经成为当代政治经济学的主流理论。卡斯特采取几乎毫不妥协的经济主义，却又诱惑性地融合了技术决定论的精神，以致文化分析的研究难以有效使用他的概念。相反，研究者在更加难以捉摸、更复杂的德勒兹瓜塔理论（Deleuzoguattarian）的集合概念里寻求庇护……在政治经济的‘网络’概念与差异化的‘集合’概念之间，我们发现了‘行动者网络’。‘行动者网络’比‘网络结构’更具活力，但比‘集合’更容易理解。”

在数字时代，传播技术不断变革，传播媒介延伸到网络中的社会生活各领域；这个网络是全球性的，也是地方性的，是一般性的，也是不断量身裁制的。于是，权力关系——它构成一切社会的基础关系——以及挑战制度化权力关系的过程，就在传播领域中被不断塑造和决定了。（Castells，2007，p.239）

卡斯特（Castells，1997，p.312）指出，在传播场域和“媒介空间”（media space）内部，政治以电子媒介的“逻辑”为组织原则，这种逻辑涉及“电脑化的政治营销，政治导航的即时民调，以及人身攻击的政治策略”。

卡斯特对世界各地政治传播日益显著的变化，记载甚详。他经常说，相对于全球资本，国家权力日益衰弱；但他引用的和他帮助出版的书中不少西方与非西方国家研究案例却又强调，在全球运行的“网络社会”中，存在着跨国差异（Castells，2004）。卡斯特坦承特例太多，但问题是他没有把它们理论化。卡斯特的“媒介空间”概念太宽泛，无助于解释为什么有些政治辩论相对更简单，更个人化，更戏剧化，或更脉络化（例如，他一笔带过，提到北欧对政府的信任并未下降，却没有追问为什么，参见 Castells，2007，p.244）。

网络上也出现了“大众自传播”的“新型媒体空间”，部分制衡了（大众）媒介逻辑（Castells，2007）。举凡博客、社交媒体网站、用户生产内容的各类媒体网站，都日益结合移动通信系统，改变互联网的使用方式和用户。这种水平式网络传播，内容多非政治性的，但也增加了社会运动数量、类型，增强了全球影响力。一方面，互联网使得积极分子更容易直接挑战企业权力，凭借“文化干扰……这种策略通过收编、黑客入侵、嘲讽以及意义的再脉络化，让企业权力变成自身的对立面”，而“意义的再脉络化”就是靠制造、流通企业品牌的负面（经常是幽默的）信息和图像（Bennett，2003）。另一方面，像墨西哥的萨帕塔民族解放军之类的武装团体，已利用互联网建立国际声援网络，既对抗本国政府，也（不太有效地）对抗全球性的经济与政治机构（Castells，1997；Russell，2001）。

“大众自传播”的潜能容或对某些国家的抵抗运动有帮助，但卡斯特（Castells，2007，p.249）指出，“‘自传播’技术的发展毕竟是我们的文化产物，强调个人的自主性以及社会行动者的自我建构”。可见“自传播”也可以成为欧美新的秘密力量。卡斯特强调，资本主义媒介集团利用各种手段，从社交网站收编、获取广告和营销研究的途径，谷歌获得 YouTube 的所有权、雅虎公司收购汤博乐（Tumblr）都是例子。

卡斯特对任何理论的运用都是灵活、折中和务实的，就算有明确的认识论，卡斯特也没有强调它。他检验观察的方法，是把连续性的、常常是团队式的经验研究（包括原始和二手资料）熔于一炉。

在政治上，与哈贝马斯和布尔迪厄一样，卡斯特的著作强调社会运动的进步潜力。但他又与布尔迪厄不同，因为他似乎支持“新兴”文化与身份认同的社会运动，以及阶级激进主义。卡斯特和哈贝马斯、布尔迪厄不同的是，他对长期的政治后果评价似乎更乐观：

> 有理由认为，在“大众自传播网络”中，社会行动者自主设立政治议程的能力，比在大众媒介的企业世界中大得多。尽管争取社会支配和反支配的旧式斗争，在新兴的媒介空间仍会继续，但以往对权势者的结构性偏见，正日益被新兴的传播社会实践削弱。（Castells，2007，pp.257–258）（另见于 Castells，2012）

（二）拉图尔的“行动者网络”理论

卡斯特突出当代的经济与科技变革，但拉图尔及其他行动者网络理论（ANT）学者声称，“行动者网络”一直都是人类社会的构成要素：互联网造就的数据采集，不过令人类生存这方面变得更具“可追踪性”和可见性（Latour，2010）。

拉图尔最早是研究科学家的，最大的影响也在科学技术领域。近年来，他将研究联系到 19 世纪法国社会学家加布里埃尔·塔尔德（Gabriel Tarde），宽泛地挑战他所谓的“社会的社会学”(sociology of the social)。对塔尔德而言，这种“社会”取径的代表人物是涂尔干；而对拉图尔而言，代表人物则是皮埃尔·布尔迪厄。与“社会的社会学”不同，塔尔德式或拉图尔式的取径始于“行动者网络”，由某个人（以及非人的物体）和其他行动者（包括人和非人的物体）的关系所构成，与更大的结构无必然联系：“每个行动者都是一个网络，而每个网络都由行动者组成。”（Latour，2010；Latour，2005b）

乍一看，行动者网络理论的关系取径似乎颇接近场域理论，两者都是“建构主义”的形式，前提是：没有真实的知识是未经中介化的，大凡“划分原则和社会世界的愿景”（布尔迪厄）或“关注的对象”（拉图尔），都是社会和话语建构的。两者都是抽象的理论，用于经验研究。布尔迪厄（Bourdieu，1989）的“结构主义的建构论”，特别重视一种建构——就是反思性社会学家的建构，他们看历史如何塑造结构，使人得以在其间行动。“行动者网络”理论是严格的建构主义理论，极端中立，只扁平地叙述他人的描述，不评判谁的说法最接近“现实”。正如米歇尔·卡龙（Michel Callon）所言，“观察者不要强加预先建立的分析架构……而要追踪行动者，以便弄清楚他们如何界定、联系他们建造和解释的世界，无论是社会世界还是自然世界”（Callon，1986，p.4）。

人、动物或物体，谁也不比谁高级，这就是“行动者网络”理论有名（或臭名昭著）的人与非人公式。因此，有的“行动者网络”理论家，例如约翰·劳（John Law），宁可用“物质符号学”（material semiotics）来描述其取径（Law，2007，p.2）。“行动者网络”理论虽不否认结构的存在，却视之为不稳定的、脆弱的和转瞬即逝的，如同哲学家米歇尔·塞尔（Michel Serres）所言，“在无序之海中的一些秩序补丁”（Law，2007，p.5）。劳将“行动者网络”理论描绘为“后结构主义的经验版”，与吉尔·德勒兹（Gilles Deleuze）的游牧哲学关系密切。在劳看来，“行动者网络”和“集群”（assemblage）（拉图尔、卡龙等人也使用德勒兹的词语）都是“指在总体秩序范围之内，具有生产力、异质性和相当有限（这一点相当关键）的排序形式的临时集合”（Law，2007，p.6）。

“行动者网络”理论与全球媒介经验研究相关性可能并不明显，让我指出某些可能的联系。首先，全球媒介的结构与文化权力的结构有多稳定？许许多多理论强调流动性、不确定性和无常性，“行动者网络”理论在光谱的极端。卡斯特朝着这个方向走，但他并未放弃权力能超越特定情境持续存在的想法。在2010年南加州大学网络理论会议上，卡斯特（Castells，2010）在点评时建议拉图尔抛弃权力观，但拉图尔回应说要“求同存异”。同样，阿尔君·阿帕杜莱（Arjun Appadurai）认为，全球文化经济是一种“复杂、重叠而又断裂的秩序，无法再从现有的中心—边缘模式（即便它可以解释多重中心和边缘）角度理解”（Appadurai，1990）。他不啻预先谴责哈贝马斯或布尔迪厄后来对媒介权力的论述。然而，阿帕杜莱坚称，他并不想完全“抹杀社会参照”（Appadurai，1990，p.6），他还使用“景”（scapes）这个听起来很有结构感的词尾，表明他不会走得像拉图尔等人那么远，只一味强调偶然性和混沌。在流动性 / 偶然性之间，在结构 / 受约束的能动性之间，与其事先做出取舍，更合理的是：假设某些社会领域比其他领域有更多的能动性和偶然性，而这只能通过经验研究才能证实。

我们如何同时研究“全球”“在地”及其复杂关系？对于拉图尔而言，无所谓“全球”与“在地”，如同无所谓“宏观”与“微观”，只有网络站点（华尔街交易室、科学实验室、法律办公室，诸如此类），其中一些站点比其他站点更具“网络性”，即接近一个星形——中心被许多放射状的细小双向通道包围着”（Latour，2005b，p.177）。拉图尔说：

> 一旦生产全球性结构的在地站点受到重视，世界的整个拓扑图便为之一变。宏观不再描述一种更广或更大的站点，而是用来描述另一个同样在地、同等微观的地方。没有一个地方比其他地方大，但有些地方比其他地方安全得多。（Latour，2005b，p.176）

“行动者网络”理论的最后一个潜在用处是科技分析。塔特龙（Tatnall）和吉尔丁（Gilding）指出，“行动者网络理论解决社会—技术鸿沟的方法是，否定纯技术关系或纯社会关系为不可能”（Tatnall & Gilding，1999，pp.57–58，p.63），因此力避技术决定论和社会决定论。弗雷德·特纳（Fred Turner）以“波因特在线”（Poynter Online）上吉姆·罗蒙内斯克（Jim Romenesko）的新闻专栏为例：罗蒙内斯克这个人只是使他的站点有影响力的部分原因；数字技术也是行动者，凡是“能够起作用，确实改变事态的，都是行动者”（Latour，2005b，p.71）。特纳（Turner，2005，p.323）这样写道：“从传统的角度观之，新媒体只是信息分配的新渠道。然而，从‘行动者网络’理论来看，新媒体与人类合力创造了新的社会—技术形式。数字媒体不仅为罗蒙内斯克这样的专业人士提供新的声音，还提供建立机构、个体与机器新联系的能力。”同样，埃玛·海明威（Emma Hemmingway）给BBC区域电视新闻做了细致的民族志，彰显了技术（譬如摄像机、麦克风和录音设备）在塑造新闻生产过程中起的重要作用（Hemmingway，2008）。然而，她的研究并不是技术决定论，而是以“行动者网络”理论，追踪人与机器不稳定和高度偶然的协作。

最后，这里所检视的几个理论中，“行动者网络”理论在认识论和政治上似乎最开放，最不妄加评判，尤其适用于非西方社会的西方研究。它要求同等对待所有行动者（括研究者在内）的叙述，确保西方和非西方的各种视角都能呈现，并受到尊重。这个立场也延伸到了政治层面。倘若好的社会就是使人们“集结”（assemble）起来，那么我们不能假定，在一种场景下能集结，在另一种场景下也能集结。因此，与哈贝马斯的协商民主理想相反，拉图尔谨慎地认为，“集结在一起未必是普世愿望”（Latour，2005a，p.34）。拉图尔宣称（但未证明），对于一些西方的基本观念，例如“代表”（representation）（在日本传统里，“代表”一词听上去古怪又肤浅；同上，p.35）、“政治就是在集会中表达自己的看法”（中国的传统似乎完全无视这一点；同上），世界各地的态度差异甚大。拉图尔问道：“我们可以把政治的定义扩大到它接受自己的暂停吗？”“谁的思想又能真的那么开放呢？还有，我们有另一套行动方案吗？”（同上，p.36）拉图尔感到安慰的是，尽管我们未能提出一个政治（民主或不民主）概念，以团结不同文化的人群，但实际上，在很多方面，透过“那些我们称之为市场、技术、科学、生态危机、战争和恐怖主义网络等临时性集群”，人们已经“连接”起来，“只是我们一般的政治定义，未能跟上已建立的大量联系”（同上，p.37）。

〉》四、结论

本章讨论的每个词语（以及相伴的理论框架）——公共空间、场域和网络（网络社会和行动者网络）——都各有优点和缺点。

公共空间可能使用得最广泛，是北美、西欧、澳大利亚和新西兰之外研究领域常用的术语，但通常只是描述性的，而非分析性的。哈贝马斯“新”的“中心—边缘”公共空间模式，可望提供经验研究的框架，特别是以它分析多重的中心和边缘。即便如此，它仍受困于哈贝马斯以往研究的缺点，因为它侧重将边缘组织（或生活世界）作为解放运动的发起者，但未能指引媒体等系统的组件应该如何有效地挑战政经权力的集中。若严格解释他的“协商”词语（市民讨论、理性讨论、包容性讨论），那就必须加上一个标准，但这个标准在全球各地未必都适用（至少短期内如此）；另一方面，他提倡相互理解的沟通行动，在东西方、南北方之间架起了既是规范性也是认识论的桥梁。

场域理论刚开始被用于非西方的场景，是个有潜力的经验性和认识论模式。它的基本框架显示出社会中（可能）起作用的所有社会过程，包括身份认同的形成过程、资源（资本）的不均衡分配。但到目前，我接触到以场域理论所做的去西方化、跨国化的研究，大多忽视了（研究者的）反思性问题，也刚刚开始探索经验性 / 概念性的潜力。

卡斯特“网络社会”理论的优点是提供了宽松灵活的框架，指引各种西方、非西方场景下互联网相关的经验研究。网络社会理论既强调技术和经济因素，也强调权力建制与权力对抗持续冲突的新形式。这个理论的优点——灵活性和全面性——正是它的缺点。无论界定得多么模糊和灵活，卡斯特还是对权力和民主政治感兴趣。"行动者网络"理论就未必如此了，这难道会使它成为国际媒介研究的理想理论吗?

"行动者网络"理论与场域理论，一开始都提出一些基本准则作为研究导向，但它们的准则差别很大。在"行动者网络"理论那里，人们应当追踪行动者，平等对待非人物体与人体，它们都是构成网络的合作伙伴，此外还要寻找网络的调节者（mediators）("转换、转译、歪曲并改变它们本应所携带的意义或元素")，而调节者是有别于居间者的（intermediaries）("不加转换地"传输意义）(Latour，2005b，p.39)。"行动者网络"理论不借助反思性来构建客观的世界图景，也不借助它来批判性地揭露权力关系；反之，它不把任何一种解释——认识论的、本体论的，或规范政治学的——凌驾于另一种解释之上。这样的极端相对主义，似乎与任何批判性的研究对立；在激进的后结构主义外表下，"行动者网络"理论最终沦为传统的多元理论［见 Steven Lukes（2005），权力的"第一副面孔"］。即使如此，当拉图尔论及社会重新结集时，似乎在呼应伊莱休·卡茨（Elihu Katz）对社区的关怀（参见 Dayan & Katz，1992）。在种族、宗教与政治纷争日益加剧的时代，探索和建设社区的价值不容低估。

尽管有差异，这些理论或许有办法互补和对立。当公共空间理论超出辩护理性 / 批判协商时，我们被逼得要反思民主的轮廓和局限。即使激进地去西方化——例如西尔弗斯通（Silverstone，2006）或屠苏（Thussu，2009）提及的后殖民理论家——已超出公共空间理论的范围，但至少它质问我们如何才能建立免于支配的政治（domination-free politics）。场域理论超越中心—边缘模式，显示权力是以关系为基础建构的，而权力涉及文化资源和经济资源。拉图尔坚持他的联系社会学（sociology of associations）与布尔迪厄的社会的社会学（sociology of the social）对立，但有些学者认为，只有这两种模式合起来，才能提供社会世界的完整图景：布尔迪厄承认，社会空间并不涵盖一切场域，因此"行动者网络"或许就是那些"之间的空间"（spaces between）(Eyal，2013)。不管卡斯特能否提供连贯一致的模式，他综合大量数据就是重要的贡献。卡斯特的大量书籍、文章及在线期刊《国际传播学刊》(*International Journal of Communication*) 的输出，使他成为不断扩大的全球网络经验研究的中心节点，他颇有完成百科全书式研究的雄心。

总之，研究者们没有理由不充分利用以上一种或者全部取径，迹象显示他们正在这么做：要么直接对话，如沃尔克默（Volkmer，2003）用卡斯特的理论建构全球公共空间模式；要么尊重地认可，却只是有限度地使用，如达尔格伦（Dahlgren，2001）在一篇文章中向卡斯特致敬，却聚焦于哈贝马斯式的关怀；要么依次使用它们，这个研究用卡斯特的理论，下一个用布尔迪厄的理论，端视研究个案和所要解释的内容而定，如拉塞尔（Russell，2001）对萨帕塔人做网络社会分析，又以场域理论分析法国城市骚乱的媒体报道（Russell，2007）。

无论这些理论是否充分评估"西方"偏见，它们毕竟超越了抽象哲学困境，增进系统性的研究。当然，哈贝马斯、布尔迪厄、卡斯特和拉图尔并未穷尽媒介研究国际化的可能性。他们只是展现一组可能的取径，在这些基础上，未来的理论化工作——西方的和非西方的——当可取得丰硕成果。

（宋韵雅 / 译，黄顺铭 / 校）

参考文献：

Appadurai, A. (1990). Disjuncture and difference in the global cultural economy. *Public Culture* 2 (2): 1–24.

Ayish, M. I. (2006). Media brinkmanship in the Arab world: Al Jazeera's "the opposite direction" as a fighting arena. In M. Zayani, ed., *The Al Jazeera phenomenon: Critical perspectives on new Arab media* (pp. 106–26). Boulder, CO: Paradigm Publishers.

Bennett, W. L. (2003). New media power: The Internet and global activism. In N. Couldry & J. Curran, eds., *Contesting media power* (pp. 17–37). Lanham, MD: Rowman and Littlefield.

Benson, R. (2004). Bringing the sociology of media back in. *Political Communication* 21 (3): 275–92.

Benson, R. (2013). *Shaping immigration news: A French–American comparison.* Cambridge: Cambridge University Press.

Benson, R., Blach–Ørsten, M., Powers, M., Willig, I., & Vera Zambrano, S. (2012). Media systems online and off: Comparing the form of news in the U.S., Denmark, and France. *Journal of Communication* 62 (1): 21–38.

Benson, R., & Hallin, D. (2007). How states, markets and globalization shape the news. *European Journal of Communication* 22 (1): 27–48.

Benson, R., & Neveu, E., eds. (2005). *Bourdieu and the journalistic field.* Malden, MA: Polity.

Blumler, J. G., McLeod, J. M., & Rosengren, K. E. (1992). An introduction to comparative communication research. In J. G. Blumler, J. M. McLeod, & K. E. Rosengren, eds., *Comparatively speaking: Communication and culture across space and time.* Newbury Park, CA: Sage.

Bourdieu, P. (1989). Social space and symbolic power. *Sociological Theory* 7 (1): 14– 25.

Bourdieu, P. (1996). *The rules of art: Genesis and structure of the literary field.* Stanford, CA: Stanford University Press.

Bourdieu, P. (1998a). *Acts of resistance: Against the tyranny of the market.* New York: New Press.

Bourdieu, P. (1998b). *On television.* New York: New Press.

Bourdieu, P. (1998c). Social space and symbolic space. *Practical reason* (pp. 1–13). Stanford, CA: Stanford University Press.

Bourdieu, P. (2002). *Masculine domination.* Stanford, CA: Stanford University Press.

Bourdieu, P., Chamboredon, J. C., Passeron, J. C., & Krais, B. (1991). *The craft of sociology.* New York: Walter de Gruyter. Bourdieu, P., & Wacquant, L. (1992). *An invitation to reflexive sociology.* Chicago: University of Chicago Press.

Bourdieu, P., & Wacquant, L. (1999). On the cunning of imperialist reason. *Theory, Culture & Society* 16 (1): 41–58.

Calhoun, C. J., ed. (1992). *Habermas and the public sphere.* Cambridge, MA: MIT Press.

Callon, M. (1986). Some elements of a sociology of translation: Domestication of the scallops and the fishermen of St. Brieuc Bay. In J. Law, ed., *Power, action and belief: A new sociology of knowledge?* (pp. 196–223). London: Routledge.

Castells, M. (1996). *The rise of the network society.* Oxford: Blackwell. Castells, M. (1997). *The power of identity.* Oxford: Blackwell.

Castells, M. (2000). Toward a sociology of the network society. *Contemporary Sociology* 29 (5): 693–99.

Castells, M., ed. (2004). *The network society: A cross–cultural perspective.* Cheltenham, UK: Edward Elgar.

Castells, M. (2007). Communication, power and counter–power in the network society. *International Journal of Communication* 1:238–66.

Castells, M. (2010). Remarks at USC–Annenberg conference on networks, 20 February. http://ascnetworksnetwork.org/ann–network–theory–seminar–report–manual–castells.

Castells, M. (2012). *Networks of outrage and hope: Social movements in the Internet age.*

Malden, MA: Polity. Cook, T. E. (1998). *Governing with the news.* Chicago: University of Chicago Press.

Dahlgren, P. (2001). The public sphere and the net: Structure, space, and communication. In W. L. Bennett & R. M. Entman, eds., *Mediated politics.* Cambridge: Cambridge University Press.

Dayan, D., & Katz, E. (1992). *Media events: The live broadcasting of history.* Cambridge, MA: Harvard University Press.

Editors. (2011). Lift the shroud: Why we need Al Jazeera English. *Columbia Journalism Review* 4 (4). Eyal, G. (2013). *Spaces between fields.* In P. S. Gorski, ed., *Bourdieu and Historical Analysis* (pp. 158–82). Durham, NC: Duke University Press.

Fligstein, N. (2001). *The architecture of markets: An economic sociology of twenty–first–*

century capitalist societies. Princeton, NJ: Princeton University Press.

Habermas, J. (1989). *The structural transformation of the public sphere: An inquiry into a category of bourgeois society.* Cambridge, MA: MIT Press.

Habermas, J. (1992). Further reflections on the public sphere. In C. Calhoun, ed., *Habermas and the public sphere* (pp. 421–61). Cambridge, MA: MIT Press.

Habermas, J. (1996). *Between facts and norms: Contributions to a discourse theory of law and democracy.* Cambridge, MA: MIT Press.

Habermas, J. (2006). Political communication in media society: Does democracy still enjoy an epistemic dimension? The impact of normative theory on empirical research. *Communication Theory* 16 (4): 411–26.

Hallin, D. C., & Mancini, P. (2004). *Comparing media systems: Three models of media and politics.* New York: Cambridge University Press.

Hemmingway, E. (2008). *Into the newsroom: Exploring the digital production of regional television news.* London: Routledge.

Hovden, J. F. (2008). Profane and sacred: A study of the Norwegian journalistic field. PhD diss., University of Bergen, Bergen, Norway.

Kjær, P., & Slaatta, T., eds. (2007). *Mediating business: The expansion of business journalism.* Copenhagen: Copenhagen Business School Press.

Latour, B. (2005a). From realpolitik to dingpolitik or how to make things public. In B. Latour & P. Weibel, eds., *Making things public: Atmospheres of democracy* (pp. 14–41). Cambridge, MA: MIT Press.

Latour, B. (2005b). *Reassembling the social: An introduction to actor–network–theory.* Oxford: Oxford University Press.

Latour, B. (2010). Remarks delivered to USC conference on networks, 19 February. Retrieved from http://ascnetworksnetwork.org/ann–network–theory–seminar–report–bruno–latour.

Law, J. (2007). Actor network theory and material semiotics. Available from John

Law's STS webpage, retrieved 5 November 2010, http://www.heterogeneities. net/publications/Law2007ANTandMaterialSemiotics.pdf.

Lukes, S. (2005). *Power: A radical view.* 2nd ed. New York: Palgrave Macmillan. Lynch, M. (2006). *Voices of the new Arab public: Iraq, Al–Jazeera, and Middle East politics today.* New York: Columbia University Press.

Martin, J. L. (2003). What is field theory? *American Journal of Sociology* 109 (1): 1–49.

Mellor, N. (2007). *Modern Arab journalism: Problems and prospects.* Edinburgh: Edinburgh University Press. Monge, P. R., & Contractor, N. (2003). *Theories of communication networks*. New York: Oxford University Press.

Najjar, O. (2007). New trends in global broadcasting: "Nuestro Norte es el Sur" (Our North is the South). *Global Media Journal* 6 (10): 1–26.

Peters, B. (2008). Law, state and the political public sphere as forms of social self–organization. In H. Wessler, ed., *Public deliberation and public culture: The writings of Bernhard Peters, 1993–2005* (pp. 17–32). New York: Palgrave Macmillan.

Powell, W. W., & DiMaggio, P., eds. (1991). *The new institutionalism in organizational analysis.* Chicago: University of Chicago Press.

Russell, A. (2001). The Zapatistas online: Shifting the discourse of globalization.

Gazette 63 (5): 399–413. Russell, A. (2007). Digital communication networks and the journalistic field: The 2005 French riots. *Critical Studies in Media Communication* 24 (4): 285–302.

Serra, S. (2000). The killing of Brazilian street children and the rise of the international public sphere. In J. Curran, ed., *Media organisations in society* (pp. 151–72). London: Arnold.

Silverstone, R. (2006). *Media and morality: On the rise of the mediapolis.* Cambridge: Polity Press.

Smith, L. T. (1999). *Decolonizing methodologies: Research and indigenous peoples.* London: Zed Books.

Tatnall, A., & Gilding, A. (1999). Actor–network theory and information systems research. Paper presented at the Australasian Conference on Information Systems, Wellington, New Zealand.

Thussu, D. K. (2009). Why internationalize media studies and how? In D. K. Thussu, ed., *Internationalizing media studies*. London: Routledge.

Turner, F. (2005). Actor–networking the news. *Social Epistemology* 19 (4): 321–24. van Loon, J. (2000). Organizational spaces and networks. *Space and Culture* 2 (4–5): 109–12.

Volkmer, I. (2003). The global network society and the global public sphere. *Development* 46 (1): 9–16.

Wessler, H., ed. (2008). *Public deliberation and public culture: The writings of Bernhard Peters, 1993–2005*. New York: Palgrave Macmillan.

第 14 章 / 世界主义与国际传播：理解市民社会行动者

Cosmopolitanism and International Communication: Understanding Civil Society Actors

彼得·达尔格伦

幸亏学术界从未完全统一，所谓的主流思想总要面对不同的声音与挑战。这在智识上是健康的；一个领域内部的争论帮助参与者保持警醒。然而，在现在这个国际传播史的节点上，我们所目睹的可能远不止是领域边缘惯常的讨论与争议。国际传播领域越来越表现出焦躁不安，近几十年来，世界动荡的现实要求人们严肃反思：国际传播应该做什么样的研究，以及怎么做。但提出国际传播领域的新"范式"，远远超出了我写作本章的意图。我希望考虑学科常见的批评，探索一条重要的轨道，可以容纳国际传播研究，并调动某些关键知识储备，加快国际传播研究步伐。我关注的是：跨国民间社会运动的广阔前景，特别是利用网络科技改变全球的运动方面。我也认为世界主义的角度有益于分析行动者及其实践。

本章的讨论建基于下列几个核心前提。首先，齐格蒙特·鲍曼（Zygmunt Bauman）用"液态"形容全球化的晚期现代性（除了他的诸多著述外，还可参见他 2007 年的一篇文章），我认同他所想捕捉的基本敏觉，尽管他有时可能言过其实。这个经常被引用的词语意味着：全球的或在地的结构与机制，变化力度都很大，而且似乎缺乏恒久性，文化领域的许多方面都是流动的，以及维持稳定的生活进程和身份所面临的挑战日益增加。“液态”显然不是可测量的概念，却标志着一种研究的气质：至少愿意关注“无常”，也愿意聚焦于看似根深蒂固、变动不居的事物。

此外，我假设，快速转型的前提之一，就是当代的信息传播技术（ICTs）及全世界数以亿计的使用者。另一个前提是必须考虑世界上不断演变的政治图景——包括巩固已建立的民主国家和新兴民主国家。（近期反抗数个政权的暴动自然也异常重要，但不在本章探讨之列。）这些不断变化的政治图景，增进了跨国交流。结果，我们如今看到范围更广泛的行动者，以各种方式参与全球政治。并且，由于信息传播技术的可供性，政治特征和参与模式正在以新的形式出现。

我称跨国脉络下较新的政治参与者为“市民社会行动者”。尽管某些人及其活动可能仍以新的方式强化西方支配国际传播的旧模式，但我们也看到，在其他战线上，出现许多新的非西方行动者和非西方场景。倘若国际传播研究要跟上不断变化的全球现实，就必须正视这些发展。一个重要步骤就是，在写有民族国家、私营公司、官方国际机构以及主要媒体组织的名册上，加上市民社会的行动者。

要理解这样的行动者，近期有关世界主义的文献虽有些枝蔓无序，但只要仔细选择，当可帮助我们从理论上把握所涉及的环境和代理模式以及行动者的主观视野和规范性愿景。这些文献来自研究道德和政治哲学思潮，以及各种抽象层次的社会科学的资料库。虽然社会科学方面的贡献是次要的，但我认为这还是一块学术沃土，邀请国际传播学者去耕耘。话说回来，理论视野需要与经验策略相辅相成；如果认真看待目前大家批判传统量化方法的局限，我要指出，我们有许多机会可以使用扩展的方法工具包。

下面，我首先将概述世界主义，并放在当前国际传播的格局内讨论。接着，我会介绍世界主义的视野，并努力确立它的概念效用。然后，我会探讨改变中的媒介图景，观察一些市民社会行动者（他们从事另类全球化的社会运动），为我的论点提供例证。最后，我简短反思了研究方法的问题。

〉》 一、找准方向

（一）领域的力场

和其他任何领域一样，国际传播领域围绕着什么是合适的理论、概念、方法、思潮——一言以蔽之，这个领域是什么——展开了诸多讨论。五花八门的讨论至少已伴随我们四十载，事实上已变得相当“正常”，也应被视为一种健康的迹象。的确，太志得意满可能象征一个领域已经迈入暮年。

要理解当前的分歧，有一种（容或过度简化的）方法是看如何界定研究领域的矛盾：如果采取狭义，则任务清晰而确定，减少歧义；如果采取广义，可以探索吸纳什么新的知识元素，但可能导致模糊不清，异质性太多，以及流派之争。本章坚定地站在宽泛取径一边，并倡导尽力理解那些尚未成为本领域主流的现象和文献。

正如本书中几位作者所言，在过去的几十年里，国际传播已处在几个元理论（meta-theoretic）视野或范式之间的力场中。从“发展”和“现代化”到“文化帝国主义”和“全球化”，我们一直在寻求一个整合性的分析视野。即便最新的“全球化”范式，似乎也无法提供我们所需要的。全球化理论包含了非常广泛的元素、议题和争论，却并未被整理出统一的理论。因此，这一词语还停在抽象的层面上，但即使不能直接用作国际传播领域的研究范式，它还是提供了一些有用的概念和视角。纵使全球化是个太松散的理论概念，但与它有关的具体历史和经验发展仍然极为重要。

我们应该抛弃建立统摄性范式的努力，即使达不到这个目标，我们还是可以彰显问题，澄清立场。同时，我们听到了许多呼声（也出现在本书），要求国际传播继续“去西方化”，敞开大门，容纳更多欧美之外的学者和视角。很少人会反对这点，但大家都承认困难重重。我们都支持这个具体目标，我在此提供的视角自然也指向这个目标。

（二）全球媒介环境

回到全球化的具体表现这个主题，张赞国（第三章）强调，从20世纪80年代起，许多频道追随CNN的24小时电视新闻模式，国际传播领域因而在20世纪90年代迅速发生变化。它们以国家或地区为基地，开始与BBC和CNN等老牌频道一较高下，它们以特有的世界观报道新闻和发表评论。他所谓的“全球媒介环境”的异质化，影响当代国际传播的面貌。我们站在现在的历史位置，看到信息传播技术易得和可供，全球媒介环境正经历又一次巨变。在数字通信的新时代，互联网和辅助技术（例如移动通信）提供大量平台和通信模式，世界各地的行动者借助它们进入国际传播领域。

这些活动规模之大，足以改变国际传播的重心：到底什么人跨越国家边界，传播什么——向谁，出于何种目的，有何效果——这些经验现实正深刻转型。如今，跨国的传播空间聚集数以百万计的行动者，以前他们是没有这个位置或角色的。个人或私人性质的跨境电子传播姑置一旁，还留下大量的“公共”传播，包括各种个人、团体、组织、网络以及运动的传播实践，都与政治、经济、社会或文化领域息息相关。很难归类这些行动者及其实践，但作为分析的第一步，我们先来谈谈市民社会行动者，他们超越正式的民族国家和主要经济实体开展活动。

〉》 二、市民社会行动者和另类全球化

跨国市民社会行动者存在的理由大为不同：有的是人道主义取向，而另一些人则热衷于社会或文化网络，例如侨民团体或宗教团体。许多行动者介入各种被鼓吹的活动，或为自己，或为更大的目标，或为利益团体发言。不少还与大型的知名国际组织（如联合国和欧盟）合作，这些国际组织常常积极与市民社会组织交换意见，不少行动者甚至进入了决策层。很多行动者的政治色彩鲜明：有的为旷日持久的冲突发声，有的为新涌现的冲突说话，有的根据他们对全球变革的规范性愿景，在政治上努力改变政府、监管部门或公司的行为。对某些政治行动者来说，宗教也是一种动力。许多市民社会行动者展示出了健康的民主形象，但另一些的目标或做法，就是以宽泛的民主定义和阐释，也是成问题的。仇恨团体、种族主义者以及明显反民主、反文明的行动者（如恐怖组织），因为背驰民主理想，不能算在全球市民社会之内。然而，谁是全球市民社会的合法行动者，在定义上一直有灰色地带，正因为民主概念本身仍有争议。

我们还看到广泛的非政府组织（NGO）：各种非营利组织、活跃分子网络、利益团体与游说团体，有时还包括无组织的社会运动；连另类新闻组织也算在内，其中以“独立媒体中心”（Indymedia）最著名。总之，全球市民社会的领域不断扩张，国际传播以纵横交错的形式在其中上演。市民与政治国际传播有一个显著的特征，即在全球公共空间中，行动者的范围和意识形态的光谱，都要比 20 世纪 90 年代中期数字信息传播技术扩散以前大得多。国际传播领域开始采纳全球市民社会视角，原本统一和框定的国际传播变得更异质化了。有的文献仍多少保留国际传播的框架，将全球市民社会安插到这个传统（Chandler，2006；Eberly，2008；Scholte，2011）中；有的根据“批判性参与”跨国层次的权力关系，架构全球市民社会。这些文献虽与国际传播领域无甚交集，却显然在处理国际传播相关的现象（Drache，2008；Keane，2003；Keck & Sikkink，1998；Thörn，2009；Walker & Thompson，2008）。

我想从后面这种批判的取径，分析一种特别的全球市民运动，即所谓的“另类全球化”运动（或称“全球正义运动”）。另类全球化运动聚焦于经济公平（尤其是全球南方国家的）、环境、人权、性别议题、劳工、本土文化保护等主题。可见，另类全球化运动本身也很庞杂，但在全球市民社会的角落内部，还找得到统一的基本概念：它们面对当前新自由主义社会发展的轨道，奋力争取反霸权的出路。

这些活跃分子是政治左派，但进行的大体上是改良主义运动，力图动员舆论，既影响各层法律制定者，又影响在跨国脉络中被认为危害社会的法人行动者。另一个共同处是几乎所有行动者都使用互联网；可以说，要不是信息传播技术的可供性，全球市民运动不会这样发达。连媒体——发展另类媒体实践，建立更民主的公共空间——也成为全球市民运动的焦点。（这些报告在活跃分子与学者的合作下出版了，见 Rodriguez，Kidd，& Stein，2010 和 Stein，Kidd，& Rodriguez，2009。）

过去十年，有一个松散的、统领性的组织，即世界社会论坛（WSF），把很多另类全球化运动联系起来。它有区域性的分支，如欧洲社会论坛。

世界社会论坛的参与者遍布世界，根基在全球南方，因此具有强烈的非西方背景。论坛举办年会，与会者数以万计；它起于巴西，对抗全球政经精英参与的达沃斯（Davos）会议。世界社会论坛会议旨在寻求协调并建立全球联盟，分享知识和经验，制定战略。近年来，整个另类全球化运动——特别是世界社会论坛——已经受到了学术界的关注（参见 Acosta，2009；Gills，2011；Hosseini，2010；Maeckelburgh，2009；Pleyers，2011；Sen & Waterman，2007；de Sousa Santos & Rodriguez-Garavito，2005；Smith，Della Porta，& Mosca，2007）。

顺带一提，世界社会论坛和全球市民社会，固然受惠于信息传播技术的可供性乃至于网络化（Castells，2010），但技术的影响力必须与社会因素相互作用。这些社会条件的互动不能简单归结为受惠于信息传播技术，因此分析国际传播，必须观照更多的社会条件。

〉》三、世界主义与国际公民传播

西尔维奥·卫斯博德（Silvio Waisbord）力辩，整个媒介研究（尤其是国际传播研究）必须提升世界主义的格局。他指的是“一种分析态度，超越地域，保持对多元视角和发展的开放……在人、观念和商品空前流动，政治、经济和文化边界互相渗透的时代，世界公民身份回应了关键议题和迫切需求”。对此我自然是赞同的，并愿进一步断言，世界主义不仅关乎研究和研究者，而且涉及献身于全球市民社会和另类全球化的行动者（他们的实践，和他们用媒体做什么）。我们在世界主义的文献中发现一个有力的规范性理论，令人鼓舞，即“另一个世界是可能的”（引自世界社会论坛的口号）。

不仅如此，伦理理想和价值承诺也是公民跨国实践的重要基础。超越国籍、族裔或宗教团体的个人及群体身份，对这种国际传播形式来说至关重要。因此，在当今全球化的环境下，许多行动者都相信受到不同的世界主义思想驱动。这不是“道德化”，而是说我们若要透过全球市民社会和另类全球化运动，考察国际传播的动机基础，世界主义当可提供潜在有用的分析工具。

（一）世界主义的视界

世界主义是古老的观念。苏格拉底（Socrates）有一个著名的宣言，他说他不是雅典人，也不是希腊人，而是世界公民。伊曼努尔·康德（Immanuel Kant）为现代版本的世界主义赋予了伦理要素；虽然世界主义的概念正在被重塑，但这个伦理要素还是很重要。近年来，世界主义简直是时髦的话头了，但这个概念并不因此变得无用或有误导作用。随着全球化的进程，世界不断被整合——尽管其方式极不均衡、不平等、有争议——其他人在日常生活中离我们越来越近。在某种层面上，世界主义是把我们对其他人的关切转移到全球脉络中。更具体地说（对研究更有用），世界主义提供一个分析框架，考察我们对世界上远方他者的认知，以及我们和他们的关系。说到底，道德（判断是非的基本概念）和伦理（道德在具体行为规范上的应用或体现）构成了大多数人类行为的基础，即便只是含蓄的。因此，世界主义仍然是理解社会世界的重要视角，对国际传播尤其如此。

没错，全球化以后，许多人已建立新视界，来看待自身及其所处的世界。我们还可以热心指出，有大量证据显示人们参与跨国社会现实的程度日增，对本国边界以外的具体人类状况也越发有同理心。然而，当下很多状况却不得不促人清醒；那张归咎于世界主义的全球性弊病的单子长得很。特别是媒体在这些脉络下的角色虽熟悉却令人沮丧：它们一再巩固“我们与他们”之间的心理边界。

然而，眼前巨大的跨国难题，更给我们的理解分析带来挑战，最近大量出现的世界主义文献体现了这一点。很多文献涵盖了道德理论和政治哲学（Breckenridge et al.，2002；Brock & Brighouse，2005；Nussbaum，2006），探讨了更美好、更民主的全球政治秩序（Archibugi，2008；Gould，2004；held，2010）或伦理秩序（e.g.，Sullivan & Kymlicka，2007；Vernon，2010）；也涵盖了公民观念，以及当代全球局势中（尤其是与欧盟有关的）权利和包容性的议题（Benhabib，2006；Habermas，2006）；其他还探讨了世界主义的社会文化先决条件及其主观的维度（Appiah，2007；Beck & Cronin，2006；Hannerz，1996；Kendall，Woodward，& Skrbis，2009；Robertson，2010）。有的作者以批判新自由主义来分析世界主义（Cheah，2006；Dallmayr，2003；Delanty，2009；Harvey，2009）。

（二）一种还是多种世界主义？

世界主义文献中的概念松散，这是不足为奇的。肯德尔、伍德沃德和什克尔比斯（Kendall，Woodward，and Skrbis，2009）在全面回顾文献时强调，世界主义概念缺乏明晰性，讨好所有人。人们对世界主义有不同的解释，它们之间的矛盾如果不能解决，至少应该点明。他们还提到，有的文献政治上很幼稚；有的则隐藏乌托邦的冲动，想建设一个新世界，这个新世界的公民是宽容和负责的，但作者对如何实现这个理想却提不出有见地的意见。特别是有些文献往往无视全球重大的差距，大卫·哈维（David Harvey，2009）在批判几位关键作者时也提到这点。如果道德层面更温和一点，如果这一概念能够以经验内容的方式发展，那么对世界主义的讨论或许会更有成效。

在最近的一篇论文中，科尔普斯·翁（Corpus Ong，2009）讨论各学科的理论家如何看待他所称的“向世界开放”的世界主义。他衍生出四种基本类别，把主要的作者归为“封闭型”（非世界主义或反世界主义）、“声望型”（地位和特权与之密切相关）、“平庸型”（以日常而“普通的”开放态度对待他者，作为自我身份的表达）、“陶醉型”（有远见的热情）。这幅图谱有助人们驾驭文献——人们可能发现不少作者最终被归类到“陶醉型”。

文献中常见的更具体的问题，牵涉普遍性与特殊性（在地或国家）的基本矛盾。有没有一套世界主义的价值观与认知可以“放诸四海而皆准”？答案具有政治含义。布雷克－安布里奇（Breck-Enridge，2002）等人建议，以复数形式使用该概念，而不是只将其与欧洲传统的单一特权地位联系起来，因为我们看到世界各地的人们有动机也有能力反思自身以外的事务。该书各章探讨了非西方世界不同地区的世界主义模式。

另一方面，布赖恩·S. 特纳（Bryan S. Turner，2002）根据 16 世纪作家米歇尔·蒙田（Michel Montaigne）的思想，提出了普遍世界主义的品性。在特纳看来，蒙田回应那个时代的战争恐怖，而拥抱慈悲、同情与温柔等更柔性的（女性的）价值观。世界主义的品性主要包括和平的价值观，消除暴力，提升人的能动性与尊严。特纳认为，世界主义的品性就是反对苦难，“形成一种既超越又统合不同文化、不同历史时期的立场”。他声称，人体的脆弱性为解释人类的共同性和同情心提供了一个起点，作为世界主义伦理的基础。他认为，联合国人权宣言显然是非常世界主义的杰作，因而将之纳入他的论点。

因此，我们可以感受到，世界主义一方面表达世界上多重的经验现实，一方面又具有普世品性的单一理想，两者的矛盾悬而未决。特纳明确反对道德相对主义：世界主义品性与麻木不仁是不相容的。人们可以回敬说，特纳的立场太“容易”了，毕竟减少身体痛苦不太有争议，但在多数文化环境中，少数社群究竟如何表达自己（如表达宗教的服饰），可难找到可行的世界主义伦理了！此外，提倡的普遍主义也会时不时闯进民族中心主义和文化权力的地带。

（三）权力维度

即使我们不能轻易解决这种矛盾，哈维（Harvey，2009）说，我们把世界主义视为文化的一个维度时，在某个时刻总要联系到“历史”与“权力”的主题。如今，世界文化当然不是简单地反映经济与政治权力从中心向边缘的流动，但殖民主义的历史令人难以否认这些机制的重要性（当然，媒介结构及其再现的形态尤为突出）。总之，如果全球化构成了实现世界主义的关键条件，那么全球舞台上盛行的权力关系（及其历史根源）对理解世界主义的性质和可能性似乎具有重要意义。

但权力的视野并不总是出现在关于世界主义的文献中，如同关于全球化的文献大多避谈权力主题。可以从不少的角度讨论全球权力，尤其是世界体系的政治经济角度，但后殖民主义提供文化视野来看世界主义。后殖民主义如同文化研究（有时与之融合在一起），敏锐地捕捉文化和意义生产如何与权力关系捆绑在一起。

有趣的是，过去二十年左右，“全球化”（主要在社会科学中）和“后殖民主义”（多在人文学科盘旋）两个重要的理论传统很少相遇。它们似乎各自活在平行宇宙中，尽管其实它们应当紧密缠绕在一起，它们彼此缺乏互动这点已受到关注（Krishnaswamy & Hawley，2008）。对于世界主义，后殖民主义提醒我们，必须关注与权力（特别是文化权力）攸关的各方面历史前因，包括文化影响的形态、他者形象、身份认同的过程、融合 / 同化、语言使用、制度建设，等等。在概念上和经验上，世界主义都不能简单地化约为权力的作用，但也不能置权力于不顾。纵然未必十分明显，权力也始终盘桓于微观和宏观的情境当中。权力会引发“反权力”（counter-power），所以即使霸权地位笼罩着，权力也并不仅是单向的、决定论式的机制。

〉》四、媒体与公民世界主义

（一）媒体连接

奇怪，媒体并未广泛出现在关于世界主义的文献中。诺里斯和因格哈特（Norris & Inglehart，2009）的经验研究试图建立媒介使用与世界主义心态的连接；总的来说，全球媒体的曝光似乎会促进世界主义，但它们强调建立因果关系很复杂，许多非媒介性的变量也在起作用。博尔坦斯基（Boltanski，1999）的焦点更集中，他从理论上探讨人们如何经由报道苦难的新闻，意识到远方的他者，与他们感同身受；柯里雅克（Chouliaraki，2006）也探讨同一主题，不过采用更严格的经验方式；罗伯逊（Robertson，2010）更宽泛地观察电视新闻、记者 / 编辑以及世界各地观众，以阐明媒体在培育世界视野方面的作用。赖（Lai，2008）从互联网的视域探索这一主题。这些文献强调媒体对世界主义研究的重要性，但也提醒我们所知有限。

罗杰 · 西尔弗斯通（Roger Silverstone，2006）在去逝前最重要的著作中论述了建立媒介与世界主义的关联。这本书的风格不是经验性的，而是论述性的，如同世界主义主流文献一样，带有浓厚的规范性味道。他认为，在晚期现代性的形成及其全球化的过程中，媒介起着决定性作用，它为反思国际传播与世界主义提供了一个有用起点。具体而言，我要特别强调他的基本理念，尤其是他把世界主义当作现代全球化世界公民产生能动性的必要因素，而媒介是这种能动性的前提条件。

西尔弗斯通小心游走于乐观与悲观之间，但他显然传达一个雄图。他还巧妙地平衡了一种或多种世界主义之间的紧张关系：他强烈主张应该对他人负责的普遍性伦理，但也承认人们的行为和道德框架必须视环境而定，才会有意义和效果。他很了解权力关系的重要性，尤其是涉及媒体制度和运作的权力关系。这就引领我们到了民主和市民社会行动者的领域。不过，我得先回头总结他的主要观点。

（二）媒体城邦

简言之，西尔弗斯通观察到，媒体正在成为他所谓的“环境性的”：它们不能被简单地视为个别信息流动，而是象征了稠密的符号生态，渗透到我们生存的每个角落。他所说的“媒体城邦”，是由有中介化全球外观的巨大传播空间所组成的。正是借助媒体，世界才展现在我们面前，而表象构成了这个世界。透过媒体，我们认识到自己是谁，认识到不同于我们的人，认识到全球公共舞台上自我与他者的关系。媒体建立联系和关系，媒体为我们在世界上找到定位。

媒体城邦既是规范性词语，也是经验性术语。从经验上讲，它不同于哈贝马斯式的理性的公共空间；它是嘈杂刺耳的，有多种声音、变调、图像以及修辞，超越逻辑和理性而存在，不能指望有完全有效的沟通。西尔弗斯通用“对位”（contrapunctual）指称这种传播动态：每条沟通的线索顶多只能在与他者的关系中获得意义——充满紧张矛盾的沟通介入组成了一个喧嚣的整体。

从规范性上讲，传播权力与其他形式的权力不同，但“媒体城邦”要求生产者和观众/用户对彼此负责，各方要有反思能力，包括承认文化的差异性。这种道德反应表现为我们对思考、言说、倾听和行动负有责任。这自然就引出“媒体城邦”创造了何种现实、何种公共性、谁怎样露面以及谁不露面等问题。这里有一个明确的媒介权力元素：媒体组织最直接掌握着如何定义世界的权力，但西尔弗斯通强调，各方都必须负起责任。记者、编辑和制作人要对他们提供的媒介再现负责，而观众/用户则有义务反思自己所接触的东西，并以道德的方式回应媒体及其描绘的世界。

因此，“媒体城邦”的概念是一种挑战，挑战了媒体再现的不平等、排他性的机制、（来自国家和资本的）媒介权力失衡，以及“未经反思的报道和故事叙述，其意识形态偏见所建构的框架”（Silverstone，2006，p.37）。当媒体再现世界的时候，不可避免地要涉及它所谓的边界工作，即在“我们与他们”的对立之间不断划定、加强与改变各种边界。西尔弗斯通强调道德和伦理的重要性，道德维度应成为分析焦点，正如我们用社会、政治和文化视角分析传播过程一样。

（三）从道德到全球公民参与

这些讨论，西尔弗斯通承认是非常难处理的。公众是“媒体城邦”中受众的集合体，不是很有效的能动者。思想、言语与行动相互脱节和妥协，因为他们缺乏脉络、记忆和缜密分析，特别是越来越缺乏互信，我们目睹了从公共空间向私人领域撤退的态势——这正是民主的主要困境。尽管西尔弗斯通对政治能动性语焉不详，但他的政治感悟力已说明，“媒体城邦”不仅是道德反应的场所，而且是潜在的实践场所。世界主义者中的道德能动者必须超越仅仅思考自己责任的状态，要能通过某种行动（在政治脉络中常常采取某种传播形式）把负责任体现出来。

这样积极主动的社会伦理，要求我们与全球性的他者互动，并对其负责；这种伦理引领我们成为世界公民，靠“媒体城邦”建立与世界的联系，而世界公民身份与某种民主形式密不可分。世界主义与民主公民机构之间的这种联系——我称之为“公民世界主义”——牵涉转化世界主义的道德立场为具体的政治脉络，这对我们自己和对全球化的他者都有益。对当代全球公民品性和公民能动性而言，世界主义已经是一个不可替代的维度。

我正是想从此处——从某种意义上来说是其著作的外缘——接过他的棒，继续跑下去。我以前探究过应该如何理解公民能动性，即理解能够促进人们政治参与的主观现实和媒体在这方面的角色（Dahlgren，2009）。我勾勒出的主题包括公民身份、市民社会、政治活跃以及相关媒体环境的全球化。但跨国维度尚待发展，公民能动性与全球道德责任之间实际上没有概念上的联系。我发现，西尔弗斯通提倡世界主义，并赋予其规范性的基础，邀请我们好好思索那些联系。

在论述“媒体城邦”时，西尔弗斯通虽总是把大众媒体摆在前面，但他也强调互联网及其辅助技术改变大众媒体的基本特征。他说得对，在公共性方面，互联网需要以大众媒体为参照和脉络，以避免被席卷成为一座座小孤岛。（当然，互联网本身就具有大众的传播中介性质。）因此，如果我们将他的“媒体城邦”框架，用在基于网络的全球市民社会领域，特别是用在另类全球化运动和“世界社会论坛”中，焦点就会集中在相对具体、数量有限的国际传播行动者身上。当然，在线“媒体城邦”中多数人没有参与，会被我们忽略，不过为了专注于可能的研究，我们宁可收窄焦点。

〉》五、另类全球化的公民世界主义研究

过去十五年中，新一代的国际传播者在世界各地涌现，以全新而富有想象力的方式使用信息传播技术。有些市民社会行动者发起“世界社会论坛”的另类全球化运动。他们有强烈的规范意识；他们有很多目标，均以改变当前全球发展的方向为旨归。他们在许多场合碰面，但也广泛利用数字媒体。他们在媒体城邦之中，发出反霸权的声音，对抗新自由主义主导的媒介再现。

（一）经验视角与比较视角

这里有两条明显而互补的经验研究路线可供选择：一条涉及来自这些群体的国际传播本质。在此，我们可以区分群体内部、群体之间，甚至跨越国界的内部传播；而另一种传播，则是指向外部世界、全球公众，甚至是决策者和掌权者。我发现后者更重要。“世界社会论坛”官方网站有葡萄牙语、英语、法语和西班牙语版本，这就是一个很好的出发点。网站提供各类信息，包括新闻、组织与动员信息，包括下一年度的会议准备进展。人们可以顺着链接，追踪话题，进而接触相关信息。

另一条路线是研究个人和集体成员本身。他们的背景、动机、观念、组织策

略以及媒体使用，打开了许多可能的研究路径。行动者的公民身份与实践，联系到全球他者的世界主义主题及其道德视野，为研究提供了丰富的可能性。

这种研究还处于起步阶段。赖（Lai，2008）为线上活跃主义建立了一个概念的起点。德索萨·桑托斯（de Sousa Santos，2005）针对“世界社会论坛”活动家的视野，提出不少重要而具体的见解。乌尔丹（Uldam，2010）探研伦敦两个从事处理全球公正问题的团体，在它们的身份、承诺和策略方面取得了重要的研究进展。一个研究的方向是以有关国家脉络的许多研究为基础，考察何种因素会促进（或抑制）公民参与社会运动和政治团体，以及媒体如何有助（或无助）于创造公民文化（参见达尔格伦 2009 年的概述）。

研究行动者及其媒体实践时，应当以比较的维度为指导方针：可以比较不同地区的团体及传播实践，或比较另类政治传播与主流传播的连接。这种传播如何在全球媒体城邦“旅行”，有何影响？如何关联主流传播对这些话题的说法？这些对国际传播的性质意味着什么？西方与非西方的维度均能在此得以彰显。此外，线上世界也正快速转型，另类全球化利用 YouTube 之类的流行平台接触更多受众（Askanius & Gustafsson，2010）。这是如何改变他们的传播策略与身份的？将政治塞进强烈偏向流行文化与娱乐的媒体环境，有何意涵？比较媒介城邦各部门的策略及政治效能，是日益重要的研究课题。可能的数据包括各类团体的媒体生产，他们对事件的报道、讨论以及随后的评论。

这样的研究自然有一个伦理维度：是什么在驱动研究？它会产生什么知识？它对谁有用？尤其是研究者与被研究者有什么关系与责任？在做研究之前澄清这些问题，既是为研究者着想，也是为研究对象着想。对这些行动者及其实践的研究，可以帮助我们理解国际传播领域如何跟着演变。

（二）方法论之协商

李金铨在第十章中主张，国际传播研究需要认真考虑文化意义。扬·瑟韦斯（Jan Servaes）在第四章中谈及方法论的问题，他指出要跳出这个领域严格量化的方法，强调需要更关注文化权力。我们需要从能动者的角度——行动对他们有什么意义——来理解能动性。在我看来，这些呼吁指出公民国际传播主体的规范与文化框架的重要性，这些可以部分地通过世界主义的棱镜折射出来。

我发现，为方法论打堑壕战是徒劳无益的，没有哪一种方法天生享有特权，没有哪一种取径先天优于或劣于其他取径。最后起决定性作用的是我们寻求哪一种知识，提出什么研究问题，以及掌握什么材料。既然如此，想要探究社会行动者的自我认知、动机和身份认同，在某个时刻必须用到定性方法，以深度访谈和现场观察，烛照意义和现实建构的过程。同样，在分析媒体产品时，阐发意义和烛照话语——尤其是很多材料有多媒体的维度（视觉、声音和文本）——都需要定性方法。

然而定性绝不是与定量对立，两者经常有效结合。例如，对特定的媒介材料做定量研究，得到重要的轮廓，再配合某些部分的深入定性分析，效果就会非常好。这两种策略互为补充。同样，相对于小样本的深度访谈，大规模地调查访问行动者也有很好的效果。过去几十年里，我们看到社会科学的“文化转向”，各种定性的取径成长起来分析社会建构的过程，人们借而生产意义，界定社会世界和自己的位置。随着文化理论和方法的增多，我们看到媒介与传播研究方面的发展，这是无可争议的，如果国际传播出于某种理由排除它们，才会令人大惑不解。

定量方法不应自动等于“实证主义”，定性分析也不自动保证研究品质就高。哈贝马斯曾经批评实证主义“拒绝反思”。我们研究者必须时刻警觉自己的研究内容，还必须不时拷问自己的预设和预解（pre-understanding）。这样，我们才能发展我们的领域，也发展我们自己，而中介化的公民世界主义研究，能为我们提供同时实现这两个目标的机会。[①]

（宋韵雅 / 译，黄顺铭 / 校）

---

① 我非常感谢我在瑞典隆德大学的同事 Fredrik Miegel 对本文的启发；由他发起，我随之加入的媒体和世界主义硕士课程为这里所表达的许多想法提供了起点。

参考文献：

Acosta, R. (2009). NGO and social movement networking in the World Social Forum: An anthropological approach. Saarbr ü cken: VDM Verl.

Appiah, A. (2007). Cosmopolitanism: Ethics in a world of strangers. new york: W. W. Norton.

Archibugi, D. (2008). The global commonwealth of citizens: Toward cosmopolitan democracy. Princeton, NJ: Princeton university Press.

Askanius, T., & Gustafsson, N. (2010). Mainstreaming the alternative: the changing media practices of protest movements. Interface: A Journal for and about Social Movements 2 (2): 23– 41.

Bauman, Z. (2007). Liquid times: Living in an age of uncertainty. Cambridge: Polity Press.

Beck, U., & Cronin, C. (2006). The cosmopolitan vision. Malden, Ma: Polity.

Benhabib, S. (2006). Another cosmopolitanism. New York: oxford university Press.

Boltanski, L. (1999). Distant suffering: Morality, media, and politics. Cambridge: Cambridge University Press.

Breckenridge, C. A., Pollock, S., Bhabha, H. K., & Chakrabarty, D., eds. (2002). Cosmopolitanism. Durham, NC: Duke University Press.

Brock, g., & Brighouse, H. (2005). The political philosophy of cosmopolitanism. Cambridge: Cambridge University Press.

Calhoun, C. J. (2010). Cosmopolitanism and belonging: From European integration to global hopes and fears. London: Routledge.

Castells, M. (2010). Communication power. Oxford: Oxford University Press.

Chandler, D. (2006). Constructing global civil society: Morality and power in international relations. Houndmills, Basingstoke, Hampshire: Palgrave Macmillan.

Cheah, P. (2006). Inhuman conditions: On cosmopolitanism and human rights. Cambridge, Ma: harvard university Press.

Chouliaraki, L. (2006). The spectatorship of suffering. London: sage Publications.

Dahlgren, P. (2009). Media and political engagement: Citizens, communication, and democracy. Cambridge: Cambridge University Press.

Dallmayr, F. (2003). Cosmopolitanism: Moral and political. Political Theory 31 (3): 421–42.

Delanty, G. (2009). The cosmopolitan imagination: The renewal of critical social theory. Cambridge: Cambridge University Press.

de Sousa Santos, B. (2005). Beyond neoliberal governance: the World social forum as subaltern cosmopolitan politics and legaity. In B. de Sousa Santos & C. A. Rodriguez–Varaviti, eds., Law and globalization from below: Towards a cosmopolitan legality (pp. 29– 63). Cambridge: Cambridge University Press.

de Sousa Santos, B., & Rodriguez–Garavito, C. A., eds. (2005). Law and globalization from below: Towards a cosmopolitan legality. Cambridge: Cambridge University Press.

Drache, D. (2008). Defiant publics: The unprecedented reach of the global citizen. Cambridge: Polity.

Eberly, D. E. (2008). The rise of global civil society: Building communities and nations from the bottom up. New York: Encounter Books.

Gills, B. K., ed. (2011). Globalization and the global politics of justice. London: Routledge.

Gould, C. C. (2004). Globalizing democracy and human rights. New York: Cambridge university Press.

Habermas, J. (2006). The divided West. Cambridge: Polity.

Hannerz, U. (1996). Transnational connections: Culture, people, places. London: Routledge.

Harvey, D. (2009). Cosmopolitanism and the geographies of freedom. New York: Columbia University Press.

Held, D. (2010). Cosmopolitanism: Ideals and realities. Cambridge: Polity Press.

Hosseini, S. A. H. (2010). Alternative globalizations: An integrative approach to studying dissident knowledge in the global justice movement. London: Routledge.

Keane, J. (2003). Global civil society? Cambridge: Cambridge University Press.

Keck, M. E., & Sikkink, K. (1998). Activists beyond borders: Advocacy networks in international politics. Ithaca, NY: Cornell University Press.

Kendall, g., Woodward, I., & Skrbis, Z. (2009). The sociology of cosmopolitanism: Globalization, identity, culture and government. Basingstoke: Palgrave Macmillan.

Krishnaswamy, R., & Hawley, J. C. (2008). The postcolonial and the global. Minneapolis: University of Minnesota Press.

Lai, O.-K. (2008). Rediscovering Kosmopolis in the cyberinformation age? Social agencies and activism in their geohistorical place. In R. Lettevall & M. K. Linder, eds., The idea of Kosmopolis (vol. 37, pp. 121– 42). Huddinge: Södertörns Högskola.

Maeckelbergh, M. (2009). The will of the many: How the alterglobalisation movement is changing the face of democracy. London: Pluto Press.

Norris, P., & Inglehart, R. (2009). Cosmopolitan communications: Cultural diversity in a globalized world. New York: Cambridge University Press.

Nussbaum, M. C. (2006). Frontiers of justice: Disability, nationality, species membership. Cambridge, Ma: Belknap Press.

Ong, J. C. (2009). The cosmopolitan continuum: Locating cosmopolitanism in media and cultural studies. Media, Culture and Society 31 (3): 449– 66.

Pleyers, G. (2011). Alterglobalization: Becoming actors in the global age. Cambridge: Polity.

Robertson, A. (2010). Mediated cosmopolitanism: The world of television news. Cambridge: Polity.

Rodriguez, C., Kidd, D., & Stein, L., eds. (2010). Creating new communication spaces (vol. 1). Cresskill, NJ: Hampton Press.

Scholte, J. A. (2011). Building global democracy? Civil society and accountable global governance. Cambridge: Cambridge University Press.

Sen, J., & Waterman, P. (2007). World social forum: Challenging empires. Montreal: Black Rose Books.

Silverstone, r. (2006). Media and morality: On the rise of the mediapolis. Cambridge: Polity Press.

Smith, J., Della Porta, d., & Mosca, L. (2007). Global democracy and the World Social Forums. Boulder, Co: Paradigm Publishers.

Stein, L., Kidd, d., & Rodriguez, C. (2009). National and global movements for democratic communication (vol. 2). Cresskill, NJ: Hampton Press.

Sullivan, W. M., & Kymlicka, W. (2007). The globalization of ethics: Religious and secular perspectives. New York: Cambridge University Press.

Thörn, H. (2009). Antiapartheid and the emergence of a global civil society. Basingstoke: Palgrave Macmillan.

Turner, B. S. (2002). Cosmopolitan virtue, globalization and patriotism. Theory, Culture & Society 19 (1–2): 45–63.

Uldam, J. (2010). Fickle commitment: fostering political engagement in the "Fighty world of online activism." Phd diss., Copenhagen business school, Copenhaegn.

Vernon, R. (2010). Cosmopolitan regard: Political membership and global justice. New York: Cambridge University Press.

Walker, J. W. S. G., & Thompson, A. S., eds. (2008). Critical mass: The emergence of global civil society. Waterloo, Ont: Wilfrid Laurier University Press.

第 15 章 / 后殖民视觉文化：基于印度的讨论

Postcolonial Visual Culture: Arguments from India

阿尔温德·拉贾戈帕

半殖民或殖民统治的历史，对理解后殖民国家发展仍然很重要；直到最近，视觉文化学者才开始认真考虑后殖民地区视觉文化的复杂性。因此，“后殖民主义”是一种历史标记，提醒我们，现代化的努力与反抗外国统治如影随形，适当的历史分析必须具体说明这些独特的相关条件。例如，在后殖民国家，“现代化”多少被认为是舶来品。以国家为中心的发展乃是现代化的政治形态，民族国家不得不琢磨固有的知识和更“现代”的知识有何差别。然而，在后殖民国家，这些更“现代”的新知识形式，很少像在西方那么权威，因为西方社会的现代化经历了两三百年。图像传播在现代性的知识传播中地位特殊，已成为协商和挑战权威的重要场域。我们应当考察图像传播如何发生，从分析视觉文化中可以学到什么。显然，“国际传播”这个领域，没有预见世界各地兴起的视觉传播的新形式，以及视觉传播所带来的影响。

学者们新近的研究说明，后殖民的媒介文化呈现断裂的时间性，以及复杂的审美形式，这是不同于一般对媒介史和传统历史进程的理解的（Curtin，2007；Fox & Waisbord，2002；Jain，2007；Lee，2003；Pinney，2004；Ramaswamy，2010；Servaes，2008）。举几个地区为例，南亚、东南亚或东亚的传播产业广泛而成熟，但在整个文化生产者的选择当中，视觉写实主义只是其中一环而已。技术成熟不会消灭旧的审美形式，反而可能促使它的更新，功夫电影与京剧传统的关系，或印度神话史诗的传统及其演变，均是如此。

在较早时期，学者对研究和论证的方案有更大共识，可以接触更多的档案。学者们专注于视觉文化的某些工艺和技术，如绘画、印刷或电影，对更普遍的问题——跨媒介视觉的制度化如何使受众内化一种新的认知习惯——却缺乏讨论。后殖民社会中的图像制作广泛而多样，提出的问题难测，从民族主义的史学、艺术、文化批评，到后殖民社会科学，这些研究纲领都显然不够了。

卫星电视在南亚启动时，正值第一次海湾战争，短短二十年中，媒介技术和中介的形式激增，跨越印刷、电影、电视、移动电话和互联网，南亚似已步入"交往现代性"（communicative modernity）的阶梯。在全球范围内，南亚的"交往现代性"标志着一个后冷战时期的到来，特征是"安保官僚体制"（securocratic regimes）强化了视觉的监视机制，地缘政治形成的联盟则围绕着伊斯兰的"恐怖"。[①] 在印度，过去二十年便见证了一系列压缩式的发展。私有媒体增长助长了激进印度教民族主义崛起，本土语言媒体相对于英语媒体一直被压抑，但其市场优势则蓄势而发。另一方面，电视新闻报道覆盖范围扩大，给许多人物和事件以显著度，从孟买的恐怖分子将媒体作为监视的辅助手段，到日渐获得公众同情、捍卫部落土地权利的毛派运动，都各有各的政治议程。[②] 因此，简单地以为媒介覆盖密度增加就是支持某些后殖民意识形态，这种观念是错误的。然而，上述两个问题出现在印度新经济的大环境下，足见我们需要从历史角度讨论媒介的"可见性"（visibility）和覆盖密度（density），以探索多因、依条件而变化的解释模型。

在南亚，更多的交流既没有减少暴力事件的发生，也没有增加政治透明度。

① "安保官僚政权"（securocratic regime）这个术语来自维埃拉·马丁和沃勒斯坦的作品（Vieira, Martin, & Wallerstein, 1992, p.205）。有关这一背景下的一些文化动态的讨论，请参阅阿帕杜莱的作品（Appadurai, 2006）。

② 关于孟买恐怖袭击，请参见拉贾戈帕的作品（Rajagopal, 2008）。关于毛主义者议题的最新权威调查，请参见丹德卡尔和乔杜里合作的作品（Dandekar & Choudhury, 2010）。

自 1937 年印度省级选举以来，当局一直对大规模暴力行为置若罔闻，而肇事者及其赞助者擅长从暴力行为中捞取选举资本。调查新闻（包括曝光“刺人的”视频）透露制度的腐败和秘密，却不能改变什么。印度激进组织可能使整个国家瘫痪，倘若法院裁定拆除一座历史性的清真寺，就可能引发暴力事件。肇事者获得的是奖赏，不是惩罚，而媒体评论员还以为阻止了之后的暴力事件而沾沾自喜。

显然，“视觉性”未必像启蒙思想家的预设那样发挥作用。① 在公开场合曝光率更高，不保证理性愈高；信息流密度越大，也不能保证暴力更少或民主化更多。一方面，有些人肯定现代想象力的“祛魅化凝视”，于是“看到的就是相信的”。另一方面，我们也观察到，数百万观众造成的魅力的确令人着迷，反而是“相信的才是看到的”。在这个数码复制的时代，后殖民的视觉文化分析者必须承认上述两个逆转的命题。南亚提供讨论这些问题的场域，它的视觉实践显然是异质化的，但引入新监管体制的屏幕文化却日益同质化。② 本章的具体问题是，后殖民视觉文化在历史上有没有足以说明政治表现的规律，这样的分析必须避免历史主义（假设历史语境决定媒介和意义）和技术决定论。

〉》 一、媒介作为感官史 / 媒介与感官史

我认为，人类感官理应是相互关联的，技术手段却使它们分离。通信设备的发展，使感知形式经过技术中介得以重组，获得假体（prosthetic）特征。例如，视听媒介的声音和光线冲击观察者时，也传达或暗示一种触摸感。我要借用马

① 哈尔·福斯特（Hal Foster）区分了视觉与视觉性：前者指的是视觉机制和视觉基准，后者指的是视觉的历史技巧和话语测定。（参见 Foster，1988，p. ix）。

② 关于近来最重要的视觉监控计划，请参见《UIDAI 战略概述》（*UIDAI Strategy Overview*），印度政府规划委员会印度唯一身份查验局（UIDAI）2010 年 4 月发布。

歇尔·麦克卢汉（Marshall McLuhan，1994）的理论，他把媒介当作身体与技术之间的界面（interface），将传播技术与感知的变化率联系起来。他认为，在“阅读”视听媒介时，与其关注视听感知表现的程度，不如关注它所隐藏的一面。因此，他认为从大众媒介所获得的即时感知是亲密的，而非疏远的。最终，反映等级及其作用的“社会距离”尺度（相对于阶级和性别差异而言），似乎受到媒介的影响已经变化或削弱。

如果“媒介即讯息”，东方阵营令人畏惧的武器——宣传——会被现代媒介的特性抵消，因为现代媒介在冷战中已经成为西方阵营的无声盟友。在麦克卢汉看来，通信覆盖面扩大，使世界成为“地球村”，它可以是一个友好和亲密的空间，他的立论显然体现了北美式的社区概念。

麦克卢汉以西方发展的谱系，指出（态度还不太傲慢）西方的媒介素养是落伍的。他认为，电子媒介使西方人“再部落化”，可以克服以印刷为主一脉的理性形式。他声称，现代媒介使交流形式更个人化，也更社群化，既是“热”的，也是“冷”的。这个论点颇令人费解，最终可能逻辑不通，但它起到了重要的作用。他坚持认为，技术不是自外于人类的“他者”，它改变了人类的能力，自身迅速“成为”人类的能力、即使人类并未意识到。我们可以用科技组织世界历史，使之成为一个累积性的发展序列，从而看到文化自我批评的主要趋势。如果大众媒介是问题所在，明智地应用更多的媒介可能是对症良药。西方的主导地位必须先获得承认，再受到批判，但若采取适当步骤，最后还可以用来克服其先前的局限性。

任何感官史，凡不合麦克卢汉的“目的论”的，都被归为“旧媒介”，在其理论中别无位置。就此而言，他界定了旧媒介的感知率，直到旧媒介被更新的媒介取代为止。麦克卢汉失察的是，技术的影响失衡，个人行动和集体行动的形式跟着情况变化，这是他的理论不能预测的。麦克卢汉的理论有全球性的雄图，想象力却相当狭隘，暴露出西方源头的局限性。

〉》 二、媒介的总体性?

假设媒介可以创造一个公平的竞争环境，让社会团结有效地获得巨大声望，并在冷战期间得到美国的智囊团和慈善基金会大力推动。这个假设的一个版本，见诸丹尼尔·勒纳（Daniel Lerner）的《传统社会的消逝》（Lerner，1958），在书中他声称印刷和广播等大众媒介激发移情能力（empathy），有利于现代化，这不啻是麦克卢汉若干理论的先声。这个假设将媒介提升到国家权力层面的规范性概念中，因此媒介对于世界各地的计划性发展项目是非常重要的。

然而，假如大家对“发展”与“现代化”的关系理解不同，技术交流的扩散结果是不可预卜的。据称，现代通信设备已改变了社会互动和它的概念，从中世纪的等级宇宙论，转变为印刷资本主义匿名、横向的结合，而且这种理性化的效果还在持续。现代主义者自负地以为，社会互动可以因为通信技术的干预而重塑，其实，根本没有所谓的“外部”，媒介与社会联系在一起。更深层的预设是“可知性”（knowabilty）或可预测性。就此而言，大众媒介好比地面上散布的光线，人们因而有能力理解内部发生的一切，并潜在地控制它。

不过，在后殖民社会中，大众媒介的发展显然没有产生这样的影响。当迷人的新旧思想一起存在时——例如灵修和仪式性的宗教崇拜结合了商品文化；又如现代化的理想，最初体现在殖民统治者的种族差异中，随后又体现在后殖民的技术官僚身上——就说明了新的和更复杂的通信环境已然形成。如果说南亚的视觉实践增强了视觉与日常生活之间的紧张关系——一方面以视觉当作获得神圣真理的特殊途径，另一方面则视日常生活为亵圣的、不重要的或不真实的——那么这种理解就被神圣化在一种视觉文化中，这种视觉文化明确区分了哪些值得细看，哪些不值得一看。①

在这样的语境中，“可见度”并不等于接受度或受欢迎度，而“不可见度”

① 对于南亚观看之道存在内部差异这一问题，学术探讨仍不多见。最近为数不多的与穆斯林问题有关的论文之一是弗赖塔格所作的（Freitag，2007）。

（invisibility）则可能是秘而不宣，不是无关紧要。[①] 我认为，1947年后南亚次大陆分裂为印度和巴基斯坦，发生大规模屠杀，印度数十年来对此一直讳莫如深。而20世纪80年代末，政治上出现的所谓愤怒的印度教，却意外打破了这种缄默；1984年屠杀和强奸数百名锡克教徒（仅举一例）事件，亟待公开审判和纠正。在这些暴力的背景下，真相会使人自由，权力可以是透明的，这样的观点无法立足。可见在一个复杂的政体中，被排除在市民社会之外的人，大多无力表达他们的关切，他们的问题也得不到解决。[②]

从下面的情况我们可以概见媒介的复杂性：即使电视普及率日益提高，报刊仍持续增长；英语媒体的广告收入最高，市场占有率却很低。同时，本土媒体受众增加的速度史无前例。在区域和国家层面，多语种媒体都各有市场。然而，英语媒体从未怀疑其全球性媒体的地位，它们的视野其实比本土媒体偏狭得多，本土媒体报道情感秩序和社会关系的变化最快，最有力。[③]

人们对新的大众媒介总是寄予乌托邦式的期望，希望它们帮助人们重新想象一个自由而包容的世界（Rajagopal，2005）。以前对广播电视和当今对数字媒体，人们都有这种令人兴奋却实现不了的期望。毕竟，每一种媒介要进入的空间中，已充满了既有的媒介形式，经过沉淀已形成一套沟通规范，它们试图界定或驯化新媒介，而不是向新媒介屈服。结果，新媒介以意外的方式激活较早的媒介形式，而不是抹除或取代它们。随着印刷业、电影业和电视业的陆续发展，史诗和神话图像的可见度越来越高，这说明旧图像库和符号系统已经成为新通信技术的载体。例如，为了国家发展，印度政府以现代化多寡为标准将公众分隔成两部分，电影和电视貌似暂时聚合全国观众。然而，经历了民族主义动员后，两极化的方向可以翻转，反而可以以文化真实性为标准分隔观众。在南亚后殖民语境下，文化型构（cultural formation）变化不已，极不稳定。我们可以用“分裂的公

---

① 关于印度尼西亚国家支持的暴力事件，公众关注的核心是普通的保密性，参见西格尔的作品（Siegel，1998）。

② 查特吉并未探讨市民社会与政治社会之间的关系，从而忽视了包括媒介回路（media circuits）在内的许多连接（connection）的形式，这些连接形式正是跨越了他所论述的分界（参见 Chatterjee，2004）。

③ 关于这一点，参见拉姆那拉延对诗人阿伦·科拉特卡（Arun Kolatkar）的访谈（Ramnarayan，2004）。

众”（a split public）——也就是公众对如何凝聚社会组成部分的理解不同——来解释逆转性的型构（reversible formation）。换言之，媒介普及没有增进社会团结，反而提高了社会分化的能见度。①

后殖民学者分析新的通信路线（communication circuits）及其综合形式，显现这些差异在社会不同领域如何运作。这个论点挑战了哈贝马斯的公共空间模式，在哈贝马斯看来，基于契约的交往模式能够实现平等的理想，运用巧智也可以撇开权力差异。② 但这种交往模式并不足以解决后殖民社会的深层分歧。分析后殖民的公共空间，必须容纳理性的批判性话语，还必须包容有争议的反对性言论，甚至包容政治沉默，而且要承认议定书事实上并不共享。换言之，这样的公共宣传（publicity）应当被理解为宣示权力，使权力成为可视化的场域。

〉》 三、后殖民的视觉性

一般在描述现代社会时，权力总是隐而不彰的，包藏在能力和规训制度之中，也包藏在科层制度、市场规则与机构之中，而不是存在于人、阶级或事物之中。有些彰显权力的行为（例如惩罚罪犯）因为被隐形了，才会有以上的描述。我们知道，这个时代之所以被称为“现代”，是因为这些彰显权力的活动被置诸公众视线之外，成为秘密。③

---

① 我针对电视提出了这一论点（Rajagopal，2001）。关于相关的批判性讨论，参见本森的作品（Benson，2009）。

② 当契约代理人出于利益而进行交换且作为个人不为交换行为所改变时，交往行为会随着时间的推移而改变卷入话语的人。哈贝马斯对这一问题的回应是，与理性批判的交往不同，从个人立场转化的交往是亲密的，并仍停留在私人领域（Habermas，1991）。

③ 这一方面请参见范德维尔的作品（van der Veer，2010）。关于与惩罚的新秘密相对应的礼仪领域的变化，参见诺伯特·伊利亚斯（Norbert Elias）的著作，他认为，伴随着将个人行为“公开”展示的耻辱感的增长，这些行为直到近代早期才开始被视为是私密的。

然而，现代“观看”模式预设了一种“去具身化的凝视”（disembodied gaze），即一种“没有来处”的视角，它所产生的数据资料有效程度有多高，不以观看者而定，因为视觉机制可以用科技复制，不需观察者实际在场。因此，现代性的“观看”具有鲜明的社会—技术特征，意味着知道哪些该看，哪些不该看，并吸收了“可见度”临界点的运作尺度，包括社会如何制定这些尺度，科技如何复制这些尺度。

假定这种视觉规则不起作用时，人们便会用具体的符号、物体、人和仪式，明确彰显权力的形式。权力的存在，就是要被人看到。印度教的物和人也被赋予了“观看”的能力。这是所谓“具身化的凝视”（embodied gaze）（Pinney，2004），以视觉形式确认谁是观看者，谁是被观看者。“具身化的凝视”不是提供“没有来处”的视角，它验证而不是打破社会空间的规则，因为空间感不是空洞的，千篇一律的，或无限的，它必须对应一个被界定的范围。①

这两种不同的凝视方式，可体现科学与大众文化的差异，或世俗与宗教生活的差异。不同认知模式会合，是博识的“观看”与朴素的“观看”相遇；由于这反映了社会等级，要完整地描述它，便应当包含对权力者的朴素“观看”。囿于篇幅，我在此无法详述，但显然反殖民的民族主义想通过有魅力的和文化主义的动员形式来融合这种差异，并为现代经济发展提供规划。

在民族主义历史中，与前者（魅力型动员）有关的沟通方式，都被拉到大众化层面，拥有魅力者所扮演的调节角色正在消失，而后者（文化型动员）则被归入官方民族主义。② 在后殖民社会，为了实施发展政策，沟通路向最初大致是自上而下的，但随着媒体的发展，特别是印度语言的印刷媒体和电子媒体的发展，自下而上的沟通形式被引入，其规模乃前所未有。

后殖民社会带给集体意识的，是多元的“观看”之道；它的最高权威不是单

---

① 请注意，现代主义视觉的主张与其在殖民地的不均衡实例化（instantiation）之间的差别，是殖民政体经历文化涵化（culturalization）的结果，也是由此产生的文化概念政治化的结果。我在这里描述的，是那些肆无忌惮的做法，它们在围绕着特定视觉政治而组织的社会与被多元视觉实践所撕裂的社会之间制造了时间和发展的鸿沟。

② 关于民族主义式普世主义何以失败的深刻分析，参见卡尔霍恩的作品（Calhoun，2007）。

元的，而是分裂的。随着跨越不同媒介平台的视觉体制的出现，各种认知模式之间争取主导权必然是公开的，想把一种观看形式定为一尊的企图，不可能缄默、隐形或被撇到权力的走廊之外。我认为，共同知识的内容和形式的持续争夺使后殖民政治产生的结果变得不可预测。

〉》 四、后殖民的分裂公众

在处理后殖民与西方媒体形式的竞争关系时，后殖民的分析范畴仍然重要；而西方媒体形式的发展叙事成为标准，来衡量后殖民媒体的特殊性。印刷、广播、电影和电视的发展，通常按照欧美起源的技术模式。结果，在西方之外可以产生理论的现象，便全被归结为社会—技术的想象，或媒体模块的迭代，或充其量是区域专家和情报专家感兴趣的现象。然而，后殖民现代性从开始不但向西方屈服，而且也有选择地抵制现代化（Rajagopal，2009）。

尽管殖民势力的优越性目前仍不可否认，为了团结内部群体，反对殖民势力，反殖民的民族主义者建立文化主权，以有别于外在世界。这是民族主义妥协的结果，自 19 世纪末一直持续到后殖民时期。①

这个论旨的洞见是，在反殖民的民族主义中发展了二元而非单元的主权模式。这种模式将宗教和精神划归私人领域，政治经济问题则归入公共空间。但吊诡的是：这两个领域都有交往行为，既强化却又挑战私人生活和公共生活的结构性二分性。因此，我们可以将这些领域每一部分都看作“公众”。顾名思义，交往性的公众随时处在“形成”的过程中，不是一种模式中的静态元素。

这些不同公众（“宗教的”和“政治的”）遵循的规则不同，但彼此设想对方

---

① 我所指的是帕沙·查特吉（Partha Chatterjee）在其最初的版本（Chatterjee，1986）中提出的开创性的论点。

为对象。例如，殖民势力宣称他们发挥现代化的影响，但依赖的却是武力。同时，民族主义抬头，本土社会宣称唯有文化真实性才具备合法性。这个分裂的公众，靠强制和同意的两股力量凝聚，彼此互不透明，各自声称自己的主张胜过对方，这种争论无法以理性的方式裁决。为了追求现代化，后殖民时代延续了这种作风，只是现在的选民可以选谁来统治他们。“分裂公众”的概念捕捉了“有建设性的误解”，这种辩证关系塑造又重塑不可预知的空间（Rajagopal，2001）。

〉》五、景观、商品与观看的劳动

我们看到，媒介研究大致带有“目的论”的旨趣，以技术（如印刷、广播、电影、电视）为主。媒介既可作为感知的整体，也可以促进深层的市场逻辑，既是技术，也是商品，基于此，下面我将推测媒介能够对新兴的后殖民政治形式揭示什么。

居伊·德波（Guy Debord）的《景观社会》（*Society of the Spectacle*），提出晚期资本主义视觉特性转变的理论，出版半个多世纪以后还引人共鸣。德波认为，日常生活已经消融在一系列的景观中，这些景观通过对世界的再现来统一世界。德波写道，景观是商品的延伸，因而表现了表达与生产生活的疏远，以及资本对活劳动力的支配。然而，正如德波所定义的那样，景观社会的显著特征是商品成功地将社会生活完全殖民化，因此商品化与已知世界的发展是一致的（Debord，1995）。

德波认为，在认知领域，知识和权力是相互联系的；“景观”声称完全再现世界，提供一个观看世界的透明窗口。“景观”使真实变得可见，不可见的一概不真实也不突出。“景观”的力量实际上在调节知觉，区分哪些值得一看，哪些可以忽略。商品化的逻辑延伸到生活的每个领域，在景观之外的事物变得无足轻重。

德波将视觉认知（在文艺复兴时期的“观看”的概念，假定视觉感官为一个组成部分）嵌入相当持久的认知体制（epistemic regime），任何人干预的范围都是有限的。[①] 根据德波的观点，这是因为广泛的社会通信设备，已经“解码”个体观察者在（科技）内部的位置，并预料他们的反应。描述是否真实准确，倒不是认知最重要的标准，重要的是通信通路多大程度能“识别”什么是被广为扩散的，哪些要素的流通能增进资本积累或强化“景观”。

《景观社会》是有争议的著作，而不是冷静的著作，它的力量在于挑战思维，而不在于精确。“景观社会”针对的语境，是二战之后的欧洲社会，在德波看来，随着盟军取胜和接踵而来的马歇尔计划，欧洲已为美国化所抚平，这可说是西方内部对媒介全球化的早期批判。[②]

然而，世界上很多人活在完全商品化的市场经济之外，靠土地等其他来源或慈善、奴役等非市场关系维持生计。这不是说他们完全隔绝于现代世界，或脱离德波所说的景观。政府机构通过各种广泛的服务和监督职能（包括福利），大量开展传播项目，几乎无人不受到影响。以印度为例，这些传播项目包括宗教节日、选举宣传，还有营销活动等。在这种背景下，各种技术手段所复制的图像，人们已耳熟能详，在城市更是如此（Rajagopal，2010，pp. 209–228）。

如此说来，景观与其说是商品逻辑的延伸，不如说是凝聚各种因素以增强商品行销力（marketability）的场域。景观本身不能裁决其构成要素之间的竞争。这些要素的力量，相对彼此而言，是由外部因素决定的——包括长期灌输的认知框架（以此区分值得注意的和必须忽视的），以及图像在社会中传播的偶然性。正如商品流通强调交换价值高于使用价值，抽象劳动高于现实劳动，商品形象的流通似乎吸纳了“观看”的现实劳动力，成为消费者——他们所“观看”的时间产生了价值——的抽象概念。[③] 然而，我们可以假设资本的再生产，却不能使资

---

① 文艺复兴是否以及如何使现代视觉条件成为可能？关于这方面的相关性的争论，参见纳尔逊的作品（Nelson，2000，pp. 1–21）。

② 关于媒介全球化和发展的问题的批判视角的重要讨论，请参见瑟韦斯的作品（Servaes，2008）。

③ 就此而论，请参见迪佩什·查克拉巴蒂（Dipesh Chakrabarty）论述的关于真实劳动与抽象劳动之间的区分的文章（Chakrabarty，2007，pp. 47–71）。

本与历史和政治的偶然性绝缘，而这些偶然性无法保证结果会怎样。

在此，我们可以分开阐明认知及其影响的议题，以及政治经济的语境。对德波来说，两者同为晚期资本主义相对不同的环境，他的景观概念用得太广，以致把两者混为一谈。

沃尔夫冈·豪格（Wolfgang Haug）的商品图像概念契合了我的目的，说明认知与政治经济相互联系，我们得分别考虑它们。在他的论证中，商品图像的产生是为了提升商品在表意空间的地位；这个表意空间与经济相接，但不可简化为经济。虽然豪格假定商品和图像的关系有助于资本主义，但他的“商品美学”概念则指向适用经济规则的文化领域，但经济规则不是唯一因素。德波的“景观”旨在解释晚期资本主义如何透过主流认知模式获得动力。这个词语不仅编织理论，而且适用于不同抽象层次的概念，例如特定的图像或场景，以及结合视觉的意识形态框架。[①]然而，如果图像是仍在涌现的公共空间的一个方面，“公共性”（publicness）的含义则是不确定的；图像提供一个领域，让人们制定规则，决定观看什么和可以看到什么。[②]用马克思主义的话来说，在新兴的市场经济中，“观看”的劳动和“视觉性”的价值开始时不明显，但是随着时间的推移，以一种必须追踪的方式进行了协商。

从这个意义上，值得准确追问的是：马克思以“商品拜物教”重释宗教光环或情感，这种理解排除了什么议题？记得马克思认为，商品像天体有自己的生命，人类认识不到经济受人类控制，却赋予经济主宰自己的力量。[③]再看另一种情况，宗教图像和商品形式共同制造商品的价值，因为商品图像本身与商业和崇拜的场所相交织。这一点很重要，因为在南亚次大陆，宗教形象、商品形式和公共表演早已连在一起。

在南亚，第一批大规模传播的图像是神像，充斥于售卖商品和服务的广告

---

① 关于商品图像和商品美学，请参见豪格的作品（Haug，1986，p. 8）。

② 布鲁诺·拉图尔（Bruno Latour）从理解“去看什么，以及可以看到什么”的层面来定义新视觉文化（Latour，1986）。

③ 卡尔·马克思著《资本论》（第一卷）的第一章第四节，即《商品拜物教及其秘密》，网址：http://www.marxists.org/archive/marx/works/1867-c1/ch01.htm – S4。

中，例如日历艺术。[①] 但凡反对使用宗教图像的抗议都被驳回了，理由是若不使用这些图像，贸易就会受损。[②]这些神像没有记录外部世界，本身也没有"描绘"出售的商品和服务，它们表现为拜物教，有光环可以促销商品。这些光环使商品增值，同时也使商品神秘化。商品经济扩散，可能侵蚀了生产的共同形式，但商品图像也让人们想到了以前的历史，在这一过程中，媒体技术本身获得了具有神奇性的一面。

这意味着，科技可能被视为现代化的，但它也提供想象，接触过去，活化历史；只要历史尚未消失殆尽，便可以唤醒它，赋予新意。在印度官方的全印电视台（Doordarshan）[③]播放印度教史诗之后，电视收视率迅速增长，可能是最戏剧性的近例；但随后，尽管内部有龃龉，印度教广泛攻击穆斯林，印度教多数主义盛行（Rajagopal，2001）。在南亚语境中，宣示传播现代化不是靠退出暴力，而是靠提高暴力的"可见度"来完成。

乔纳森·克拉里（Jonathan Crary）宣称，专家和通俗的实践出现，帮助人们适应认知的不稳定，职业和管理层面试图遏制这种危机的影响（Crary，2001）——但与卡拉里的说法相反，在其他地方，这种脱稳状态往往上下回荡，将存在主义和国家政治联系在一起（Crary，2001）。必须指出，最大区别是克拉里聚焦于 20 世纪初的背景，当时西方民族国家稳固，政府有效治理人民；但当时（19 世纪中叶至 20 世纪初）世界其他地区仍在殖民统治之下。这些地方的认知和政治变化，往往能够更为直接地相互解读。结果，西方以外的认知主体，

---

① 参见我 2010 年在 tasveerghar.net 上发表的短文《（后）殖民地的商品图像》[*The Commodity Image in the（Post）Colony*]，在广告和包装设计中，宗教图像的出现似乎早于非宗教图像，参见马塞洛斯的作品（Masselos，2006，pp. 146–151）。

② 比如，参见《印度教神话图像作为商标设计的使用》（*Use of Hindu Mythological Pictures as Designs for Trademarks*），载于《孟买商会 1915 年报告》（*Report of the Bombay Chamber of Commerce for the Year 1915*）第 67–68 页；以及马塞洛斯的作品（Masselos，2006，pp. 148–149）。

③ Doordarshan 是一家由印度政府创立的公共服务广播公司，成立于 1959 年 9 月 15 日，由印度广播部拥有。Doordarshan 拥有 23 个电视卫星频道，覆盖了约 92% 的印度人口。它还通过印度网络和印度电台在印度各大城市和地区以及向海外提供电视、广播、在线和移动服务。参见 http://doordarshan.gov.in/ddnational/about。

以不同方式体验这些危机，然后压缩为自我塑造和国家建设的普遍危机，相互混合。正是在局部刻画、推进这种动荡的局面中，我们才能找到后殖民视觉文化的规律。

（袁梦倩／译，陈楚洁／校）

参考文献

Appadurai, A. (2006). *Fear of small numbers: An essay on the geography of anger*. Durham, NC: Duke University Press.

Benson, R. (2009). Shaping the public sphere: Habermas and beyond. *American Sociologist* 40 (3): 175–97.

Brosius, C., Ramaswamy, S., & Saeed, Y., eds. (forthcoming). *Houseful? Image essays on South Asian popular culture from Tasveer Ghar*. New Delhi: Yoda Press.

Calhoun, C. J. (2007). *Nations matter: Culture, history, and the cosmopolitan dream*. London: Routledge.

Chakrabarty, D. (2007). *The two histories of capital. Provincializing Europe: Postcolonial thought and historical difference* (pp. 47–71). Princeton, NJ: Princeton University Press.

Chatterjee, P. (1986). *Nationalist thought and the colonial world: A derivative discourse*. Minneapolis: University of Minnesota Press.

Chatterjee, P. (2004). *The politics of the governed: Reflections on popular politics in most of the world*. New York: Columbia University Press.

Crary, J. (2001). *Suspensions of perception: Attention, spectacle, and modern culture*. Cambridge, MA: MIT Press.

Curtin, M. (2007). *Playing to the world's biggest audience: The globalization of Chinese film and TV*. Berkeley: University of California Press.

Dandekar, A., & Choudhury, C. (2010). *PESA, left-wing extremism and governance: Concerns and challenges in India's tribal districts*. Anand: Institute of Rural Management.

Debord, G. (1995). *The society of the spectacle*. New York: Zone Books.

Elias, N. (1978). *The civilizing process: Sociogenetic and psychogenetic investigations*. Oxford: Blackwell.

Foster, H. (1988). *Vision and visuality*. Seattle, WA: Bay Press.

Fox, E., & Waisbord, S. R. (2002). *Latin politics, global media*. Austin: University of Texas Press.

Freitag, S. B. (2007). South Asian ways of seeing, Muslim ways of knowing. *Indian Economic & Social History Review* 44 (3): 297–331.

Habermas, J. (1991). *The Structural transformation of the public sphere: An inquiry into a category of bourgeois society* (trans., T. Burger). Cambridge, MA: MIT Press.

Haug, W. F. (1986). *Critique of commodity aesthetics: Appearance, sexuality, and advertising in capitalist society*. Minneapolis: University of Minnesota Press.

Jain, K. (2007). *Gods in the bazaar: The economies of Indian calendar art*. Durham, NC: Duke University Press.

Latour, B. (1986). Visualization and cognition: Drawing things together. *Knowledge and Society: Studies in the Sociology of Culture, Past and Present* 6:1–40.

Lee, C.–C., ed. (2003). *Chinese media, global contexts*. London: Routledge.

Lerner, Daniel. (1958). *The passing of traditional society: Modernizing the Middle East*. Glencoe, IL: Free Press.

Masselos, J. (2006). A goddess for everyone: The mass production of divine images. In J. Menzies, ed., *Goddess divine energy* (pp. 147–87). Sydney: Art Gallery of New South Wales.

McLuhan, M. (1994). *Understanding media: The extensions of man*. Cambridge, MA: MIT Press.

Nelson, R. S. (2000). Descartes's cow and other domestications of the visual. In R. S. Nelson, ed., *Visuality before and beyond the Renaissance: Seeing as others saw* (pp. 1–21). New York: Cambridge University Press.

Pinney, C. (2004). *Photos of the gods: The printed image and political struggle in India*. London: Reaktion.

Rajagopal, A. (2001). *Politics after television: Hindu nationalism and the reshaping of the public in India*. Cambridge: Cambridge University Press.

Rajagopal, A. (2005). Imperceptible perceptions in our technological modernity. In C. Wendy & K. Thomas, eds., *Old media, new media* (pp. 275–85). New York: Routledge.

Rajagopal, A. (2008). *Violence, publicity, and sovereignty*. Retrieved from http://blogs.ssrc.org/tif/2008/12/15/violence-publicity-and-sovereignty.

Rajagopal, A. (2009). Beyond media therapy. *Television & New Media* 10 (1): 130–32.

Rajagopal, A. (2010). The strange light of postcolonial enlightenment: Mediatic form and publicity in India. In C. Siskin & W. Warner, eds., *This is enlightenment: An invitation in the form of an argument* (pp. 209–28). Chicago: University of Chicago Press.

Ramaswamy, S. (2010). *The goddess and the nation: Mapping Mother India*. Durham, NC: Duke University Press.

Ramnarayan, G. (2004). No easy answers, *The Hindu*, 5 September.

Report of the Bombay Chamber of Commerce for the year 1915. (1916). Bombay: Bombay Chamber of Commerce.

Servaes, J., ed. (2008). *Communication for development and social change*. Thousand Oaks, CA: Sage Publications.

Siegel, J. T. (1998). *A new criminal type in Jakarta: Counter-revolution today*. Durham, NC: Duke University Press.

Van der Veer, P. (2010). The visible and the invisible in South Asia. In Meerten B. ter

Borg & Jan Willem van Henten, eds., *Powers: Religion as a social and spiritual force* (pp. 103–15). New York: Fordham University Press.

Vasudevan, R. S. (2010). *The melodramatic public: Film form and spectatorship in Indian cinema*. Basingstoke: Palgrave Macmillan.

Vasudevan, R. S., Thomas, R., Majumdar, N., & Biswas, M. (2010). A vision for screen studies in South Asia. *BioScope: South Asian Screen Studies* 1 (1): 5–9.

Vieira, S., Martin, W. G., & Wallerstein, I. M. (1992). *How fast the wind? Southern Africa, 1975–2000*. Trenton, NJ: Africa World Press.

作者简介

Authors

论文集主编

李金铨，密西根大学博士，曾任明尼苏达大学教授，香港中文大学讲座教授，香港城市大学讲座教授。在香港城市大学任教期间，创立传播研究中心（2005）和媒体与传播系（2008）；在明尼苏达大学任教期间，创立中国时报媒体与社会研究中心（1989）和国际中华传播学会（1990）。2014年获颁国际传播学会费雪导师奖，2018年获颁国际中华传播学会终身成就奖，2019年获选国际传播学会会士，同年获颁中国新闻史学会卓越学术奖。中英文著作包括《媒介帝国主义再商榷》（1980）、《大众传媒与政治转型》（1991，与陈韬文合著）、《全球媒介奇观》（2002，与陈韬文、潘忠党、苏钥机合著）、《传播、舆论与中国全球化》（2013，与李立峰等合著）《超越西方霸权》（2004）《文人论政》（2008）《报人报国》（2013）及《传播纵横：历史脉络与全球视野》（2019）。先后主编四本英文论文集，成为中国媒介研究领域的奠基文献，包括《中国之声》（1990）《中国传媒，传媒中国》（1994）《权力、金钱与传媒》（2000）《中国传媒，全球情境》（2003）。

论文集作者

罗德尼·本森（Rodney Benson），加州大学伯克利分校社会学博士，纽约大学媒体、文化与传播系系主任。曾在丹麦、芬兰、法国、德国、挪威等国任访问教授。出版专著《形塑移民新闻：法国与美国之比较》（*Shaping Immigration News: A French-American Comparison*，Cambridge, 2013），在比较媒介体制和场域理论等领域发表数十篇论文。与马修·鲍尔斯（Matthew Powers）合著《公共媒体与政治独立》（2011），与艾瑞克·内维尔（Erik Neveu）合编《布尔迪厄与新闻场域》（2005）。目前的研究聚焦商业、公共和公民社会媒介所有权的运作逻辑。

张赞国，得克萨斯大学奥斯汀分校博士，香港城市大学媒体与传播系教授。曾获得新闻与大众传播教育学会（AEJMC）国际传播分会杰出贡献奖（2005）。先后出版三本学术著作，并在《传播研究》《国际舆论研究学刊》《新闻 / 政治国际学刊》《传播学刊》《新闻与大众传播季刊》《新媒体与社会》《政治传播》《舆论学刊》等英文学刊发表数十篇论文。

迈克尔·柯廷（Michael Curtin），加州大学厄圣塔芭芭拉分校电影与媒介研究系全球研究 Mellichamp 讲席教授，卡西 – 沃尔夫中心媒介产业项目负责人，曾任《中华传播学报》（*Chinese Journal of Communication*）联合主编。先后出版或主编《美国电视产业》（2009）、《重新定向国际传播》（2010）、《中国影视业的全球化》（2007）以及国际电影产业丛书等。

彼得·达尔格伦（Peter Dahlgren），隆德大学媒体与传播系荣休教授。研究致力于从晚期现代社会与文化理论视角审视媒体与民主，探讨民主参与与数字媒介的关联。活跃于欧洲学术网络，曾在欧洲和美国多所大学担任访问学者。出版著作包括《政治网》（*The Political Web*）、《媒介与政治参与》（2009），合编著作有《年轻人、信息传播科技与民主》（2010）。

伊莱休·卡茨（Elihu Katz），宾夕法尼亚大学安纳伯格传播学院校聘教授，耶路撒冷希伯来大学荣休教授。学术生涯著述丰富，包括《电视的终结？》、《媒介事件》（与丹尼尔·戴杨合著）、《意义的输出》（与塔玛·利比斯合著）及《个体影响》五十周年纪念版（与拉扎斯菲尔德合著）等。曾获得根特、海法、蒙特利尔、巴黎、罗马、布加勒斯特、魁北克和西北等多所大学颁授的荣誉博士学位。

保罗·曼西尼（Paolo Mancini），佩鲁贾大学制度与社会学系教授，传播学专业和社会与政治理论博士项目负责人。曾任哈佛大学和牛津大学研究员。英文著作包括《政治、媒体与现代民主》和《比较媒介体制：媒体与政治的三种模式》（与丹尼尔·哈林合著），并与丹尼尔·哈林合编《超越西方世界的比较体制》。

朱迪·波伦鲍姆（Judy Polumbaum），爱荷华大学新闻与大众传播学院教授，香港城市大学访问教授（2012—2013）。曾接受过报章报道、杂志新闻和摄影新闻等领域的训练，研究兴趣包括当代中国新闻业、表达自由、媒体与文化互动。

阿尔温德·拉贾戈帕（Arvind Rajagopal），纽约大学媒体、文化与传播系教授。在各类学术期刊发表数十篇学术论文，出版专著《电视之后的政治》（2001），主编《印度公共领域》（2009）等著作。《电视之后的政治》荣获亚洲研究学会库马拉斯瓦米图书奖（2003）。曾获得麦克阿瑟基金会和洛克菲勒基金会的资助，也曾担任斯坦福大学行为科学高等研究中心研究员。目前撰写专著《去殖民化殖民：印度全球化的文化政治》。

扬·瑟韦斯（Jan Servaes），香港城市大学媒体与传播系系主任、讲座教授，曾任马萨诸塞大学安姆斯特分校传播与可持续社会变迁联合国教科文组织（UNESCO）讲席教授。英文学刊 *Telematics and Informatics*（*Elseevier*）主编，“传播与发展和社会变迁”“传播、全球化与文化认同”丛书主编。在国际与发展传播、信息传播科技与媒介政策、语言与跨文化传播、参与与社会变迁、人权和冲突管理等领域著述众多，包括《传播可持续性、参与与文化：理论与实践》（2012）。

科林·斯帕克斯（Colin Sparks），伯明翰大学当代文化研究中心博士，曾任威斯敏斯特大学教授，现任香港浸会大学传理学院讲座教授，英文学刊《媒介、文化与社会》创刊主编之一。在传播政治经济学、国际传播等领域著述甚丰，近年的研究聚焦转型社会媒介体制的比较研究。

亚普·范欣内肯（Jaap van Ginneken），曾于阿姆斯特丹大学国际学院及传播系长期担任副教授，目前定居南法尼斯。研究和写作横跨两大领域，一个是国际传播和电影产业，相关著作包括《理解国际新闻》（1998）和《荧幕上的差异》（2008）；另一个是群体心理学和动力机制，相关著作包括《群众、心理学与政治》（1992）、《集体行为与舆论》（2003）、《大众运动》（2007）、《情绪传染》（2013）和《西方领袖的政治傲慢》（2014）等。

西尔维奥·卫斯博德（Silvio Waisbord），乔治华盛顿大学媒体与公共事务学院教授，曾任《新闻/政治国际学刊》和《传播学刊》主编，著作包括《重新发明专业主义：全球视角中的新闻与新闻业》（2013）、《重估媒介社会学》（2014）、《传播：后学科》（2019）等。

张隆溪，哈佛大学博士，香港城市大学比较文学与翻译讲座教授，瑞典皇家人文、历史及考古学院外籍院士，欧洲科学院院士，曾任加州大学河滨分校教授。在比较文学等领域著述丰富，中英文著作包括《道与逻各斯》（*The Tao and the Logos*）（1992）、《强力的对峙：从两分法到差异性的中国比较研究》（*Mighty Opposites: From Dichotomies to Differences in the Comparative Study of China*, 1998）、《走出文化的封闭圈》（2000）、《中西文化研究十论》（2005）、《不期的契合：跨文化阅读》（*Unexpected Affinities: Reading across Cultures*, 2007）等。

译者简介

Translators

李红涛，香港城市大学传播学博士，现任浙江大学传媒与国际文化学院教授。研究兴趣包括媒体与集体记忆、媒介社会学。出版合著《记忆的纹理》，在中英文期刊发表30余篇论文。李红涛教授也是本书翻译小组召集人。

陈楚洁，香港城市大学传播学博士，现任南京师范大学新闻与传播学院副教授。研究方向为媒介社会学、数字新闻业研究、传播政治经济学等。至今在《新闻与传播研究》《国际新闻界》等期刊发表论文十余篇。

黄顺铭，香港城市大学传播学博士，现任四川大学文学与新闻学院新闻学教授，兼任南京大屠杀史与国际和平研究院研究员，研究兴趣包括媒体与集体记忆、荣誉社会学、新闻社会学、新媒体与社会等。

宋韵雅，香港浸会大学传理学院教授，人工智能与媒体研究实验室主任。研究方向包括国际传播、线上社会网络、新闻学研究。

袁梦倩，南京大学艺术学院副研究员，入选江苏省高层次创新创业人才计划“双创博士”。香港中文大学文化研究博士，斯坦福大学、多伦多大学访问学者。研究方向为媒介文化研究、口述历史与社会记忆、城市传播与社区营造、当代中国文化政治。

图书在版编目（CIP）数据

“国际传播”国际化 / (美) 李金铨(Chin–Chuan Lee) 主编；李红涛等译 . -- 北京：中国传媒大学出版社，2022.8（2023.12重印）

（国际传播与跨文化传播译丛）

ISBN 978–7–5657–2998–0

Ⅰ. ①国… Ⅱ. ①李… ②李… Ⅲ. ①传播学–研究 Ⅳ. ①G206

中国版本图书馆CIP数据核字(2022)第104283号

著作权合同登记号　图字：01–2021–3881 号

“国际传播”国际化

“GUOJI CHUANBO” GUOJIHUA

编　　者　[美] 李金铨（Chin–Chuan Lee）
译　　者　李红涛　陈楚洁　黄顺铭　宋韵雅　袁梦倩
责任编辑　裴向敏
封面设计　拓美设计
责任印制　李志鹏

出版发行　中国传媒大学出版社
社　　址　北京市朝阳区定福庄东街1号　　邮　　编　100024
电　　话　010–65450532　65450528　　传　　真　65779405
网　　址　http：//cucp.cuc.edu.cn
经　　销　全国新华书店

印　　刷　艺堂印刷（天津）有限公司
开　　本　787mm × 1092mm　1/16
印　　张　21.5
字　　数　325千字
版　　次　2022年8月第1版
印　　次　2023年12月第2次印刷

书　　号　ISBN 978–7–5657–2998–0 / G · 2998　　定　　价　110.00元

本社法律顾问：北京嘉润律师事务所　郭建平